Mars et Vénus
se rencontrent

Du même auteur
aux Éditions J'ai lu

Les hommes viennent de Mars, les femmes
viennent de Vénus, *J'ai lu* 7133

Mars et Vénus sous la couette, *J'ai lu* 7194

Une nouvelle vie pour Mars et Vénus, *J'ai lu* 7224

Mars et Vénus, les chemins de l'harmonie, *J'ai lu* 7233

Mars et Vénus, 365 jours d'amour, *J'ai lu* 7240

Comment obtenir ce que nous désirons
et apprécier ce que nous possédons, *J'ai lu* 7253

Les enfants viennent du paradis, *J'ai lu* 7261

Mars et Vénus ensemble pour toujours, *J'ai lu* 7284

Mars et Vénus au travail, *J'ai lu* 6872

Mars et Vénus, petits miracles au quotidien, *J'ai lu* 6930

JOHN GRAY

Mars et Vénus se rencontrent

Traduit de l'américain par
Anne Lavédrine

Bien*être*

Titre original :
MARS & VENUS ON A DATE

© Mars Productions Inc., 1997

Pour la traduction française :
© Éditions Michel Lafon, 2003

Ce livre est dédié, avec tout mon amour et ma tendresse, à mon épouse, mon âme sœur Bonnie Gray. Son amour radieux continue de faire jaillir le meilleur de moi-même.

Introduction

Pour les générations qui nous ont précédés, les rendez-vous amoureux représentaient des défis bien différents d'aujourd'hui. Les hommes comme les femmes recherchaient un partenaire apte à combler leurs besoins fondamentaux en termes de sécurité et de survie. Les femmes attendaient d'un homme qu'il se révèle fort et capable de prendre soin d'elles ; les hommes aspiraient à trouver une compagne douce afin de fonder un foyer. Cette dynamique en vigueur depuis des millénaires a soudain changé.

Il s'agit aujourd'hui de trouver un partenaire qui saura non seulement nous appuyer dans notre survie et notre sécurité physique, mais qui saura aussi nous soutenir sur le plan émotionnel, mental et spirituel. Nous attendons désormais davantage de nos relations de couple. Des millions d'hommes et de femmes sur la planète sont en quête d'une âme sœur avec qui partager un amour, une tendresse et un bonheur durables.

Nous ne nous satisfaisons plus de trouver une personne qui acceptera de nous épouser : nous recherchons des partenaires dont l'amour pour nous grandira à mesure qu'ils nous connaîtront mieux. Nous voulons vivre heureux à jamais, comme dans les contes de fées, rencontrer et reconnaître celui ou celle qui saura combler les aspirations nouvelles qui alimentent notre quête d'une intimité accrue, d'une bonne communication et d'une vie privée épanouissante. Il nous faut donc revoir nos stratégies amoureuses.

Car même si la chance vous sourit, si vous ne savez pas mener vos rendez-vous amoureux, vous risquez fort de ne pas reconnaître votre future moitié et donc de ne pas vous marier. Voici dix-huit ans, la fortune a placé sur mon chemin la femme de ma vie, mais je ne me suis pas montré capable de faire fonctionner notre relation. Bonnie et moi sommes sortis ensemble pendant environ un an et demi, nous avons rompu et nos chemins se sont séparés. Quatre ans plus tard, nous nous sommes retrouvés. Mais cette fois, comme nous avons procédé différemment lors de nos rendez-vous amoureux, nous avons fini par convoler et sommes heureux depuis lors. Créer les conditions adéquates pour que l'amour puisse grandir nous a permis d'ouvrir nos cœurs à une véritable « union spirituelle », celle qui « survit en dépit de tout ».

Lors de notre première relation, nous savions sans doute déjà que nous nous aimions, mais pas assez pour lier nos vies. Et comme nous n'avions pas encore élaboré une approche judicieuse des rendez-vous et des relations de couple, nous en avons conclu à tort que nous n'étions pas faits l'un pour l'autre.

Nous avons entamé notre deuxième relation forts de connaissances nouvelles sur les différences entre hommes et femmes. À mesure que notre attachement grandissait, nos cœurs s'ouvraient. Alors seulement, nous avons pu nous vouer mutuellement un amour inconditionnel. Nous étions deux âmes sœurs. Cette certitude m'a permis de demander sa main à Bonnie et l'a incitée, à son tour, à me l'accorder.

J'ai pu exercer mes compétences de conseiller matrimonial dans le cadre d'entretiens privés avec mes clients ou au cours de séminaires. Les progrès de mes « élèves » n'ont pas tardé : à peine commençaient-ils à comprendre que le mode de pensée ou les émotions varient selon qu'on est homme ou femme qu'ils observaient une réelle amélioration dans leur communication et leur relation tout entière. Galvanisés par ce nouvel espoir, ils osèrent enfin laisser libre cours à un amour profond, oublier leurs anciennes rancœurs, panser les plaies susceptibles de verrouiller leurs sentiments et ranimer les flammes du romantisme et de la passion.

Les bienfaits que j'ai constatés dans le cadre de ma vie conjugale comme dans celle de mes patients et des participants à mes séminaires m'ont encouragé à écrire *Les hommes viennent de Mars, les femmes viennent de Vénus*, ouvrage traduit en quarante langues, qui s'est vendu à plus de dix millions d'exemplaires dans le monde.

Mon bureau reçoit encore plus de trois cents lettres et appels quotidiens, émanant de personnes dont l'existence a été transformée par ce livre et les ateliers organisés dans son sillage. En sus des séminaires que j'anime personnellement chaque mois, il existe des centaines d'ateliers Mars & Vénus organisés par des animateurs ayant suivi la formation adéquate. Mais si cette théorie a aidé bien des couples, il lui manquait un pendant destiné aux célibataires.

Il arrive souvent que des personnes vivant seules ou des jeunes couples soulèvent des questions auxquelles *Les hommes viennent de Mars, les femmes viennent de Vénus* ne répond pas directement. C'est en cherchant des réponses pratiques à leurs interrogations que j'ai peu à peu compilé au cours des douze dernières années les principes et les conseils que je livre ici. Cet ouvrage s'adresse en premier lieu aux célibataires comme à tous ceux qui entament une histoire et souhaitent vivre un grand amour durable.

Ces préceptes intéresseront cependant aussi les couples mariés. Si leur ménage est heureux, ils pourront utiliser ce livre afin d'ajouter un élément de jeu ou de romantisme supplémentaire dans leur quotidien. Car toute relation, si réussie soit-elle, peut toujours s'enrichir. Les plus grands athlètes ne persistent-ils pas à écouter leur entraîneur ?

Ceux dont l'union est plus chaotique parviendront peut-être, grâce à mes conseils, à découvrir ce qui manque à leur relation pour lui donner tout son sel. Bien souvent, hélas, on brûle une des étapes de la parade amoureuse et l'on en subit les conséquences un jour ou l'autre. Revenir en arrière et recréer le climat des premières rencontres produit des résultats étonnants.

Aux couples légitimes qui souhaitent seulement revivre l'époque romantique qui a présidé à leur union, ce guide pratique se révélera très utile, afin de retrouver la passion et le romantisme des premiers jours. Ces quelques conseils simples ne leur permettront pas seulement de ranimer les flammes de la passion, mais aussi d'apprendre comment maintenir celle-ci bien vivante pour de longues années.

Mars et Vénus se rencontrent propose en outre des réponses pratiques aux désillusions auxquelles les célibataires et les couples de fraîche date se heurtent le plus fréquemment. Combien de fois nous arrive-t-il, au début d'une relation, de nous méprendre sur la signification des actes de notre partenaire ? Une approche plus juste du clivage masculin-féminin fera des prémices de la conquête une source de joie, de soutien, de plaisir et de plénitude, et non une cause potentielle de frustration, de découragement, de souci et d'embarras.

À mesure que vous parcourrez *Mars et Vénus se rencontrent* et commencerez à tirer parti de l'évolution de vos tactiques amoureuses, vous découvrirez que vous en savez déjà beaucoup plus que vous ne le pensez : il suffira pour compléter le puzzle d'y ajouter quelques pièces.

Aucun livre au monde ne peut se substituer à vous pour juger de l'opportunité de vos choix amoureux ; il peut en revanche vous inciter à regarder dans la bonne direction et vous aider à mettre en place les conditions idoines pour y voir plus clair. Une fois que vous aurez fait vôtre la philosophie sous-jacente de *Mars et Vénus se rencontrent*, vous serez prêt à reconnaître votre âme sœur.

Les directives proposées ici ne s'appliquent pas à tous les cas de figure. Il s'agit de suggestions. Notre intention est de vous fournir les informations nécessaires pour peser une situation et prendre les décisions qui découlent de votre analyse.

Certains seront peut-être tentés de taire l'existence de ce livre à leur partenaire, or débattre des idées exposées dans *Mars et Vénus se rencontrent* constitue un excellent moyen de faire plus ample connaissance avec l'autre. Il n'est pas toujours facile de faire état de ses désirs et de ses besoins : n'hésitez pas à puiser des formules au fil de ces pages. Les conseils donnés ci-après sont énoncés dans un langage impartial et propre à apporter un soutien à chacun des deux sexes. On peut parler des différences entre Martiens et Vénusiennes sans se marcher mutuellement sur les pieds.

Si les valeurs exposées dans ce livre vous correspondent en tout point mais laissent de marbre votre partenaire potentiel, cela peut indiquer que celui-ci ne vous convient pas. Cette règle ne se vérifie cependant pas toujours ; après tout, on peut fort bien ne pas apprécier mon style littéraire ou ma conception des rendez-vous galants, de l'amour et des relations de couple. Ce n'est pas parce que votre ami(e) se refuse à lire un ouvrage tel que celui-ci que vous devez en déduire qu'il ou elle n'est pas l'homme ou la femme de votre vie.

L'épreuve de vérité consiste à franchir ensemble les étapes successives d'une relation amoureuse afin de voir si celle-ci comble vos besoins. Même si votre partenaire ne lit pas *Mars et Vénus se rencontrent*, cette lecture vous apprendra à tirer de lui le meilleur et à juger s'il est le compagnon idéal.

Les femmes commettent fréquemment l'erreur de citer en exemple des « experts » afin d'inciter un homme à changer d'attitude. Quand bien même votre ami apprécierait mes livres, n'allez pas lui faire la lecture pour appuyer votre demande. Les hommes supportent mieux les requêtes fondées sur un sentiment ou un besoin personnels que celles qui reposent sur des préceptes édictés par un autre.

Voilà des années que mes lectrices me demandent comment pousser un homme à se plonger dans *Les hommes viennent de Mars, les femmes viennent de Vénus*. La réponse que je leur donne s'applique aussi au livre que vous tenez entre vos mains. Interrogez votre compagnon sur ce qu'il pense de certaines des remarques s'appliquant aux hommes. Suggérez-lui de lire tel chapitre pour qu'il vous éclaire, parce qu'il est expert en la matière et que ses connaissances pourront vous aider... et pas du tout parce que vous pensez qu'il a grand besoin de conseils avisés. Autre stratégie possible : demandez-lui tout simplement de le feuilleter comme une faveur à votre égard. Ne lui laissez pas entendre que vous pensez qu'il serait bien inspiré de s'en imprégner ; exprimez plutôt le souhait d'en discuter avec lui. Ajoutez que cela vous aiderait. Par ce biais, votre partenaire prendra conscience de l'intérêt et de l'utilité que mon ouvrage présente pour lui aussi.

Certes, au début, le lectorat des *Hommes viennent de Mars, les femmes viennent de Vénus* fut essentiellement féminin. Puis les femmes commencèrent à parler du livre à leur entourage masculin et celui-ci à s'y intéresser. Il figure depuis près de dix ans sur les listes des best-sellers de par le monde... et les hommes l'achètent autant que leurs compagnes : eux aussi rêvent en effet de relations plus épanouissantes ; il faut juste leur laisser le temps de découvrir qu'il s'agit d'un livre « favorable aux hommes ».

À mesure que vous parcourrez *Mars et Vénus se rencontrent*, il vous semblera que mille petites lueurs illuminent votre esprit. Soudain des choses qui vous avaient jusqu'alors toujours paru incompréhensibles vous sembleront plus logiques. Cette évolution vous aidera à rechercher et à rencontrer votre âme sœur. Grâce à vos connaissances nouvelles, vous cesserez de reproduire les erreurs passées. Vous vous trouverez enfin délivré de vos anciens réflexes et libre d'édifier la relation de vos rêves. Vous ne tarderez pas à découvrir que vous détenez en vous la capacité de trouver le partenaire qui vous convient.

Mars et Vénus se rencontrent est le fruit de douze années consacrées à aider des millions d'individus à améliorer leur communication avec le sexe opposé. Si vous relevez les défis de chacune des cinq étapes que je définis ici, le grand amour, celui qui dure toute une vie, sera à votre portée.

John GRAY
Mill Valley, Californie

1

Mars et Vénus se rencontrent

Lors de mes séminaires, il arrive souvent que des femmes célibataires viennent me décrire un rendez-vous amoureux qu'elles ont jugé merveilleux. Suit presque toujours la même réflexion, prononcée sur un ton sincèrement étonné : « Je ne comprends pas pourquoi ça n'a pas marché. » Pourquoi leur soupirant a-t-il tourné casaque, alors que leur entrevue s'était si bien passée ? Pour la plupart des femmes, les hommes demeurent des êtres mystérieux et leurs interrogations les plus courantes révèlent combien elles interprètent mal leurs agissements :

– Comment attirer l'homme qui me conviendra ?
– Pourquoi les hommes parlent-ils autant d'eux-mêmes ?
– Pourquoi les hommes ne rappellent-ils pas ?
– Pourquoi les hommes rechignent-ils à s'engager ?
– Comment faire pour qu'un homme vous ouvre son cœur ?
– Pourquoi est-ce à moi de faire tous les efforts nécessaires pour que cette relation perdure ?
– Tout va bien, mais mon compagnon ne veut pas se marier. Que puis-je faire pour l'amener à changer d'avis ?
– Pourquoi est-ce que je m'intéresse toujours au même type d'homme ?

Ces interrogations traduisent une préoccupation centrale : fonder une relation durable et pleine d'amour. Les femmes veulent s'assurer qu'elle comblera tous leurs besoins. Même si eux aussi aspirent à réussir leur vie de couple, les hommes se posent des questions tout autres :

– Comment savoir ce qu'une femme désire ?

– Pourquoi les femmes privilégient-elles l'approche indirecte ?

– Pourquoi entamons-nous des disputes à propos de broutilles ?

– Pourquoi les femmes ne peuvent-elles dire les choses clairement ?

– Comment savoir si elle est bien la femme de ma vie ?

– Pourquoi veut-elle toujours discuter de notre relation ?

– Tout va si bien, en ce moment : pourquoi bouleverser cet équilibre en se mariant ?

– Pourquoi les femmes posent-elles tant de questions ?

Si les questions de chacun des sexes reflètent une conception différente du processus amoureux, elles se rejoignent sur deux points : les hommes comme les femmes rêvent de relations de couple emplies d'amour et ils ne se comprennent pas du tout. Que l'on soit martien ou vénusienne, il nous arrive parfois de nous sentir insatisfaits de notre relation.

La situation peut paraître sans espoir, mais il n'en est rien. Dès que les hommes et les femmes réalisent qu'ils abordent le travail de séduction et les rapports de couple de façon radicalement différente, ils disposent des informations nécessaires pour chercher les réponses à leurs questions. En revanche, tant qu'ils n'auront pas décrypté en profondeur leurs divergences, ils demeureront incapables de comprendre leurs partenaires et continueront de se créer des problèmes inutiles.

Comment nous sabotons à notre insu nos relations

Les erreurs d'interprétation nous conduisent à saboter sans le vouloir nos relations amoureuses. Une femme décrétera à tort que son soupirant est comme tant d'autres incapable de s'engager et renoncera à lui ; un homme, lui, se figurera que celle qu'il fréquente aspire à l'étouffer, à lui voler sa liberté, comme tant d'autres avant elle, et s'en désintéressera.

En dépit de la sincérité de votre démarche, si votre partenaire se méprend sur vos réactions et vos reparties les plus innocentes, vos tentatives pour bâtir une relation risquent de tourner court. Ayez à cœur de considérer la manière dont vos actes et vos propos seront interprétés. Pour cette raison, vous ne pourrez pas toujours vous contenter d'être vous-même. Vous devrez au contraire réprimer vos instincts pour vous efforcer de réagir de façon à être compris.

> **Partager vos pensées en toute sincérité ne suffit pas : il vous faut aussi considérer la manière dont vos actes et vos propos seront interprétés.**

Une connaissance plus précise du sexe opposé permet de prendre les décisions et d'opérer les choix nécessaires pour qu'une relation évolue dans le sens désiré. Pour ce faire, il nous faut absolument comprendre les deux mondes différents dont nous provenons, un sujet que j'ai exploré en détail dans *Les hommes viennent de Mars, les femmes viennent de Vénus*. Restait encore à adapter ce discours aux attentes des célibataires.

Les cinq étapes du processus amoureux

Étape n° 1 : l'attirance

Cette première phase débute quand vous vous sentez charmé par un nouveau partenaire potentiel. Votre souci immédiat est de savoir si vous aurez l'occasion d'exprimer cette attirance et de faire plus ample connaissance avec l'objet de votre intérêt. Mieux comprendre ce qui sépare l'approche féminine de l'approche masculine de la séduction vous aidera à partir du bon pied.

Étape n° 2 : l'incertitude

Au cours de cette deuxième étape, l'attirance que vous éprouviez laisse place à un sentiment de doute : l'autre vous plaît-il réellement ? Toute la difficulté consiste à admettre le caractère normal de ces interrogations et à ne pas se laisser emporter par elles. Douter de vos sentiments pour une personne ne signifie pas que votre relation soit sans issue. Si vous vous affolez pour si peu, vous risquez fort, monsieur, de reporter votre attention sur une nouvelle conquête et, mademoiselle, de commettre l'erreur de vous montrer plus empressée que votre ami.

Étape n° 3 : le duo

À ce stade, vous éprouvez l'envie de bâtir une véritable relation à deux. Vous voulez donner et recevoir de l'amour dans le cadre d'un rapport de couple exclusif. Vous aspirez à vous détendre et à disposer de plus de temps à partager avec l'autre. Toute l'énergie que vous avez consacrée jusqu'à présent à la recherche de l'âme sœur peut alors être redirigée vers la construction d'une relation emplie d'amour et de romantisme. Le danger, pendant cette phase, est de trop se laisser aller et d'oublier les petites attentions qui font le charme de la relation.

Étape n° 4 : l'intimité

Vous vous sentez suffisamment à l'aise pour baisser votre garde et vous livrer plus que par le passé. Vous connaissez les meilleurs côtés de l'autre ; il vous reste à accepter les aspects moins attrayants que vous allez vous découvrir mutuellement. Mais si vous ignorez que femmes et hommes ont de l'intimité une conception bien distincte, vous risquez fort d'en conclure, à tort, que vous êtes trop différents pour vous entendre.

Étape n° 5 : les fiançailles

Assuré d'avoir trouvé chaussure à votre pied, vous vous fiancez. Il est temps de laisser libre cours à votre amour, de vivre pleinement votre joie et votre bonheur, en paix et dans la tendresse. C'est là une période exaltante et pleine de promesses. Beaucoup de couples commettent l'erreur de se précipiter dans le mariage, sans comprendre que cette étape intermédiaire est vitale pour emmagasiner des expériences positives et résoudre vos inévitables désaccords et déceptions avant d'aborder les défis plus sérieux de l'engagement total, de la cohabitation et de la création d'une famille. Vous posez aujourd'hui les bases solides de toute votre existence commune.

Tout au long de *Mars et Vénus se rencontrent*, nous explorerons en détail les cinq étapes du processus amoureux et les diverses questions qui se posent à chacun de ces stades. Chaque chapitre vous fournira un aperçu fondamental des réactions différentes des hommes et des femmes à l'égard du chemin de la séduction, ce qui vous livrera les clés nécessaires pour déchiffrer les propos de votre partenaire et lui répondre ensuite de manière à être compris.

Comment faciliter le jeu de la séduction

Quels que soient notre âge ou l'étendue de nos expériences passées, la séduction participe d'un processus délicat parsemé de réels instants de souffrance et de frustration. Certains se précipitent d'ailleurs dans le mariage pour échapper au cercle infernal séduction-rencontre-déception. Or, la quête amoureuse n'est pas nécessairement pénible, difficile et sans fin. En fait, si vous recherchez votre moitié, le moyen le plus simple de la trouver est de multiplier des tête-à-tête réussis.

> **Si vous recherchez votre âme sœur, le moyen le plus simple de la trouver est de multiplier des soirées à deux réussies.**

Savoir à quoi s'attendre lors de chacune des cinq étapes du processus amoureux aplanit incroyablement les choses. Par exemple, pendant la première étape – l'attirance –, il suffit pour s'épargner bien des tracas qu'une femme comprenne pourquoi son partenaire ne la rappelle pas le lendemain d'un rendez-vous, alors même qu'il est attiré par elle. Nous verrons qu'elle peut fort bien décrocher elle-même son téléphone sans se dévaloriser aux yeux de son soupirant, et elle n'en appréciera que davantage la relation naissante, au lieu de se lamenter devant son appareil désespérément muet.

De même, dès lors qu'un homme perçoit les besoins d'une femme et apprécie ce qu'il doit faire pour les combler, il est confiant dans sa capacité de la conquérir : il lui est en effet nécessaire d'envisager les attentes féminines afin de réagir au mieux au cours de chacune des cinq étapes.

De la nécessité de bien se préparer

Quand nous sommes préparés à ce qui nous attend, nous ne sommes pas pris au dépourvu et nous ne doutons pas de nous. De façon analogue, lorsque nous comprenons en quoi consiste une relation, nous commettons moins d'impairs. Nous nous révélons aussi capables de tirer les leçons de nos erreurs, ce qui nous évite de les reproduire encore et toujours et nous amène à nous affranchir de nos schémas négatifs.

Tirer les leçons de nos erreurs nous évite de répéter des schémas négatifs.

Ce n'est pas parce que vous aurez compris que les hommes viennent de Mars et les femmes de Vénus que chacun de vos rendez-vous amoureux débouchera sur une relation durable, mais cela rendra le jeu de la séduction plus ludique, plus agréable et plus satisfaisant. Parfois, cela vous aidera aussi à comprendre plus rapidement que vous sortez avec la mauvaise personne. Grâce à cette vision plus précise des choses, vous pourrez en outre plus facilement changer votre fusil d'épaule pour repartir du bon pied. Plus vite vous saurez qu'une personne ne vous correspond pas, plus vite vous passerez votre chemin et reprendrez votre quête de l'âme sœur.

En prenant le risque de suivre les élans de votre cœur et de donner leur chance à des relations dans le but de dénicher l'homme ou la femme de votre vie, vous vous préparerez à rencontrer le vrai grand amour.

2

Trouver le partenaire qui vous convient

Trouver l'âme sœur équivaut à toucher une cible en plein cœur : avant d'y parvenir, il faut s'entraîner. Certains réussissent d'emblée à atteindre leur objectif, mais la plupart doivent s'y reprendre à plusieurs fois. De la même manière, la majorité des gens ont essuyé plusieurs revers amoureux avant de rencontrer leur conjoint. Pour quelques-uns d'entre nous, ce processus prend plus de temps que nécessaire à cause d'une faille dans notre technique. La métaphore du tir à l'arc nous aide à percevoir la nature du problème.

Imaginez que vous avez visé une cible et que vous l'avez manquée parce que vous avez tiré trop à gauche. Le simple fait d'admettre avoir dévié incitera votre esprit à corriger automatiquement l'orientation de votre flèche de façon que, la fois prochaine, vous tiriez plus vers la droite. Votre cerveau continuera à s'autocorriger au gré de vos essais ultérieurs, jusqu'à ce que, enfin, vous fassiez mouche.

Les relations de cœur obéissent au même principe. Dès que vous aurez compris que vous vous êtes trompé de partenaire, votre esprit entamera un processus de correction afin que, la prochaine fois, vous soyez attiré par un être qui vous corresponde mieux. Mais pour être capable d'enclencher ce système de rectification automatique de votre tir, il faut impérativement évaluer correctement la distance qui vous sépare de votre objectif. Plus cette distance sera grande, plus grande devra être la compensation. Autrement dit, si vous fréquentez quelqu'un qui n'est manifestement pas votre type, il vous faudra rectifier le tir de manière conséquente ; s'il s'approche de votre idéal, vous corrigerez moins vivement votre trajectoire.

Imaginez qu'on vous bande les yeux et que, chaque fois que vous vous apprêtez à décocher une flèche, quelqu'un vous souffle des indications erronées : vous n'atteindrez probablement jamais le cœur de la cible. Pour vous corriger après chaque tentative, vous avez besoin de données précises. Disposer d'informations exactes vous permettra d'effectuer les ajustements nécessaires pour améliorer votre trajectoire afin que, un jour enfin, vous touchiez au but.

Les bonnes fins font les bons débuts

La manière dont nous mettons fin à une relation et celle dont nous évaluons un tête-à-tête amoureux sont deux facteurs déterminants pour affiner notre capacité à nous intéresser à des partenaires qui nous conviennent. Quel est le secret pour qu'une liaison amoureuse peu satisfaisante conduise à une nouvelle plus proche de vos aspirations ? Faire très attention à la façon dont vous terminez vos aventures. Cet élément exerce en effet un impact énorme sur la qualité de la relation qui suit : c'est ce que j'entends par « les bonnes fins font les bons débuts ».

Quand une histoire s'achève sur une note de ressentiment ou de culpabilité, il se révèle beaucoup plus difficile de progresser sur le chemin qui mène à votre âme sœur. Si l'autre a provoqué la séparation ou ne s'est pas révélé à la hauteur de nos espérances, on en conçoit parfois de la colère. Les femmes se plaignent fréquemment de s'être beaucoup investies dans leur vie à deux sans obtenir grand-chose. Par conséquent, elles sont pleines de ressentiment quand survient la rupture. Les hommes, en revanche, éprouvent plus souvent un sentiment de culpabilité si leur amour s'est soldé par un échec ou qu'ils n'ont pas su combler leur partenaire.

Il s'agit là du schéma le plus courant – l'homme se sent coupable et la femme déborde de rancœur –, mais ces rôles peuvent fort bien s'inverser. En général, c'est celui qui se sent le plus rejeté et abandonné qui éprouve du ressentiment, et celui qui a repoussé l'autre reçoit la culpabilité en partage. Dans les deux cas, le résultat est identique : le cœur se referme.

Or tant qu'il reste clos, on cherchera l'âme sœur en vain et l'on revivra perpétuellement les mêmes expériences déplorables. Une fois ouverts à l'amour, nous recouvrerons notre capacité d'être séduits par quelqu'un qui nous convient et parfois même de tomber amoureux. En tout cas, nous progresserons dans notre quête de la moitié idéale.

Les scénarios de répétition

Si une relation amoureuse s'achève dans le ressentiment ou la culpabilité, nous serons ensuite attirés par des êtres qui nous aideront à gérer ces émotions ainsi qu'à trouver une parade à des problèmes non résolus. Nul n'est infaillible : chacun commet des erreurs ou fait parfois des choses qu'il regrette. Il est parfaitement normal d'y repenser et de songer : « Comme j'aimerais ne pas avoir fait cela », ou « J'aimerais tant ne pas avoir dit cela », ou encore « Je voudrais ne pas avoir réagi de cette façon », puis de se dire : « Comme j'aimerais pouvoir revenir en arrière et me comporter différemment. »

C'est un trait caractéristique de la nature humaine que de rêver de pouvoir remonter le temps afin de réparer ses fautes. Lorsqu'une histoire d'amour nous laisse un goût amer, le risque est grand de tomber aussitôt après dans les bras d'une personne qui ne nous convient pas, et ce schéma se répétera jusqu'à ce que nous en comprenions le mécanisme. À l'inverse, une amourette ou une relation sérieuse qui nous laisse un souvenir positif nous donne les moyens de repartir du bon pied. Et, loin de reproduire encore et toujours le même schéma, nous verrons nos prochains battements de cœur nous porter vers celui ou celle qui correspond le plus à nos aspirations.

Quand une histoire vouée à l'échec s'éternise

Certaines relations s'enveniment, jusqu'à s'achever sur une note discordante, lorsque les deux protagonistes s'entêtent à rester ensemble trop longtemps. Au lieu d'admettre qu'ils s'enlisent dans une liaison sans avenir et de reprendre leur quête de l'âme sœur, on les voit qui s'évertuent à faire fonctionner la relation envers et contre tout : soit ils s'emploient à transformer leur partenaire, soit ils essaient de se changer eux-mêmes. Or, à force de vouloir à tout prix s'entendre avec l'autre, ils aggravent les choses : il n'y a rien de plus frustrant que de tenter en vain de se convaincre qu'une relation à peu près satisfaisante se muera, à force d'efforts, en relation idéale. À trop chercher à arranger la situation, on réveille ses pires démons comme ceux de son partenaire et l'on se réserve d'amères déceptions.

Voilà pourquoi il arrive si souvent que des ex-amants deviennent amis après leur rupture. S'acharner à se couler dans le moule d'une vie de couple qui ne convient pas, dans l'espoir d'arriver au mariage, a pour seul effet de provoquer la discorde. On peut enfin établir des rapports humains beaucoup plus amicaux et tendres dès qu'on cesse de demander à une relation plus qu'elle ne peut offrir.

Si l'on essaie de faire entrer un embout carré dans une cavité ronde, on échoue quoi que l'on fasse, et la période au cours de laquelle on s'escrime, en dépit du bon sens, à tenter de faire coïncider des choses incompatibles, suscite des disputes et des tensions inutiles. Il vient un moment où il faut admettre que votre partenaire et vous ne faites décidément pas bon ménage.

L'histoire de Bill et Susan a duré trois ans. À l'issue de la deuxième année, Bill avoua à sa compagne qu'il n'était pas sûr de vouloir passer auprès d'elle le restant de ses jours. Susan entreprit néanmoins de le convaincre de leurs chances de bonheur. Mais, plus ils faisaient d'efforts, plus les choses devenaient tendues. Susan redoutait que Bill s'intéresse à d'autres femmes et, bien qu'il lui soit resté fidèle, elle ne cessait de le questionner sur son emploi du temps, ses déplacements et ses sentiments à son égard. Plus les mois passaient, plus elle se renfermait sur elle-même et perdait confiance en Bill, tandis que lui se sentait chaque jour un peu plus pris au piège, irritable et désireux de prendre ses distances. Après mille disputes pour des broutilles, ils finirent par se séparer. Tous deux se sentirent rejetés et furieux.

Au lieu de mettre au jour le meilleur d'eux-mêmes, leur relation a fait ressurgir les aspects les plus négatifs de la personnalité de chacun. Bill et Susan se disputaient et se chamaillaient en permanence. Ils n'étaient pas faits l'un pour l'autre ; seulement ils ne savaient pas comment mettre un terme à leur relation.

Quand l'amour ne suffit pas

Tant que Bill et Susan s'en tenaient aux trois premières étapes du processus amoureux, tout allait bien. La situation commença à se dégrader au cours de la quatrième phase. À force de côtoyer Susan, Bill en déduisit qu'il n'était pas l'homme de sa vie et qu'elle n'était pas la femme de sa vie. Il l'aimait, certes, mais il n'avait nulle envie de l'épouser.

Cette situation était incompréhensible à ses yeux et bien plus encore à ceux de Susan. Sentant qu'il hésitait à poursuivre leur relation, elle recherchait la confrontation : « Si tu m'aimes, pourquoi n'as-tu pas envie de rester auprès de moi ? Comment peux-tu tirer un trait sur notre relation ? Moi, je pensais que tu m'aimais. Mais comment peux-tu m'aimer et souhaiter me quitter ? Tu es juste terrifié par la perspective d'un engagement, au point de ne laisser aucune chance à notre couple... »

À tous ces arguments, Bill n'opposait qu'une seule réponse, toujours la même : « Je t'aime, mais je ne crois pas que tu sois la femme de ma vie. » Susan ne supportant pas d'entendre cela, ils en vinrent à se disputer sans relâche, avant de prendre la décision de rompre. Le simple choix d'un restaurant devenait un motif d'altercation.

Ni l'un ni l'autre ne savait qu'il est tout à fait sain d'apprendre à connaître quelqu'un, de s'en éprendre, puis de découvrir qu'on s'est trompé. Et au lieu de se séparer à l'amiable, ils finirent par se quitter parce que, à force de se quereller, ils ne se supportaient plus.

Comment savoir qu'il s'agit de l'heureux élu ?

On entend souvent des célibataires demander : « Comment savoir si une personne me convient ? » Ce à quoi on leur répond généralement quelque chose du style : « Eh bien, on le sait, c'est tout. »

Quand deux âmes sœurs s'éprennent l'une de l'autre, elles se reconnaissent l'une l'autre. C'est aussi évident que de savoir que le soleil brille ou que l'eau désaltère. Lorsqu'on sort avec l'homme ou la femme de sa vie, on le sait, tout simplement. Cette certitude ne repose en aucune façon sur une longue liste de raisons ou de qualificatifs. L'union des âmes est inconditionnelle. Quand l'heureux élu croisera votre chemin, vous le saurez, tout simplement, puis vous pourrez consacrer le reste de votre existence à découvrir pourquoi c'est votre partenaire idéal.

Cette réponse est juste, mais elle peut néanmoins induire en erreur. Elle laisse entendre en effet que si cette évidence ne vous frappe pas, vous faites fausse route. Or ce n'est pas toujours exact. Pour être tout à fait complet, il convient de préciser que l'on « sait » lorsqu'on a su réunir les conditions nécessaires pour cela, que le cœur s'est ouvert à l'amour de l'être qui vous est destiné. Si vous ouvrez votre cœur à un autre, vous finirez par savoir qu'il ne vous convient pas.

Parcourir les cinq étapes du processus amoureux vous met à même de développer votre capacité à « savoir » lorsque la personne qui vous convient croise votre route. Cela vous permettra tout autant de « savoir tout simplement » que vous vivez une relation sans avenir. Une fois que vous serez capable de « savoir tout simplement », vous n'aurez plus qu'à trouver votre moitié ou être trouvé par elle... ce qui est beaucoup plus facile.

Ce que les célibataires ne comprennent pas

La plupart des célibataires ont du mal à intégrer ce précepte de base. Ils croient à tort que, quand on est amoureux, on désire obligatoirement poursuivre une relation avec l'objet de son amour. Ce n'est pas vrai. Certes, plus un être se rapprochera de votre idéal, plus il vous sera facile de le percevoir comme digne d'être aimé, mais il ne s'agira pas pour autant obligatoirement de la femme ou de l'homme de votre vie. Aimer ne suffit pas à faire de lui ou d'elle celui ou celle qui vous convient.

Bon nombre de gens nagent en pleine confusion dès qu'ils tombent amoureux : à leurs yeux, éprouver de l'amour implique automatiquement qu'on veuille passer le restant de ses jours auprès de l'autre. En cas de rupture, ils en déduisent à tort qu'ils n'étaient pas réellement aimés et, de ce fait, se sentent trahis. Or l'amour ne suffit pas. S'ils découvrent que leur partenaire ne leur convient pas, ils pourront rompre, accablés de remords, ou mettre un accent inutile sur les aspects de la relation qui ne fonctionnaient pas, afin de justifier leur décision.

Certains passent en mode « jugements et critiques » pour expliquer pourquoi ils mettent un terme à une relation amoureuse. Quand deux personnes ne savent pas rompre dans la tendresse, elles doivent s'attendre à ce que resurgissent les aspects les moins reluisants de leur personnalité. Non seulement c'est déplaisant et inutile, mais cela amenuise les chances de trouver le compagnon idéal la prochaine fois.

Il faut ce qu'il faut

En règle générale, il faut s'armer de patience et respecter à la lettre les cinq étapes décrites ci-dessus avant d'être en mesure de reconnaître son âme sœur. Bien entendu, vous pouvez user de stratagèmes et de manipulations pour que celui ou celle que vous convoitez s'éprenne de vous et vous épouse, mais s'il ne vous convient pas, vous ne vieillirez pas nécessairement côte à côte. Une des raisons pour lesquelles notre époque enregistre un taux si élevé de divorces réside dans le fait qu'on ne prend plus le temps de parcourir ces cinq étapes.

> **Vous pouvez user de stratagèmes et de manipulations pour qu'une personne s'éprenne de vous et vous épouse, mais cela ne constitue nullement une garantie de succès.**

Nos aïeux acceptaient de convoler sans prendre le temps de connaître celui ou celle qui leur était promis parce que l'institution du mariage reposait à l'époque avant tout sur un souci de sécurité : ils recherchaient en priorité un compagnon ou une compagne capable d'assurer leur bien-être matériel et celui de leurs enfants. La génération de nos parents a découvert la tendresse et appris à s'aimer. Pour se rendre compte que cela ne suffisait pas à les prémunir contre des unions malheureuses.

La littérature ne regorge pas d'exemples de grand amour qui résiste à l'épreuve des noces. Pour la plupart des couples, le mariage constitue le point final de l'histoire d'amour. C'est pourquoi notre quête d'un partenaire auprès de qui notre amour et notre passion pourront s'épanouir se révèle si délicate. Cet être unique, singulier, devra être choisi et reconnu par notre âme. Et il nous semble parfois que ce choix de notre cœur lui est dicté par le ciel.

Trouver l'âme sœur

Une âme sœur est une personne qui possède la capacité très rare d'extraire de nous le meilleur. Une âme sœur n'est pas parfaite, mais elle nous convient à la perfection. Cependant, quoique capable de mettre en lumière nos aspects les plus flatteurs, elle peut aussi, quand nous nous y entendons mal pour communiquer, réveiller nos pires défauts, et vice versa.

On distingue quatre principaux types d'interaction entre deux personnes qui sortent ensemble : des interactions d'ordre physique, émotionnel, intellectuel et spirituel. Les interactions physiques engendrent le désir ; les interactions émotionnelles engendrent l'affection ; les interactions intellectuelles suscitent l'intérêt ; et les interactions spirituelles donnent naissance à l'amour. Une âme sœur interagit avec vous sur chacun de ces quatre plans.

L'attirance physique ne suffit pas

La simple attirance physique ne dure guère. L'intérêt de l'homme s'éveille souvent à la seule vue d'une femme séduisante qui lui propose un plaisir sexuel sans attaches. Chez beaucoup de jeunes gens, l'occasion fait le larron et le simple fait qu'une femme soit consentante suffit à ce que germe une attirance de ce type. Mais après quelques séances passionnées, elle s'émoussera rapidement. Mon travail de conseil m'a permis de découvrir des cas de figure récurrents très surprenants : celui de femmes dotées d'un physique de top model ou de star de cinéma à l'égard de qui leur mari n'éprouvait aucune attirance sexuelle. Au début, cela m'a laissé perplexe car j'imaginais mal qu'un homme puisse ne pas désirer de telles créatures. J'ai fini par comprendre pourquoi.

Ces femmes avaient séduit leurs époux avant tout par leur magnétisme sexuel et ceux-ci n'avaient jamais réellement pris la peine de chercher à les connaître. Un homme qui se sent physiquement attiré par une femme croit souvent à tort la connaître. Il s'intéresse à elle, il l'apprécie et il croit même l'aimer. Le véritable test reste à venir : persistera-t-il à l'apprécier et à l'aimer une fois qu'il commencera à la connaître ? Une telle relation ressemble beaucoup à de l'amour, mais elle ne se révèle pas nécessairement réelle ni durable : la mesure de l'amour véritable s'apprécie sur le long terme.

Ces hommes qui dédaignaient leurs partenaires ne les trahissaient pas pour autant. Et la responsabilité de la situation incombait aussi en partie à leurs compagnes. Tous avaient trop mis l'accent sur l'aspect physique de la relation et omis de se ménager l'occasion de faire plus ample connaissance et de s'aimer suffisamment pour déterminer s'ils étaient bel et bien des âmes sœurs.

Lorsqu'une interaction physique ne s'appuie pas sur d'autres connivences au niveau de l'esprit, du cœur et de l'âme, elle succombera à l'épreuve du temps. Une fois les passions et les plaisirs de la chair dégustés sans qu'ils aient su éveiller des ardeurs aussi vives dans l'esprit, le cœur ou l'âme, cette interaction physique s'évaporera. Une attirance physique ne peut perdurer toute une vie que lorsqu'elle résulte aussi d'une union des esprits, des cœurs et des âmes.

L'âme et l'amour durable

L'âme constitue le fragment le plus permanent de notre personnalité. Quand notre âme se sent attirée vers un être en qui elle reconnaît un alter ego, cette attirance soustendra toutes les interactions physiques, émotionnelles et spirituelles. Un désir physique durable ne peut donc puiser sa source que dans l'âme.

Et note âme demeure la même de notre naissance à notre mort : le petit enfant d'hier et l'adulte d'aujourd'hui ne font qu'un. Nous resterons nous-mêmes tout au long de notre vie. L'âme représente cette partie de nous que rien ne saurait altérer. Notre apparence physique, nos sentiments et nos opinions vont en revanche évoluer.

Les changements les plus évidents interviennent sur le plan physique : tout dans l'univers de la matière est en perpétuelle évolution. Le monde des émotions se révèle déjà plus stable. Tous les adultes peuvent se remémorer des sentiments éprouvés dans leur enfance ou au début de leur vie d'adulte, et il leur arrive même parfois de les ressentir encore. Sur le plan intellectuel, encore moins de bouleversements : on conserve en général les mêmes centres d'intérêt. On change un peu, certes, mais incomparablement moins que sur le plan physique. Notre âme, elle, demeure immuable.

Qu'est-ce au juste que l'âme ? C'est ce qui reste de vous si l'on vous débarrasse de votre enveloppe corporelle, de votre esprit et de votre cœur. Une vie entière ne suffirait pas à explorer tout son potentiel. Quand deux âmes se reconnaissent et se chérissent mutuellement et que deux êtres sont attirés l'un vers l'autre sur les plans physique, émotionnel et spirituel, leur amour pourra non seulement durer, mais aussi continuer à grandir et à s'enrichir au fil des ans. Ce qui ne signifie pas que la vie de ces êtres s'écoulera tel un long fleuve tranquille. Cela veut seulement dire qu'ils possèdent les atouts nécessaires pour réussir leur union.

Ouvrir notre cœur

Durant les premiers temps d'une relation amoureuse, quand nos cœurs ne se sont pas encore pleinement ouverts l'un à l'autre, nous nous fions à nos sentiments d'attirance et d'intérêt pour nous guider vers le partenaire approprié. Mais de tels critères garantissent seulement que la relation remplira nos besoins émotionnels. Une fois ceux-ci satisfaits, notre cœur pourra s'ouvrir pleinement pour nous permettre de vivre un amour et une union véritables. Cependant, si grand que soit cet amour, il n'implique pas que nous reconnaissions en l'autre notre âme sœur.

Il peut en effet arriver qu'une personne que vous aimez du plus profond de votre âme ne soit pourtant pas celle que vous attendez ; partager un amour solide et durable ne suffit pas à faire de votre compagnon votre véritable double. Veillez à cet égard à ne pas confondre l'amour et le mariage, car cela vous mettrait dans l'incapacité de vous abandonner à vos sentiments, puisque vous seriez bien trop occupé à vous demander si vous désirez épouser l'objet de vos pensées.

Ce dilemme concerne au premier chef les hommes. S'ils comprennent bien que leur compagne rêve de connaître leurs sentiments à son égard, ils se refusent absolument à répondre à son amour parce qu'ils pensent que s'ils avouent l'aimer, cette femme espérera une demande en mariage et souffrira lorsque celle-ci se fera attendre. Dans les films romantiques, la déclaration figure le prélude des noces ; dans la vraie vie, ce n'est pas toujours le cas.

Le mariage est un choix

Le mariage est un choix, un choix différent de tous les autres. Nous n'épousons pas le premier qui fait battre notre cœur : on commence par trouver l'amour, puis on opère des choix. Comme nous l'avons vu, aimer sincèrement n'implique pas nécessairement que l'autre soit notre moitié idéale. Vivre un amour véritable établit en revanche un contact avec l'âme, contact qui nous permet de comprendre les aspirations de cette dernière.

On ne choisit pas une âme sœur en comptabilisant les « avantages » et les « inconvénients » d'une relation de couple. Il ne s'agit pas d'une décision émotionnelle motivée par les sentiments que l'autre vous inspire ; il ne s'agit pas non plus d'une décision fondée sur l'apparence physique. Ses racines sont bien plus profondément enfouies. Lorsque notre âme désire épouser notre partenaire, nous avons l'impression de n'être venu au monde que pour accomplir la promesse que cette union concrétise.

Il nous semble que nous devions nous rencontrer et vivre ensemble.

Quand notre âme désire épouser notre partenaire, nous avons l'impression de n'être venu au monde que pour accomplir la promesse que cette union concrétise.

Dès que notre âme décide de se marier, elle ne nous laisse plus guère le choix d'en décider autrement. Nous devons agir ainsi pour rester fidèles à nous-mêmes. Voilà le type d'engagement qui peut engendrer une existence entière d'amour. C'est lui qui nous donnera la force de réaliser les sacrifices nécessaires et de surmonter les inévitables défis inhérents au mariage.

Beaucoup confondent à tort amour et époux idéal, parce que c'est uniquement quand notre cœur s'ouvre et se gonfle d'amour que nous pouvons réellement connaître l'autre et décrypter nos véritables aspirations. Impossible de rencontrer l'âme sœur quand on ne parvient pas à ouvrir son cœur, c'est vrai. Mais vous ne pourrez pas non plus déterminer avec certitude qu'une personne ne vous convient pas si ce préalable n'est pas rempli.

Une meilleure compréhension de ces éléments vous aidera à mettre fin à une relation sans concevoir ni culpabilité ni ressentiment. Au lieu de vous sentir rejeté parce qu'on vous a aimé puis repoussé, vous y verrez plus clair. « Oui, pourrez-vous dire, tu m'as aimé(e), mais nous n'étions pas faits l'un pour l'autre. Je n'étais pas l'homme (ou la femme) de ta vie. Cela m'a déçu(e) et j'en ai souffert, mais je peux te le pardonner et te souhaiter tout le bonheur du monde. Et puis je vais pouvoir me remettre en quête de mon âme sœur. » Prenons un exemple :

Quand Bill a rejeté Susan

Quand Bill a quitté Susan, cette dernière a réagi en ces termes : « Notre relation aurait pu fonctionner si seulement tu avais accepté de t'engager envers moi et si tu t'étais fait aider pour surmonter tes blocages. Il aurait suffi que tu te soucies un peu plus de moi et que tu te donnes un peu plus de mal. Si tu avais consacré moins de temps à ton travail et un peu plus à m'épauler, nous aurions pu nous marier et vivre heureux. Mais non, il a fallu que tu gâches tout et que tu abandonnes la partie. Mon existence n'est plus que ruines. Tu étais l'homme de ma vie et j'ai gaspillé trois précieuses années avec toi. »

Pendant nos séances de travail, elle s'est beaucoup lamentée : « Comment se peut-il qu'un homme qu'on aime aussi fort ne soit pas le bon ? Pourquoi a-t-il fallu que cette histoire se termine ? » Et quand je l'assurais qu'elle trouverait un jour quelqu'un qui lui correspondrait mieux, elle refusait purement et simplement d'y croire.

Toute personne rejetée partagera dans une certaine mesure ces sentiments ; ils sont normaux. Mais il faut savoir s'en libérer pour les remplacer par des sentiments positifs d'amour et de pardon.

Quand Susan est de nouveau tombée amoureuse

Trois mois plus tard environ, Susan a rencontré Jack et s'est profondément éprise de lui. Tout se déroula sans anicroche pendant un an environ, jusqu'au jour où Susan comprit que Jack n'était pas l'homme de sa vie. Elle l'aimait, certes, mais à présent qu'elle le connaissait mieux, elle sentait qu'il ne lui convenait pas parfaitement.

À chaque fois qu'elle évoquait son intention de rompre,

Jack la suppliait de se raviser et de lui accorder une dernière chance. Susan se sentait terriblement coupable à la seule idée de lui infliger une telle souffrance. Au bout de quelques mois d'efforts, elle comprit que les choses ne feraient que se dégrader et l'expliqua à Jack, lequel souleva les arguments qu'elle-même avait employés pour retenir Bill !

Susan avait découvert qu'on peut aimer quelqu'un sans nécessairement souhaiter l'épouser. Comprendre enfin les motifs du départ de Bill lui permit de lui pardonner, de penser à lui avec tendresse et de se libérer du ressentiment accumulé en elle.

Elle trouva aussi en elle les ressources requises pour quitter Jack sans se laisser envahir par les remords ou la mauvaise conscience. Au fond de son cœur, elle savait qu'ils n'étaient pas faits l'un pour l'autre et qu'il lui fallait reprendre sa quête. Avant cette prise de conscience, elle aurait laissé la situation se dégrader en se rongeant de culpabilité. Cette fois, elle sut repartir du bon pied, pleine de compassion pour Jack mais sans regret. Elle lui savait gré des moments heureux qu'ils avaient partagés, mais se sentait prête à tourner la page.

Trois mois plus tard, elle fit la connaissance de Tom, avec qui elle franchit rapidement les cinq étapes du processus amoureux : ils se marièrent au bout de neuf mois. Ces deux âmes sœurs coulent des jours heureux depuis plus de douze ans et comptent bien vieillir ensemble. Aujourd'hui, Susan se réjouit que Bill ait fait preuve du courage nécessaire pour suivre l'élan de son cœur et rompre avec elle. Lui aussi a rencontré depuis sa propre moitié.

L'histoire de Susan illustre combien il est important de comprendre que l'amour ne suffit pas et de rompre sans déchirement : en se délivrant de leurs remords et de leur ressentiment, Susan et Bill ont tous les deux réussi à rencontrer leur âme sœur.

De l'art de bien se préparer

Le premier défi qui s'offre à vous est de renoncer pour un temps à rechercher votre âme sœur : commencez par vous *préparer* à reconnaître celle-ci le jour où elle se présentera. La plupart des gens trouvent leur moitié ou sont trouvées par elle de manière plutôt inopinée. Lorsque vous serez prêt à l'accueillir, elle fera son apparition.

> **La plupart des gens trouvent leur âme sœur ou sont trouvées par elle de manière plutôt inopinée.**

Pour se préparer à cet événement, il faut tout d'abord apprendre à se connaître soi-même. Chez les adolescents, qui en sont encore à découvrir ce que signifie être un homme ou une femme, le flirt permet à la fois de se documenter sur le sexe opposé et sur eux-mêmes. Ils ne cherchent pas l'âme sœur, mais plutôt à explorer leur personnalité et leurs sentiments.

Ces sentiments relèvent en général du béguin. Même si nous croyons sincèrement être amoureux, cela s'apparente plutôt à une tocade. La perspective de sortir avec l'élu de notre cœur excite tous nos sens, mais lorsque nous faisons plus ample connaissance avec lui, notre enthousiasme retombe. Il s'agit bien d'attirance, d'affection et d'intérêt, mais nous ne sommes pas encore mûrs pour vivre une fusion des âmes. Ces étapes constituent cependant un élément important du travail de préparation qui conduit vers l'âme sœur.

Il arrivera par la suite que, après une déception amoureuse ou parce qu'on s'est senti rejeté(e), on éprouve le besoin de papillonner pour un temps afin de reprendre confiance en sa virilité ou sa féminité. Une fois convaincu de notre pouvoir de séduction, nous pourrons de nouveau dépasser la première étape du processus amoureux et envisager sérieusement une véritable relation de couple.

L'autonomie constitue la base de l'intimité

C'est d'ordinaire entre vingt et trente ans que nous prenons conscience de notre identité en tant qu'êtres distincts de nos parents. Jusqu'alors, nous dépendions le plus souvent complètement d'eux. Il nous faut explorer notre moi, découvrir qui nous sommes, ce que nous aimons et ce qui nous déplaît, ce que nous pouvons faire, ce dont nous avons besoin et ce dont nous n'avons nul besoin.

À mesure que nous devenons plus autonomes, nous attendons davantage d'une relation amoureuse.

Même à soixante-cinq ans ou plus, on retrouvera peu ou prou les interrogations de ses vingt ans après un divorce ou une séparation. Notre premier souci sera de retrouver notre autonomie, base indispensable pour recréer l'intimité avec un autre. Quand nous nous remettons d'un échec sentimental, au lieu de chercher une personne avec qui partager notre quotidien, nous nous comportons comme un être affamé en quête de nourriture : n'importe quoi fera l'affaire, du moment que cela apaise cette sensation de faim. Avant d'envisager de vivre une relation intime et donc de reconnaître le partenaire qui nous conviendra, nous devons d'abord nous montrer capable de nous nourrir seul. C'est seulement après que nous pourrons apprécier le fait de nourrir et d'être nourri par un partenaire.

Quel que soit notre âge, à mesure que nous recouvrons notre indépendance et notre autonomie, sortir avec une personne simplement attirante, agréable et intéressante ne nous suffit plus. Nous voulons plus que passer du bon temps. Nous aspirons à avoir l'occasion de connaître une personne en profondeur et d'être connu d'elle de la même façon. De manière quasi automatique renaît en nous le besoin d'explorer ce qu'une relation exclusive et pleine de tendresse peut nous apporter.

Une âme sœur n'est pas parfaite

Une âme sœur présente une autre caractéristique d'importance : elle n'est jamais parfaite. N'espérez pas qu'elle coïncide en tous points à la liste des qualités requises pour votre partenaire idéal. Elle a un passé. Tout comme vous, elle a ses bons jours et ses mauvais jours. Elle ne ressemble peut-être pas à ce que vous attendiez et elle a sans doute des défauts que vous n'appréciez guère. Mais quand votre cœur s'ouvrira à l'amour et que vous la connaîtrez plus amplement, elle se révélera parfaite... pour vous.

L'amour qu'une âme sœur vous inspire spontanément constitue la base sur laquelle vous vous appuierez pour apprendre à partager votre vie avec une personne différente de vous à bien des égards. Cet amour vous fournira la motivation nécessaire pour coopérer avec elle, la respecter, l'apprécier, la chérir et l'admirer. Ce processus, qui ne sera pas toujours facile ni agréable, fera de vous un être meilleur. Votre âme en sortira grandie.

Quand une chenille se transforme en papillon, cette métamorphose ne s'opère pas sans mal. Le tout jeune papillon doit se battre pour se libérer de son cocon. Mais cette bataille pour gagner l'air libre lui permet d'exercer ses ailes et d'acquérir la force nécessaire pour voler. Si, mû par un élan de compassion, vous fendiez son cocon afin de lui faciliter la tâche, votre papillon en émergerait dépourvu de forces. Incapable de s'envoler, il périrait.

C'est parce que la personne avec qui vous partagerez votre vie représentera à certains égards un défi pour vous qu'elle fera jaillir le meilleur de vous-même. Une âme sœur vous amène à progresser, même si le parcours vous conduit parfois à traverser des orages. Le mariage implique de surmonter toutes sortes de tendances négatives – tendance à porter des jugements à l'emporte-pièce ou à critiquer, tendance à l'égoïsme ou à la docilité excessive, exigences démesurées, propension à s'agripper à l'autre, rigidité, tendance à jouer les donneurs de leçons, doutes, impatience, etc. Avec votre âme sœur, vous parviendrez à vous élever au-dessus de ces travers. Lorsque votre côté obscur remontera à la surface, vous pourrez faire appel à votre amour pour elle et cela vous rendra plus fort et plus aimant. Grâce à ce processus, votre âme évoluera en liberté, tel un papillon.

Quand vous ne parvenez pas à vous décider

Si vous faites partie de ces gens en quête de perfection, vous risquez de ne jamais vous satisfaire de quiconque, si vous n'apprenez pas d'abord à laisser votre cœur s'ouvrir. Lorsqu'on hésite encore à propos de son partenaire, mieux vaut donner sa chance à la relation jusqu'à ce qu'on en vienne à « savoir tout simplement ». S'il apparaît que vous avez trouvé l'âme sœur, vous vous fiancerez ; sinon, rompez et ne regardez pas en arrière pendant au moins un an. Prenons un exemple.

Richard, quarante-sept ans, ne s'est jamais marié mais il a collectionné les conquêtes. C'est un homme attirant, charmant, qui a bien réussi et qui souhaite se marier. Certaines femmes ont tenu une place assez importante dans son existence, mais il n'a jamais réussi à fonder un foyer. Il manquait toujours quelque chose pour qu'il s'y décide. Voici comment il décrit les femmes qui ont le plus compté pour lui :

– Sarah était merveilleuse, pétillante et pleine d'énergie : tout ce que je ne suis pas. Je me sentais bien auprès d'elle. Nous avons failli nous marier, mais elle ne voulait pas déménager et moi non plus.

« Carol m'aimait tel que j'étais. Elle adorait passer du temps avec moi et nous nous entendions fort bien. Une femme réellement merveilleuse : que demander de plus ? Mais elle ne possédait pas le pep et l'énergie de Sarah.

« Marie est la plus belle femme que j'aie jamais rencontrée. Intelligente, elle occupait un poste important et j'étais très fier de l'avoir à mon bras en public. J'ai songé à l'épouser, mais elle n'était pas aussi tolérante que Carol. Carol, elle, appréciait tout en moi. Avec Marie, j'avais l'impression de devoir toujours faire mes preuves. Ce n'était pas une sensation désagréable, loin de là, mais je ne pense pas que j'aimerais qu'elle dure toute la vie. »

Richard pouvait disserter ainsi pendant des heures, à comparer ses diverses dulcinées. Mais on en revenait toujours au même point : il espérait trouver une femme possédant toutes les qualités. Et, plus il en rencontrait, plus grandes étaient ses attentes. À trop chercher la perfection, Richard se perdait en comparaisons. Il voulait tout.

De l'importance de l'exclusivité

Non seulement Richard ignorait qu'une âme sœur n'est pas pour autant parfaite, mais en plus, il se compliquait à plaisir l'existence en fréquentant systématiquement plusieurs femmes en même temps. Il ne vivait jamais de relation à deux et il ne se donnait jamais l'occasion d'ouvrir son cœur à une femme en particulier. Lorsque, après avoir été attiré par l'une, il entrait dans une phase d'incertitude, au lieu de rester auprès d'elle, il laissait ses doutes l'inciter à la comparer aux autres et commençait à lui chercher une remplaçante. Il se gardait toujours une issue de secours, quelqu'un sur qui se rabattre en cas d'échec.

Avant même d'ouvrir son cœur à une femme et de prendre le risque de se voir rejeter, il en tenait déjà une autre dans sa ligne de mire. Si bien qu'il n'avait jamais l'occasion de fréquenter exclusivement une femme pendant plus de six mois. Toutes ses relations les plus sérieuses ont suivi le même schéma : il sautait le stade du duo pour passer directement à l'étape numéro quatre (l'intimité) avant de revenir à l'étape numéro deux (l'incertitude).

Pendant cette phase d'incertitude, il remarquait d'autres proies et les courtisait. Osciller ainsi entre les étapes et entre les partenaires l'empêchait de jamais trouver dans son cœur la certitude qu'une femme lui convenait ou ne lui convenait pas.

Pourquoi Richard ne parvenait pas à s'engager

Si certains épisodes de son enfance aggravaient certainement la propension de Richard au papillonnage, son inaptitude à s'engager provenait surtout de son incapacité à respecter à la lettre les quatre premières étapes du parcours amoureux. Nul ne lui avait jamais expliqué pourquoi il importe de se consacrer exclusivement à sa partenaire si l'on espère reconnaître un jour son âme sœur. À son sens, on commençait par reconnaître l'autre, puis on devenait intime avec elle et alors seulement on pouvait décider de se consacrer exclusivement à elle. Il ne comprenait pas qu'il devait d'abord renoncer aux nouvelles conquêtes (troisième étape) avant d'entamer une relation intime avec une femme (quatrième étape).

Quand il se remémore le passé, Richard pense encore aujourd'hui que quatre ou cinq des femmes qu'il a le plus aimées auraient pu lui convenir parfaitement... pour peu qu'elles aient été un tout petit peu différentes.

Pas de ressentiment ni de culpabilité chez Richard, mais l'impression qu'il manque chaque fois quelque chose à son bonheur. Il ne parvient même pas à distinguer claire-ment celles de ses ex qui lui convenaient de celles qui ne faisaient pas l'affaire. Et il n'y parviendra pas avant d'accepter l'idée de nouer une relation exclusive.

Tant qu'on n'apprend pas que tirer dans une certaine direction vous fait à tout coup rater votre cible, on ne déviera jamais sa trajectoire afin de toucher au but. En son for intérieur, Richard pense encore que le sort a disposé des cibles interchangeables aux quatre vents. Il a saboté toutes ses chances de trouver l'âme sœur. Imaginez qu'une des femmes qu'il a déjà croisées soit, sans qu'il le sache, la bonne...

Sa seule voie de salut est de cesser de comparer ses partenaires entre elles et d'oublier sa quête de perfection. Il devrait trouver une femme qui l'attire et qui présente clairement certaines des qualités qu'il recherche, puis la séduire en respectant les quatre premières étapes du parcours amoureux. Là enfin, il pourra « savoir tout simplement » si cette personne lui convient. Et même s'il lui apparaît que ce n'est pas le cas, pour une fois les choses seront claires. À partir de là, il pourra tourner la page et s'assurer que sa prochaine relation se rapprochera plus de ses objectifs.

Quand un homme refuse de s'engager

Jason, trente-deux ans, fréquente simultanément six femmes entre lesquelles il se dit incapable d'opérer son choix. « Elles sont toutes si merveilleuses, explique-t-il, comment prendre une décision ? » L'indécision chronique de Jason vient de ce qu'il reste bloqué à la deuxième étape du processus relationnel, l'incertitude, puis saute directement à la quatrième étape, l'intimité, sans passer par la case exclusivité : il sort avec une femme pendant quelques semaines voire quelques mois, puis dès qu'il commence à mieux la connaître et que leur relation prend un tour plus intime, les doutes l'envahissent et il se tourne vers une autre. Tant qu'il fera le va-et-vient entre plusieurs candidates, il ne pourra jamais trancher ni bâtir un couple.

Si Jason a tort d'entretenir ainsi plusieurs relations, les femmes qui le fréquentent sont elles aussi dans l'erreur, car elles acceptent de partager son lit sans avoir l'assurance que ses étreintes leur sont réservées. Elles tombent dans un travers très commun qui consiste à faire plus d'efforts pour un homme que lui-même n'en accomplit envers elles.

Notre héros n'hésite pas à raconter à ses amies ses problèmes existentiels, y compris les difficultés auxquelles il se heurte avec leurs rivales. Ces discussions pour le moins déplacées ajoutent encore à l'ambiguïté de la situation. Une femme ne doit jamais se comporter avec un homme comme s'ils entretenaient une relation exclusive ou intime alors que lui papillonne encore. Et elle ne doit jamais croire que, parce qu'elle lui prête une oreille compatissante, il en déduira qu'elle est la femme de sa vie. Au contraire : si elle commet l'erreur d'accorder à un soupirant les privilèges inhérents à une relation exclusive et intime, tandis que lui continue à s'éparpiller, il deviendra extrêmement difficile pour cet homme d'y voir clair dans ses sentiments et/ou de la reconnaître éventuellement comme son âme sœur.

Notre discernement va s'accroissant

Chaque fois que nous traversons ce processus amoureux, nous accroissons notre capacité à discerner et reconnaître la personne qui nous conviendra. Même nos mauvais choix deviennent judicieux puisqu'ils nous aident à nous corriger et à repartir du bon pied. Veillez à toujours vous comporter en conformité avec le stade de la relation où vous vous trouvez et vous augmenterez considérablement vos chances de trouver un jour l'homme ou la femme de votre vie.

Une fois que vous maîtriserez les cinq étapes qui mènent à une union, vous serez prêt à deviner quand il est possible de vivre un amour durable et vrai et quand tel n'est pas le cas. Le temps que vous consacrez à une relation ne sera jamais du temps perdu si vous tirez les leçons de cette expérience et vous assurez de clore celle-ci de manière positive. Chaque fois que vous suivrez les élans de votre cœur, puis découvrirez en définitive que votre partenaire ne vous convient pas, vous vous rapprocherez d'un pas de l'âme sœur.

Pourquoi les couples attendent
pour se marier

Les statistiques les plus récentes indiquent que les hommes comme les femmes attendent plus longtemps qu'autrefois pour convoler. Certains voient cela d'un mauvais œil, alors que, en fait, cela témoigne plutôt d'une plus grande sagesse des jeunes couples. Ceux-ci veulent d'abord savoir qui ils sont, ce dont ils sont capables, ce qu'ils veulent et où ils vont avant de se lancer dans l'aventure du mariage. De fait, il paraît prudent d'apprendre d'abord à se connaître soi-même avant d'envisager de partager ce qu'on est dans le cadre d'une vie à deux.

Il est plus prudent d'apprendre à bien se connaître soi-même avant d'envisager la vie à deux.

Ceux qui se marient avant de se sentir autonomes courent le risque de se reposer trop sur l'autre et d'attendre trop de lui. Ils ne prennent pas le temps de jouir de leur indépendance et de découvrir comment combler leurs besoins sans partenaire. Au lieu de consacrer quelques années à se libérer de l'emprise parentale afin de ne plus compter que sur eux-mêmes, ils passent directement du toit familial au nid conjugal, sans jamais cesser de dépendre d'autrui en termes d'amour et de soutien. Se précipiter ainsi dans une relation intime les privera d'une occasion unique de mettre au jour la confiance en soi, l'assurance et l'autonomie nécessaires pour qu'un mariage s'épanouisse.

Vivre séparé de nos parents marque une étape importante du processus qui fait de nous des adultes. Vivre pour un temps séparé du sexe opposé se révèle tout aussi instructif. Une personne capable de trouver seule son équilibre – ou en partageant un appartement avec des amis du même sexe – pose des bases solides pour un duo futur.

> **Vivre séparé de nos parents marque une étape importante du processus qui fait de nous des adultes. Vivre pour un temps séparé du sexe opposé se révèle tout aussi instructif.**

Quand notre travail et nos amis ne nous satisfont pas, nous nous tournons vers des partenaires susceptibles de remplir notre existence, plutôt que vers ceux avec qui nous pourrions partager celle-ci. Au lieu de mêler deux coupes pleines pour déborder de félicité, nous nous unissons à l'autre avant tout pour combler des carences. Grossière erreur : il faut savoir être heureux seul pour trouver l'âme sœur et fonder un couple.

La lenteur est un gage de sagesse

Attention : deux êtres ne courent pas droit à l'échec uniquement parce qu'ils se sont mariés vite ; cela signifie juste qu'ils devront surmonter des défis supplémentaires, afin de ne pas rejoindre la désolante cohorte des couples mariés qui sont des âmes sœurs mais qui ne le savent pas. Pour une raison quelconque, les protagonistes de ces relations ont échoué dans une ou plusieurs des étapes du processus amoureux, de sorte qu'ils n'ont jamais réussi à communiquer au niveau de l'âme. S'il demeure toujours possible de redresser la situation, même in extremis, il se révèle néanmoins beaucoup plus facile de parvenir à une union spirituelle si l'on respecte les cinq paliers décrits dans ce livre.

Le vieil adage « le connaître, c'est déjà l'aimer » s'applique à votre âme sœur. Ce qui implique de prendre le temps de réellement connaître l'autre et de découvrir ses meilleurs côtés avant de l'épouser.

Une mise en garde, toutefois : même si vous maîtrisez toutes les techniques présentées dans ce livre, cela ne vous rendra pas automatiquement capable de mener n'importe quelle relation jusqu'à la cinquième étape, puis de vous marier et de vivre heureux à jamais. En revanche, grâce à ces conseils, vous reconnaîtrez et trouverez plus facilement la personne qui vous convient et vous pourrez amener cette personne à vous reconnaître aussi.

3
Première étape : l'attirance

Même si l'attirance que nous ressentons pour un membre du sexe opposé relève d'abord de l'instinct, si nous voulons que celle-ci perdure, il nous faut apprendre à nous présenter sous notre jour le plus séduisant mais également laisser apparaître notre capacité à soutenir l'autre. Il ne suffit pas de dire : « Me voilà ; accepte-moi comme je suis. » L'alchimie qui préside à la naissance d'un couple participe d'un équilibre délicat entre des dons mutuels. Le mélange du masculin et du féminin doit s'effectuer de façon graduelle.

Pendant cette première phase du parcours amoureux, on est avant tout motivé par l'espoir de voir ses attentes et ses vœux comblés par une relation à deux. Si nous ne croyons pas que ce duo va satisfaire nos besoins, nous ne tarderons pas à nous en désintéresser. Il est très facile, à ce stade, de mal interpréter les actes et les réactions de son partenaire et de se laisser décourager simplement parce qu'on pense ou qu'on ressent des choses différentes. Le grand défi, au début d'une relation, consiste donc à entretenir votre attirance mutuelle et de lui donner l'occasion de croître tandis que vous apprenez à mieux vous connaître.

Exprimer votre moi le plus positif

Pour préserver l'attirance éprouvée à l'égard de l'autre, nous devons donner le meilleur de nous-même. Un homme qui ignore tout des us et coutumes en vigueur sur Vénus risque, en dépit de tous ses efforts, de briser involontairement le rapport de séduction. Il faut admettre que rares sont ceux qui comprennent ce qu'une femme ressent ou ce qu'elle attend de l'existence. Quand un Martien s'intéresse à une femme, il tend tout naturellement à la traiter ainsi qu'il aimerait qu'on le traite. Or, bien souvent, il n'atteindra pas le but recherché. Si bien que, en voulant l'impressionner, il ne réussit qu'à la décevoir.

> **Un homme qui ignore tout des us et coutumes en vigueur sur Vénus risque, en dépit de tous ses efforts, de briser involontairement le rapport de séduction.**

Par exemple, au lieu de prendre le temps d'écouter sa partenaire et de faire plus ample connaissance avec elle, il parlera de lui ou de ses théories sur l'existence. Il se fait fort de l'impressionner ainsi et, comme elle pose des questions, il pense avoir atteint son but. Quand il laisse enfin à sa compagne l'occasion de parler, il croit à tort qu'elle sollicite son avis et se met en devoir de proposer des solutions à ses problèmes ou des réponses à ses interrogations. Voilà comment, sans même deviner pourquoi ni comment, il refroidit l'intérêt qu'elle lui porte.

Lors de leur premier rendez-vous, Larry a invité Phoebe au restaurant. J'occupais par hasard la table voisine de la leur et j'ai pu constater que, pendant tout le dîner, il a tenu les rênes de la conversation. Il s'exprimait tout à fait comme un professeur face à une élève et Phoebe le regardait dans les yeux et l'écoutait attentivement, hochant la tête de temps à autre avec un petit sourire. Un spectacle consternant.

Quand, par extraordinaire, Phoebe plaçait quelques mots, son interlocuteur, loin de l'inciter à s'exprimer à loisir, reprenait sans tarder son exposé. Il était flagrant qu'il appréciait de soliloquer ainsi, et tout aussi clair que seule la politesse commandait l'expression intéressée de Phoebe : elle s'ennuyait ferme et se sentait négligée.

Ils auraient pu passer une soirée délicieuse, mais chacun est rentré chez lui déçu. Aucune communication n'avait pu s'établir entre eux puisque Larry avait monopolisé la conversation.

Si Larry avait compris le mode de pensée des Vénusiennes, il aurait posé plus de questions à sa compagne, afin de l'inciter à se dévoiler. Et si Phoebe avait mieux compris les Martiens, elle n'aurait pas hésité à participer plus activement à la conversation, au lieu de se contenter d'écouter poliment.

Comme nul homme ne comprend d'instinct les usages en vigueur sur Vénus, le Martien tend à se comporter avec les femmes comme un éléphant dans un magasin de porcelaine : sans même avoir conscience de l'effet désastreux qu'il produit. Il ignore qu'une femme se sentira plus soutenue et impressionnée s'il l'écoute avec intérêt au lieu de disserter et de lui prodiguer des conseils. Savoir cela peut tout changer.

Lui demander son numéro

Toute la complexité du parcours amoureux réside dans le fait que le sexe opposé représente un mystère. Ainsi, un homme s'interrogera sur l'opportunité de demander son numéro de téléphone à une femme qui l'intéresse. Il hésitera quant à la marche à suivre car il doute encore de lui plaire vraiment. Et cela parce qu'il ne devine pas l'étendue

de son pouvoir de séduction. Il ignore par exemple qu'elle fond lorsqu'il :
- prend l'initiative de croiser son regard ;
- la remarque, tout simplement ;
- l'enveloppe d'un regard poliment admiratif et qu'elle détourne les yeux ;
- se montre impatient de mieux la connaître ;
- se montre attiré par elle ;
- prend le risque de l'aborder ;
- lui pose des questions sur un ton amical ;
- la regarde tandis qu'elle lui parle ;
- lui consacre toute son attention ;
- la complimente ;
- lui fait savoir, à l'issue de la conversation, qu'il aimerait la rappeler.

Dès qu'un homme donne à une femme l'impression qu'il la place au-dessus des autres, il gagne en attrait à ses yeux. Au cours de mes séminaires, j'ai souvent entendu des participantes expliquer que, même quand un homme ne les attirait pas au premier abord, le fait qu'il s'intéresse à elles le rendait plus séduisant. Si vous vous lancez à lui demander son numéro de téléphone ou à l'inviter à sortir, elle sera tentée de répondre par l'affirmative uniquement pour vous récompenser d'avoir pris ce risque. Elle se sentira appréciée à sa juste valeur et flattée.

Un homme capable d'oser toutes les choses mentionnées ci-dessus sans nécessairement attendre en retour plus que le simple plaisir de faire connaissance avec sa partenaire n'en devient que plus attachant. Une femme devine très bien si l'assurance d'un homme dépend de la façon dont elle répondra à ses avances. Si à tout moment elle doit veiller à éviter de le blesser, cela le rendra moins attirant. Lorsqu'elle peut simplement jouir de l'intérêt qu'elle lui inspire, il lui plaira nettement plus. La plupart des hommes ignorent toutefois qu'ils possèdent ce pouvoir unique de faire chavirer le cœur des Vénusiennes. Comprendre les différences entre hommes et femmes leur permettra de prendre conscience de cet atout.

Pourquoi les femmes ne comprennent pas les hommes

La femme non plus ne comprend pas toujours comment fonctionne son soupirant. Ainsi, il lui arrive de croire à tort que l'homme de sa vie devinera d'instinct ses désirs, prendra automatiquement en considération ses besoins et lui prodiguera les petites attentions qu'elle-même prodiguerait à l'autre pour lui témoigner son intérêt. Et quand il ne comble pas ces attentes irréalistes, elle en conçoit frustration et découragement.

Voilà pourquoi elle commet souvent l'erreur d'exprimer son attirance pour son partenaire en bombardant celui-ci de questions. Elle l'écoute patiemment car, dans son esprit, plus elle l'écoutera attentivement, plus l'intérêt qu'il lui porte s'accroîtra. Cette règle se vérifie sur Vénus, mais pas sur Mars. Un homme qui pérore se focalise de plus en plus sur ce qu'il raconte, et non pas sur son interlocutrice. Pour retenir son intérêt, elle doit participer de façon plus active à la conversation et y mettre plus d'elle-même.

La manière dont une femme s'exprime fait une différence énorme. Sur Vénus, quand deux amies se retrouvent, elles profitent de l'occasion pour partager en toute liberté les petits problèmes, les frustrations, les déceptions et les sujets de récrimination de la semaine. La volonté exprimée par l'une de « tout partager » de ses soucis s'inscrit comme un compliment envers l'autre, un gage de confiance et d'amitié.

> **Sur Vénus, quand deux amies se retrouvent, elles profitent de l'occasion pour partager en toute liberté les petits problèmes, les frustrations et les déceptions de la semaine.**

Une telle attitude avance votre cause sur Vénus, mais pas sur Mars. Un homme risque d'en tirer des conclusions erronées. Lorsqu'une femme s'étend sur ses sentiments négatifs et sur ses problèmes quotidiens, au lieu d'apprécier qu'elle partage ses soucis avec lui, il en déduit à tort qu'elle est difficile à contenter. Or, si les femmes gravitent vers les hommes qui leur témoignent de l'intérêt, ces derniers succombent plutôt aux charmes des femmes en apparence faciles à satisfaire. Si la chose semble malaisée, ils tendent à se décourager.

> **Les hommes sont attirés par les femmes qui leur paraissent faciles à contenter.**

En somme, pour qu'un homme et une femme puissent tous deux donner le meilleur d'eux-mêmes dans le cadre d'un rendez-vous, la Vénusienne devra veiller à partager avec son soupirant les aspects positifs de son existence, tout en évitant de s'appesantir sur ses expériences plus décevantes. La conversation doit demeurer légère, centrée sur l'actualité internationale et sur le quotidien de chacun (considéré sous un angle positif).

Il n'est pas question pour autant de camper un rôle, car l'authenticité se classe au premier rang des qualités humaines, indépendamment du sexe. Tout le monde possède une face positive et une face négative, tout le monde a des hauts et des bas, et tout le monde cumule une part d'autonomie et une part de dépendance. Pour séduire un homme, la femme devra mettre en valeur son moi positif et optimiste, ainsi que son autonomie. Plus tard, elle pourra lui révéler les autres aspects de sa personnalité. Chaque chose en son temps.

Dans l'optique de faire bonne impression et d'apprendre à connaître autrui, il est primordial de dévoiler d'abord sa facette positive, et ce au cours des trois premières étapes du processus amoureux – l'attirance, l'incertitude et l'exclusivité. Ensuite, lors de la quatrième étape, celle de l'intimité, nous pourrons nous préoccuper de nos caractéristiques moins plaisantes.

> **Une fois que nous connaissons les meilleurs aspects de la personnalité de l'autre, nous sommes à même d'accepter ses défauts.**

De ce fait, lorsque surviennent les défis propres à toute relation de couple, nous serons mieux à même de nous montrer conciliants. Une intimité trop rapide peut fragiliser une femme et pousser son compagnon à s'écarter. Or, si les hommes tendent à chercher trop vite l'intimité physique, les femmes commettent souvent l'erreur de se précipiter dans une intimité émotionnelle complète.

Quand une femme donne trop lors d'un rendez-vous

La femme croit souvent qu'en offrant à un homme le soutien qu'elle-même espère qu'il lui apporte, il verra son intérêt pour elle décupler. Avec les meilleures intentions du monde, elle commet donc l'erreur de traiter son partenaire de la façon dont elle voudrait qu'il la traite. Lorsqu'il se montre attentif, elle lui témoigne un intérêt exagéré. Lorsqu'il se montre plein de considération, elle réplique par une considération excessive en retour. Et lorsqu'il l'aide, elle veut immédiatement lui rendre la pareille, au lieu de se contenter de sourire et de le remercier.

Il est difficile pour une femme de comprendre que, une fois qu'elle s'est montrée réceptive aux avances d'un homme et qu'elle a apprécié ses efforts, elle ne lui doit rien de plus. Elle lui a déjà donné ce qu'il désire le plus : l'occasion d'apprendre à la connaître, de lui faire plaisir et d'établir une relation avec elle. Une femme doit toujours se rappeler qu'elle est « l'unique ». C'est un privilège pour son soupirant que d'avoir l'occasion de passer du temps à ses côtés. Ne pas s'en tenir à cette attitude entravera la croissance de l'attirance qu'elle inspire.

Lorsqu'une femme s'est montrée réceptive aux avances d'un homme et a su apprécier ses efforts, elle ne lui doit plus rien.

Quand un homme est attiré par une femme, il se réjouit de sa capacité à la rendre heureuse. Cette perspective fait jaillir le meilleur de lui ; il se sent bien. La persistance de son intérêt amoureux repose en grande partie sur la possibilité pour lui d'en attendre plus à cet égard et de devoir accomplir des efforts supplémentaires pour les beaux yeux de sa dame de cœur. Tant qu'elle demeure distante, il doit lutter pour la conquérir et cela le stimule. Dans le cas contraire, son intérêt pour elle va s'amenuiser et ne perdurera pas jusqu'à l'issue des cinq étapes du parcours amoureux.

Tant qu'une femme demeure distante, son compagnon doit lutter pour gagner son cœur et cela le stimule.

Lorsqu'une femme se sent attirée par un homme, elle éprouve des sentiments bien distincts. Elle devine qu'il pourrait la rendre vraiment heureuse et cela lui réchauffe le cœur. Elle peut alors se montrer sous son meilleur jour. Et cela l'incite à donner d'elle-même.

Les femmes sont mues par l'espoir de voir leurs besoins comblés, puis de pouvoir donner sans compter en retour, tandis que la motivation de leur compagnon repose surtout sur l'espoir de réussir à séduire celle qui occupe leurs pensées. Quand elle est heureuse, il se sent fier de lui. Son bonheur constitue sa meilleure récompense. Et la plus grande félicité de sa conquête provient du succès avec lequel il a su combler sa partenaire.

Ouvrir la portière de la voiture

Les femmes qui ne comprennent pas les hommes commettent fréquemment l'erreur de persister à donner en retour, ce qui dilue leur intérêt pour elles, au lieu de se borner à recevoir leurs attentions, ce qui intensifierait cet intérêt. Ce malentendu se révèle avec une acuité toute particulière lors d'un rendez-vous. Il vient la chercher : elle est élégante, très belle. Il le remarque et la complimente. Elle s'en réjouit. Il la guide jusqu'à la voiture, déverrouille la portière du passager et l'aide à s'installer. Elle sourit et le remercie. Puis il referme la porte et contourne la voiture pour s'asseoir au volant. Et là, que fait sa compagne ? Tend-elle le bras pour déverrouiller sa portière ou le laisse-t-elle se débrouiller ?

Une femme qui ne maîtrise pas les lois de l'attraction masculine et la nécessité de le tenir à distance afin qu'il puisse la courtiser sera souvent tentée d'ouvrir l'autre portière, même si cela implique d'inconfortables contorsions. Au premier abord, un tel effort peut paraître équitable et attentionné, mais il ne sera pas perçu ainsi. Une femme qui agit de la sorte se donne trop de mal : elle compromet sa position et le romantisme de la situation.

Quand une femme se donne trop de mal pour plaire, elle ne maintient pas entre elle et son compagnon la distance nécessaire pour qu'il la courtise.

Certaines m'objecteront qu'il leur semble égoïste de ne même pas faire l'effort de tendre le bras pour déverrouiller sa porte. Bien sûr, si un bouton près de vous permet d'actionner l'ouverture, ne vous en privez pas, mais vous tortiller et vous pencher, surtout en tenue habillée, ne véhiculera pas une impression de grâce. La parade amoureuse doit donner à l'homme l'occasion de montrer son intérêt et de faire preuve d'attentions, tandis que la femme accepte celles-ci et prend le temps d'évaluer l'ampleur de son propre intérêt pour l'autre.

Pourquoi se donner la peine d'escorter galamment son invitée jusqu'à son siège si elle doit par la suite effectuer des contorsions pour ouvrir l'autre ? Ne gâchez pas ses efforts de gentleman. Laissez-lui le plaisir de vous choyer, sous peine de mettre en échec la finalité même du rendez-vous et provoquer une confusion des rôles. Si vous vous contentez d'attendre qu'il se débrouille, ravie de jouer les princesses, vous offrez à votre attirance mutuelle de meilleures chances de croître.

> **Quand une femme se penche pour déverrouiller la porte de son partenaire, elle met en échec la finalité même du rendez-vous amoureux et provoque une confusion des rôles.**

Certains hommes sont souvent tellement habitués à ce que les femmes de leur entourage se mettent en quatre pour leur faciliter l'existence, qu'ils éprouvent parfois une légère surprise face à une partenaire qui ne leur témoigne pas la même sollicitude. Peut-être même vont-ils grommeler en leur for intérieur : « Je lui ai ouvert la portière, elle aurait au moins pu déverrouiller la mienne. » Cela peut momentanément les rendre plus distants et froids, mais ils comprennent vite que vous ne l'avez pas fait parce que cela vous aurait contrainte à des contorsions disgracieuses et inconfortables. Plus important encore, ils constateront que vous semblez souriante, heureuse, comblée... grâce à eux ! Ils en concevront de la fierté : « Oui, je lui ai ouvert la portière, se diront-ils, je l'emmène dans un endroit élégant et elle est contente. » Ces sentiments positifs chasseront tout désir de ronchonner et l'attirance et le respect qu'ils vouent à leur invitée augmenteront encore.

Pourquoi les femmes en font trop

Les femmes tendent à accomplir trop d'efforts au début d'une relation lorsqu'elles ne comprennent pas le mode de pensée masculin. L'homme rêve de rendre sa partenaire heureuse. Son bonheur suffit à le combler. Seulement, les femmes ne réagissent pas ainsi. Rendre un homme heureux n'est pas suffisant. Il leur faut avant tout sentir que la relation comble leurs propres besoins émotionnels. Ce préalable rempli, elles pourront donner sans compter de leur amour : quand les besoins d'une femme sont satisfaits, le bonheur de l'autre devient le sien.

Ce n'est que lorsqu'un homme est content de lui qu'il est le plus motivé pour combler une femme. Plus sa vie est ordonnée, plus il aspire à rencontrer une femme pour la partager. Son autonomie et son indépendance chéries lui semblent soudain bien creuses. Il lui manque quelque chose. Rendre une femme heureuse comblera ce vide dans son existence. Voilà pourquoi une femme ne doit jamais se sentir obligée de faire plaisir à un homme : c'est en lui donnant la possibilité de la satisfaire qu'elle le comblera le mieux.

Une femme ne doit jamais se sentir obligée de faire plaisir à un homme.

Beaucoup de femmes jugent ce concept difficile à comprendre car lorsqu'elles-mêmes se sentent autonomes et indépendantes, cela ne leur donne pas envie de prendre soin d'une autre personne, mais plutôt de trouver quelqu'un qui prendra soin d'elles. Quand une femme se sent vide et rêve d'un duo amoureux, elle est en général épuisée d'avoir trop donné aux autres. Une histoire d'amour représente pour elle l'occasion de se détendre et de laisser quelqu'un d'autre endosser la responsabilité de ses besoins.

Chez une femme, un sentiment de vide va de pair avec l'envie de recevoir. Si elle continue à donner et ne reçoit rien en échange, cela la rendra très malheureuse. Un simple merci accompagné d'un sourire de son partenaire ne lui suffira pas. À l'inverse, un homme qui se sent vide et qui réussit à combler les besoins de son amie se satisfera amplement d'un sourire et d'un remerciement en retour.

Tomber instantanément amoureuse

Outre leur incompréhension du psychisme masculin, il est une autre raison qui pousse les femmes à trop donner. Il arrive en effet qu'elles voient ou même imaginent une chose au sujet de celui qu'elles viennent de rencontrer qui suscite en elle un élan de certitude : « Voici l'homme de mes rêves, l'homme de ma vie, l'homme idéal. » Comme sous l'emprise d'un sort, elles réagissent comme si cet individu leur apportait déjà tout ce qu'elles désirent. Le moindre de ses gestes suscite chez elles une réponse empreinte de réceptivité et d'amour. Mais, si ce charme les incite à se présenter sous leur meilleur jour et les rend très séduisantes, il peut aussi empêcher le maintien d'une attirance forte de la part de leur soupirant.

Quand une femme tombe amoureuse, elle a parfois l'impression de recevoir déjà tout ce qu'elle pourra jamais désirer.

La simple présence de celui qu'elles aiment les satisfait tellement qu'elles en viennent à se demander ce qu'elles peuvent faire pour se montrer dignes d'un être aussi merveilleux. Comment gagner son amour ? Que faire pour lui ? Comment s'assurer qu'il les aime ? Elles mettent ensuite ces idées en pratique. Mais, à mesure qu'elles le courtisent de la sorte, elles perdent de leur intérêt à ses yeux...

Une Vénusienne sage abordera la situation de façon tout autre. Même amoureuse, elle n'oubliera pas que, malgré l'impression d'entretenir une vraie relation de couple avec l'homme de ses rêves, elle en est encore bien loin. Même si celui qu'elle fréquente possède des atouts potentiels, il n'est pour l'heure qu'un soupirant. Elle ne se trouve que dans la première étape du parcours amoureux. Il n'a pas encore renoncé aux autres pour elle (troisième étape), elle ne le connaît pas encore très bien (quatrième étape) et ils ne sont pas fiancés (cinquième étape) ! Il est crucial pour elle de se remémorer l'étape de la relation en cours, afin d'adopter le comportement adéquat. D'où l'importance d'une bonne compréhension des divers stades du parcours amoureux.

3
Deuxième étape : l'incertitude

Dès qu'un être commence à occuper une place prépondérante dans nos pensées, nous passons automatiquement à la deuxième étape du parcours amoureux, la phase d'incertitude. Quand naît l'envie de mieux connaître l'autre et d'envisager avec lui une relation de couple, il est tout naturel d'éprouver soudain des doutes. Chez certains, ce bouleversement a la violence d'un raz-de-marée ; chez d'autres, il s'agira d'un simple frémissement. Il arrive que la force de ce revirement ou sa soudaineté soient à la mesure du potentiel du partenaire en cause.

Même si vous sortez avec votre âme sœur, à ce stade vous n'en savez encore rien. Que votre partenaire soit ou non l'homme ou la femme de votre vie, vous allez ressentir des doutes à son égard. Malheureusement, beaucoup de célibataires ignorent le caractère nécessaire de cette phase et en concluent à *tort* que cela signifie que leur partenaire ne leur convient pas. Ils croient que, le jour où l'on rencontre la bonne personne, les portes du paradis s'ouvrent aussitôt dans un concert de cloches célestes.

Même si vous sortez avec votre âme sœur, vous n'en savez sans doute encore rien dans cette deuxième étape du parcours amoureux.

Cette phase de doute incite fréquemment un homme à commettre l'erreur de penser que s'il n'est pas sûr de lui, il ferait mieux de continuer à regarder autour de lui et à accumuler les expériences. Il ne devine pas que réagir ainsi risque de l'empêcher de jamais acquérir la conviction qu'il sort avec la bonne personne.

Continuer de jouer les don Juan est acceptable lors de la première étape, mais à ce deuxième stade, une telle attitude se révèle contre-productive. Le moment est venu de se consacrer à une partenaire, de décider de donner une chance à cette relation spécifique.

Quand l'herbe semble plus verte ailleurs

Pendant cette période d'incertitude, l'herbe vous paraîtra plus verte dans les pâturages voisins. Les hommes redeviennent plus sensibles au charme de la gent féminine dans son ensemble. Il faut dire que la plupart des mâles possèdent une image mentale de leur partenaire idéale qui coïncide très rarement avec la réalité. Mais ce n'est qu'une fois qu'ils auront réussi à établir de véritables liens solides avec une femme que ce fantasme perdra de sa force, pour laisser la place à un être de chair et de sang.

Tant qu'un homme n'aura pas rendu une femme heureuse, il continuera à la confronter à son image idéale. Ce qui l'incitera à remettre ses sentiments en question. « Je l'apprécie, mais elle ne ressemble pas à l'idée que je me fais de la femme de ma vie », songera-t-il. À mesure qu'il fera plus ample connaissance avec une créature bien réelle, qu'il sentira de véritables liens de désir, d'affection et d'intérêt se tisser entre eux, son besoin de la voir cadrer avec son fantasme ira s'amenuisant. Ce sort se brise dès que le cœur s'ouvre et qu'un lien particulier s'établit avec une partenaire. Mais ce processus prend du temps, même avec la femme de sa vie.

> **Tant qu'un homme n'a pas réellement rendu une femme heureuse, il continuera à s'accrocher à une image idéale.**

Dans cette deuxième étape, l'homme doit se fixer pour objectif d'oublier l'herbe – même si elle lui semble plus verte ailleurs – pour mieux considérer son propre pré et creuser celui-ci en quête d'or. Peut-être n'en trouvera-t-il pas, mais il ne le saura jamais, à moins de faire l'effort de creuser.

Pour explorer plus à fond ses sentiments, il se posera les questions suivantes :
- Se peut-il que je sois l'homme de sa vie ?
- Se peut-il que je possède les qualités nécessaires pour la rendre heureuse ?
- Est-ce que je l'aime ?
- Est-ce que je veux la rendre heureuse ?
- Son bonheur me remplit-il de joie ?
- Me manque-t-elle quand je suis au loin ?

Une fois qu'il donnera une réponse affirmative à toutes ces questions, il sera prêt à aborder la troisième étape du parcours amoureux, le duo exclusif.

Pourquoi le doute envahit les hommes

Si un homme ne comprend pas les Vénusiennes, il risque de se croire à tort incapable de faire le bonheur de l'une d'elles. Il possède sans doute les atouts nécessaires, mais comme il interprète mal ses réactions, il en tire des conclusions erronées.

Ainsi, lorsque vous traversez un quartier chic avec une femme et qu'elle s'exclame : « Oh, regarde cette belle villa ; je suis sûre qu'il y a une piscine. J'adore les pisci-nes ! », elle se borne à exprimer une opinion. Mais son compagnon, lui, en déduit qu'elle a des goûts de luxe et se demande s'il sera jamais en mesure de la satisfaire. Il pense que, parce qu'elle apprécie les belles maisons avec piscine, elle ne pourra trouver le bonheur qu'auprès d'un homme qui pourra lui offrir un tel confort. Et il se demande s'il ne ferait pas mieux de cesser de la voir.

Pour éviter de tomber dans ce travers, l'homme veillera, pendant cette deuxième étape, à multiplier les petites attentions, afin de tester sans cesse sa capacité à rendre sa compagne heureuse. C'est quand il parvient à promou-voir son bonheur, son confort et sa satisfaction qu'il établit des liens étroits avec elle. Ses doutes se dissipent davan-tage sous l'effet des réactions de sa partenaire en réponse à ses actes que sous celui de ce qu'elle fait pour lui.

Les doutes d'un homme se dissipent plus sous l'effet des réactions que sa partenaire oppose à ses actes que sous celui de ce qu'elle fait pour lui.

Ce qui explique sans doute pourquoi la tradition veut que la responsabilité d'un rendez-vous amoureux incombe à l'homme. Il se charge de dénicher son numéro de télé-phone, de l'appeler, de l'inviter à sortir, de lui proposer un programme pour la soirée, de passer la chercher, de lui ouvrir la porte de sa voiture et de la refermer après qu'elle s'est assise, de la conduire à bon port, d'acheter les billets de cinéma ou de théâtre, de l'escorter jusqu'à son siège, de veiller à son bien-être et à son amusement, de choisir un restaurant, puis enfin de régler l'addition. Il donne et elle accueille gracieusement ses attentions.

Tous les petits gestes accomplis au cours de la soirée offrent à l'homme l'occasion de tester la situation et de déterminer s'il apprécie de faire plaisir à celle qui l'accom-pagne. De son côté, celle-ci peut évaluer combien elle aime se voir ainsi choyée. Ce qui leur permet à tous les deux de construire un lien avec l'autre. Au cours de l'étape suivante du processus amoureux, la phase d'exclusivité, une femme pourra, ce lien étant déjà établi, envisager de partager les dépenses et de prodiguer à son tour de petites attentions à son soupirant. Mais lors d'un rendez-vous romantique, l'homme doit demeurer maître de la situation.

S'il ne comprend pas ce processus, il risque de rester bloqué dans la phase d'incertitude. Au lieu de mettre sans cesse à l'épreuve sa capacité à satisfaire sa partenaire pour mieux la séduire, il commencera en effet à se demander si elle peut lui apporter ce qu'il désire. Or, quand un homme se concentre sur ce que lui veut, il est assuré de laisser passer la femme de sa vie sans même la voir. La question « Suis-je l'homme qui lui convient ? » l'aidera en revanche à y voir suffisamment clair en lui pour décider de progresser vers une relation de couple ou de rompre et de repartir de zéro avec une nouvelle partenaire.

Quand un homme se concentre sur ce que lui veut, il est assuré de laisser passer la femme de sa vie.

Quand les femmes doutent

Cette deuxième étape du processus amoureux ne provoque pas les mêmes symptômes chez les femmes que chez les hommes. Tandis que l'homme tend à se demander s'il souhaite poursuivre une relation, sa compagne s'interrogera plutôt sur l'avenir de ladite relation. Bien souvent, elle sent que son partenaire se fait plus distant et, en cherchant à se rassurer, tombe dans deux principaux travers : soit elle se met à lui poser des questions sur leur couple, soit elle s'efforce de le convaincre d'oublier ses doutes. Deux approches qui risquent d'inciter monsieur à prendre encore plus de recul ou de l'empêcher de se convaincre qu'il est bien l'homme qui lui convient.

> **Tandis que l'homme tend à se demander s'il souhaite poursuivre une relation, sa compagne s'interrogera plutôt sur l'avenir de cette relation.**

Une femme qui ne comprend pas les hommes paniquera facilement au cours de cette phase d'incertitude. Que penser d'un soupirant qui, voici peu de temps, se montrait si empressé et qui aujourd'hui ne l'est plus du tout ? Si vous ne savez pas qu'il s'agit d'une évolution classique, il y a matière à s'interroger. Voici quelques-unes des questions les plus fréquemment soulevées.

Ce qu'une femme se demande

- Ai-je fait quelque chose de mal ?
- Y a-t-il quelqu'un d'autre ?
- Est-ce que je compte encore pour lui ?
- Va-t-il m'appeler ?
- Est-ce que je fais ce qu'il faut ?
- Est-ce que j'en fais assez ?
- Comment reconquérir son attention, son intérêt, son affection et son désir ?

Malheureusement, toutes ces interrogations entraînent la femme dans la mauvaise direction, puisqu'elles l'incitent à harceler son partenaire. Or, lorsque votre soupirant perd de son ardeur, il faut absolument résister à l'envie presque incontrôlable de décrypter ce qui se passe ou de tenter quelque chose pour redresser la situation.

Une Vénusienne doit utiliser cette phase d'incertitude pour réfléchir à ce que cet homme lui apporte et non pas à ce qu'il pourrait lui apporter (s'il le voulait bien). Tout en laissant la porte ouverte à des avances ultérieures, elle doit remplir sa vie autrement avec l'aide de ses amis. En profiter pour se demander si cet homme présente le profil adéquat pour envisager une véritable relation de couple avec lui.

> **Lorsqu'un homme perd de son ardeur, il faut absolument résister à l'envie presque incontrôlable de décrypter ce qui se passe ou de tenter quelque chose pour redresser la situation.**

Remémorez-vous le vieil adage : « l'absence stimule l'amour ». Si vous sentez que votre soupirant s'éloigne, laissez-le prendre ses distances. N'oubliez pas que les hommes sont comme des élastiques. Par moments, ils ont besoin de s'isoler, mais si on les laisse faire, ils reviennent vers leur partenaire. Une fois qu'il aura effectué ce mouvement de va-et-vient à plusieurs reprises, il saura avec certitude qu'il souhaite poursuivre une relation de couple avec vous.

En lui accordant l'espace suffisant pour s'éloigner puis voir renaître son intérêt pour elle, la femme peut elle aussi évaluer son envie d'un duo plus étroit avec son partenaire. Si, alors même qu'elle a su remplir sa vie grâce au soutien de ses amis et de sa famille, il lui manque toujours, c'est bon signe.

Comment éviter de se montrer trop empressé(e)

Pendant la phase d'incertitude, les hommes comme les femmes doivent veiller à ne pas réagir aux doutes manifestés par leur partenaire en redoublant d'efforts. Les Martiens qui ne profitent pas de cette phase pour prendre un peu de recul tendent souvent à étouffer leur compagne sous des attentions permanentes assorties de déclarations

d'amour. Quand une femme repousse leurs avanc
doivent prendre garde à la courtiser avec douceur
pect. La persévérance est une vertu, à condition qu'elle
s'exerce sans pression. Rien ne refroidit tant que d'essayer
de culpabiliser votre dulcinée parce qu'elle ne vous consacre pas assez de temps. Cela peut en outre la conduire à
ériger une muraille protectrice entre elle et vous, laquelle
la mettra dans l'impossibilité de déterminer si elle souhaite
tenter l'aventure avec vous à long terme.

Si c'est la femme qui, galvanisée par le comportement
fuyant de son compagnon, le couvre d'attentions, cela
pourra carrément empêcher celui-ci de traverser cette
phase d'incertitude pour découvrir s'il souhaite ou non
essayer un duo plus intime avec elle. C'est la raison pour
laquelle, traditionnellement, les femmes n'appellent pas
les hommes ; une femme intelligente attend qu'on vienne
à elle. Il arrive cependant un moment où il devient nécessaire de prendre son téléphone, pour ne pas basculer dans
un attentisme ridicule. La femme avisée saura donc aussi
provoquer une situation qui incitera son soupirant à
reprendre ses assauts.

Que faire quand il n'appelle pas ?

Si, pendant la phase d'incertitude, un homme s'abstient
pour un temps de vous appeler, vous pouvez lui téléphoner, mais évitez absolument de le harceler ou de vous
plaindre qu'il vous néglige. Faites-lui plutôt savoir, l'air de
rien, que tout va bien pour vous. Appelez pour dire bonjour, pour le remercier d'une broutille ou encore pour lui
poser une question sur un sujet qu'il maîtrise bien. Tenez-
vous-en à un coup de fil rapide et amical, qui lui fera
clairement comprendre que vous ne lui en voulez pas de
ne pas vous avoir contactée. La pire chose à faire serait de

l'interroger sur ses sentiments à votre égard et sur votre relation.

> **La pire chose qu'une femme puisse faire est d'interroger son soupirant sur ses sentiments à son égard et au sujet de leur relation.**

Il arrive, au cours de cette étape du processus amoureux, qu'un homme oublie pour un temps son amie. Deux jours, deux semaines ou deux mois s'écoulent en un éclair avant que, soudain, il se rappelle combien il l'apprécie. Il songe alors à l'appeler, mais redoute de se voir réprimander ou rejeté, parce qu'il aura attendu trop longtemps. Il décide donc de s'abstenir et de tourner le page. Mais, s'il a entre-temps reçu d'elle un message amical, il se sentira plus libre de revenir à la charge.

> **Pendant la phase d'incertitude, le temps ralentit pour les femmes, mais il peut s'accélérer pour les hommes.**

Une femme qui ne comprend pas les hommes ne tardera pas à le classer dans la catégorie des « blaireaux », s'il tarde trop à la rappeler. Or il existe une foule de raisons qui peuvent empêcher un homme de décrocher son téléphone. Une meilleure perception du mode de pensée martien aide à mieux décrypter son comportement instinctif et à ne pas en prendre ombrage. Dans les chapitres 15 et 16, nous étudierons plus en détail les raisons pour lesquelles un homme s'abstient d'appeler une femme et les tactiques que celle-ci peut employer pour le contacter sans le refroidir.

Les pressions qu'une femme subit

Quand un homme se montre très empressé pendant la première étape de la relation avant de faire marche arrière, une femme se sentira parfois tenue de le dédommager et de lui accorder des faveurs sexuelles. Elle a tant reçu de lui qu'elle croit devoir lui rendre la pareille et, en comblant ses besoins sexuels, elle espère réveiller son intérêt pour elle. Mais en donnant ainsi d'elle-même plus qu'elle ne se sent réellement prête à le faire, elle risque de saboter la relation amoureuse : le mieux est l'ennemi du bien.

Pour qu'une femme vive au mieux cette phase d'incertitude, il lui faut savoir accueillir les avances d'un homme sans en concevoir aucun sentiment d'obligation. Si elle n'a guère l'habitude qu'on la courtise ou lui témoigne des marques d'empressement, elle risque d'autant plus de se sentir redevable des attentions que son partenaire lui prodigue. Une personne affamée et sans argent en vient naturellement à penser qu'elle donnerait n'importe quoi pour une assiettée de nourriture. De la même façon, une femme qui se sent aimée, voire adorée, peut être tentée de faire n'importe quoi pour que cette situation idyllique perdure. Il s'agit là d'une attitude malsaine.

Une femme doit en effet comprendre que, en recevant les attentions d'un homme et en réagissant avec chaleur et tendresse, elle lui donne déjà beaucoup en retour. Hélas, bon nombre d'entre elles l'ignorent et en déduisent qu'elles ne donnent pas assez en échange de ce qu'elles reçoivent.

De ce fait, quand vous devinez que votre partenaire aimerait obtenir plus de vous, au lieu de vous sentir flattée par son désir, vous sabotez le processus amoureux en vous laissant envahir par un sentiment d'obligation qui vous pousse à accepter une intimité hors de proportion avec l'état de votre relation. Au lieu de laisser votre soupirant continuer à s'évertuer à vous plaire, vous prenez l'habitude de vous attacher à le satisfaire. Ce qui compromet inévitablement votre position et l'intérêt qu'il vous porte.

Pourquoi Sharon se sentait redevable

Sharon me décrivit la situation en ces termes : « Au début, Kevin se montrait adorable. Il écoutait le moindre de mes propos et se comportait en vrai gentleman. J'adorais tout ce qu'il me disait ; il était aussi drôle qu'intéressant. Nous passions des moments merveilleux ensemble. Puis, après une soirée de passion, tout s'est arrêté. »

Sharon ne savait plus que penser : pour elle, ils étaient deux âmes sœurs destinées à se marier, mais Kevin n'avait pas dépassé le premier cap, l'attirance, et il continuait à fréquenter d'autres femmes. Sharon déclara : « Cela fait trop mal. Je préfère ne pas revivre une telle expérience. Je n'ai pas besoin d'un homme à ce point. »

Lorsqu'elle en sut plus long sur la psychologie martienne, Sharon comprit qu'elle avait tout simplement mal interprété les signaux émis par Kevin. Ainsi, au lieu de conclure de l'attention passionnée qu'il lui témoignait qu'il était forcément son âme sœur, elle aurait dû songer qu'ils ne se connaissaient que depuis quelques jours. Alors qu'elle envisageait déjà un duo exclusif, ils n'avaient même pas abordé la phase d'incertitude.

Après avoir suivi un atelier Mars & Vénus, Sharon m'a confié qu'elle se sentait vraiment stupide : « Bien sûr, il disait qu'il m'aimait, m'expliqua-t-elle, et il n'y a rien de mal à cela. Seulement, il ne m'aimait pas assez pour rester auprès de moi. La raison pour laquelle je me sens blessée est que nous avons fait l'amour et que, après, il m'a rejetée. Si nous n'avions pas été aussi loin et nous étions contentés de baisers et de caresses, je me sentirais moins flouée. »

En fait, à un certain stade de leur relation, Sharon avait jugé Kevin tellement merveilleux qu'elle s'était sentie tenue d'exaucer le moindre de ses désirs. Il lui paraissait équitable de l'égaler en générosité. Mais lui apportait-il réellement tout ce qu'elle désirait ? Sharon souhaitait se marier... avait-il comblé ce vœu ?

Quand elle eut pris conscience de ce distinguo, Sharon déclara : « Je veux me marier. Le jour où un homme me donnera tout ce que je désire, j'en ferai autant avec lui. Mais jusqu'à ma nuit de noces, je me rappellerai que je ne suis pas mariée. »

Sharon comprit qu'elle n'avait pas besoin de renoncer à sortir avec des hommes de peur de souffrir. Il lui suffisait de se fixer des limites plus strictes sur le plan sexuel. Elle apprit que l'intimité physique ne relevait pas du tout ou rien, mais qu'elle pouvait grandir au fil du temps.

L'intimité physique ne relève pas du tout ou rien.

Cette conclusion lui permit de tirer un trait sur sa relation avec Kevin. Au lieu de se sentir victime, elle lui sut gré de lui avoir ouvert de nouveaux horizons. Comprenant clairement à présent comment elle s'était elle-même placée en situation de souffrir, elle put pardonner à ce garçon et lui souhaiter un avenir heureux.

Le moral au beau fixe, elle envisagea par la suite la parade amoureuse sous un angle nouveau. Elle admettait éprouver le besoin d'avoir un homme dans sa vie, mais sans pour autant ressentir aucune impatience de nouer une relation plus intime. Au lieu de renoncer aux hommes, elle renonça tout bonnement à se sentir redevable envers eux. Elle vécut des flirts et des rendez-vous délicieux, puis rencontra l'homme de sa vie et l'épousa. Mais, fidèle à ses nouveaux principes, elle attendit de se sentir prête pour accepter des rapports intimes.

Besoins et obligations

L'histoire de Sharon illustre un point primordial : bien souvent, les femmes nient avoir besoin d'un homme parce qu'elles ne veulent pas qu'on fasse peser sur elles des contraintes. Dès qu'elles perçoivent qu'il n'est pas question de cela, elles peuvent flirter librement et prendre plaisir aux attentions masculines.

Une femme qui réalise qu'aucune obligation n'en résulte pour elle peut flirter librement et prendre plaisir aux attentions masculines.

Une femme encline à se sentir redevable des avances qu'un homme lui prodigue ne peut en revanche se montrer réceptive. Il arrive couramment que des jeunes femmes se croient obligées de payer leur part de l'addition au restaurant afin de ne pas se sentir tenues de coucher avec leur soupirant. C'est une façon toute vénusienne de lui annoncer qu'il ne doit pas espérer grand-chose d'elles.

Ces femmes réagissent ainsi parce qu'elles devinent les désirs de leur cavalier et préfèrent éviter qu'il se méprenne à leur sujet. L'inconvénient de cette approche est que l'homme en déduira qu'elle n'est pas du tout réceptive à ses avances. Museler la partie de son être qui a besoin d'affection masculine réduit sa capacité à se sentir attirante et d'être attirée par l'autre.

Le fait d'apprécier les cadeaux d'un homme ne vous met absolument pas dans l'obligation de lui offrir plus qu'un remerciement et un sourire en retour.

La plupart des hommes ne s'attendent pas à ce qu'une femme accepte des rapports intimes ; ils espèrent juste que ce sera leur soir de chance. Ils ne raisonnent pas ainsi : « J'ai payé le dîner, donc elle devrait passer la nuit avec moi. » Sachez que refuser de laisser un homme régler l'addition pour ne rien lui devoir est aussi insultant pour lui que pour vous-même : si vous pensez qu'un homme cherche à acheter vos faveurs, pourquoi diable acceptez-vous de sortir avec lui ?

Le désir d'intimité est innocent

Il est tout à fait innocent de la part d'un homme d'aspirer à plus d'intimité physique et ce l'est tout autant pour une femme de se sentir chavirée par l'intérêt passionné de son compagnon. Et si la plupart des Martiens ne s'attendent pas à ce qu'on leur tombe illico dans les bras, il en est tout de même quelques-uns qui comptent bien qu'une femme leur cédera. Comme ils ont fréquenté des femmes simplement désireuses de partager d'agréables galipettes, ils s'imaginent que toutes réagiront ainsi.

Quand on ne comprend pas ce qui constitue les bases d'une relation appelée à aboutir, on croit souvent que le passage à l'acte est l'antidote parfait à une vie amoureuse décevante. Pourtant, rien n'est plus éloigné de la vérité.

Une juste perception des vertus de la lenteur et du respect des cinq étapes du processus amoureux aidera les hommes et les femmes à mieux apprécier les jeux de la séduction et à trouver le grand amour. Quand un homme accoutumé aux femmes « rapides » en rencontre une qui souhaite prendre son temps, il est normal qu'il se rebiffe un peu. Mais s'il existe entre eux plus qu'une simple attirance physique, il saura respecter ses vœux et s'adapter à son rythme.

Au lieu de repousser toutes les avances masculines, apprenez à simplement refuser de façon ferme et polie la dimension sexuelle, si vous ne vous sentez pas prête à donner un tel tour à la relation. Quiconque respecte votre réserve mérite votre amour. Si tel n'est pas le cas et que votre galant continue à pester, c'est qu'il n'est pas disposé à entamer une relation sérieuse, et vous vous rendez un fier service à tous les deux en mettant un terme à l'expérience.

Une femme qui ne se sent pas prête peut, sans se départir de sa politesse, opposer un refus ferme aux avances de son partenaire.

Si votre compagnon vous presse de lui céder et que vous ne savez comment l'éconduire de peur de le blesser, rappelez-vous que vous ne lui devez rien. Un homme a seulement besoin de se sentir capable de combler sa dulcinée et de conserver l'espoir de parvenir un jour à ses fins. Vous pourrez vous contenter d'un simple : « J'aime beaucoup cela, mais je ne me sens pas prête à aller plus loin pour le moment. Arrêtons-nous là. »

Refuser d'avoir des rapports sexuels n'implique pas que le couple renonce à toute intimité charnelle. Les hommes ont besoin d'intimité physique pour que leur cœur s'ouvre, pour ressentir amour et désir, et s'engager envers leur compagne. De même que l'intérêt romantique que son interlocuteur lui porte et sa conversation brillante stimulent une femme, le Martien se montre très sensible aux réponses qu'elle donne à ses avances sexuelles. Mais il n'a pas besoin d'aller jusqu'au bout pour se sentir galvanisé.

Les quatre stades de l'intimité physique

Une femme peut dire oui à divers stades d'intimité physique sans pour autant accepter des rapports sexuels complets. Il s'agit là d'un point très important car beaucoup de femmes hésitent à montrer la moindre ardeur, de peur de devoir aller plus loin qu'elles ne le souhaitent. Pour qu'une femme se sente à l'aise, il lui faut au préalable exprimer clairement jusqu'où elle désire aller et obtenir la certitude que son partenaire respectera les barrières qu'elle lui fixe.

Il se révèle parfois très difficile ou délicat pour elle de repousser un homme lorsqu'elle-même a atteint un certain degré d'excitation. Quand elle l'embrasse et qu'il souhaite aller plus loin, elle n'a pas toujours envie de dire non. Afin de simplifier ces conversations relatives au sexe, les métaphores sportives se révèlent bien utiles. Ainsi, le base-ball, qui repose notamment sur le passage d'une base à une autre jusqu'à regagner sa base de départ après un tour complet de l'aire de jeu. On distingue quatre principaux stades d'intimité physique ou sexuelle, quatre « bases » qu'il vous faudra franchir une à une pour remporter la partie.

Atteindre la première « base »

Pour l'instant, il est surtout question de baisers et de tendresse. Au début, on se frôle légèrement, plus ou moins par hasard. On passe de longues minutes à se contempler mutuellement, les yeux dans les yeux. Puis il lui prendra la main, l'enlacera ou l'embrassera. Les baisers se font peu à peu plus longs et plus passionnés.

Quand ils se connaissent mieux, il leur semble tout naturel de se tenir par la taille ou par la main, en privé ou en public. Lorsqu'ils sont seuls, il leur arrive de passer des heures blottis l'un contre l'autre ou à s'embrasser, tendrement enlacés. Même s'il s'agit d'étreintes très passionnées, tous deux s'en tiennent d'un commun accord aux baisers et aux câlins, parfois en s'allongeant.

Gagner la deuxième base

Cette étape se caractérise par des jeux de mains plus poussés. Chacun commence à stimuler les zones les plus érogènes de l'autre. On s'attache à trois principales aires d'exploration. La première regroupe la tête, le cou et les épaules, ainsi que les bras, les mains et les pieds. La deuxième couvre le torse et la troisième les régions situées en dessous de la taille. Dans le cadre de la deuxième base, on explore les deux premières de ces zones. Au début, les caresses s'effectuent à travers les vêtements, puis à demi dévêtus, puis carrément nus.

Passer à la troisième base

La troisième base consiste en une stimulation complète des parties génitales sans rapport sexuel. On se touche, se caresse et stimule les trois zones définies dans le paragraphe précédent. Même si l'homme ne pénètre pas sa compagne, ils se donnent mutuellement du plaisir et atteignent la félicité orgasmique qui résulte de l'union des âmes dans l'amour.

Les femmes commettent souvent l'erreur de se précipiter vers cette troisième base afin de satisfaire leur partenaire, dont elles sentent le désir. C'est un tort. Dans l'idéal, avant de donner un orgasme à un homme, une femme devrait d'abord atteindre le degré d'ouverture et de réceptivité suffisant pour parvenir à son propre orgasme. Si elle écoute son envie de grimper au septième ciel et suit celle-ci, quand, par la suite, elle rendra la pareille à son amant, elle ne risque ni d'en faire trop ni d'aller trop loin. Écouter son propre corps peut donc l'aider à deviner jusqu'où elle doit aller.

Glisser vers la dernière base

La quatrième base représente un rapport sexuel.

Une femme qui comprend bien ce système de « bases » saura exprimer sans méprise possible jusqu'où elle envisage d'aller avec son ami. Ce qui lui permettra de quitter la phase d'incertitude pour entamer une relation plus poussée.

C'est toujours à elle qu'il incombe de fixer les limites à ne pas dépasser. Son choix doit être motivé par ses désirs profonds et non par un quelconque sens d'obligation ou de sympathie à l'égard des besoins de l'homme, ni par une volonté de rébellion contre l'autorité. Elle doit écouter la voix intérieure qui lui indiquera quand elle sera prête à passer au stade suivant. L'étude des cinq étapes du processus amoureux les aidera tous les deux à saisir pourquoi il est si important de savoir attendre.

Comment dire non

Rachel n'éprouvait aucune difficulté à dire non. Elle préféra demeurer vierge jusqu'à sa nuit de noces, à l'âge de vingt-huit ans. Lorsque, dans le cadre d'une relation amoureuse, elle sentait une demande de rapports plus intimes, elle annonçait tout simplement la couleur : « Écoute, je veux que tu saches que je suis vierge et que j'ai l'intention de le rester jusqu'à mon mariage. J'adore tes baisers et tes caresses, mais je n'irai pas plus loin. » Poser ainsi ses limites lui donnait plus de liberté pour ouvrir son cœur et gagner en intimité physique avec son partenaire, à mesure que leur connivence intellectuelle et émotionnelle grandissait.

Andrea prônait une approche différente. Dès qu'un baiser devenait trop torride, elle déclarait sans ambages : « Je ne veux pas aller plus loin. Je ne suis pas prête. J'ai besoin de plus de temps. » Au fil des jours et des semaines, elle avertissait son partenaire lorsqu'elle était disposée à faire un pas de plus sur le chemin de la volupté.

Cathy, elle, se bornait à prévenir d'emblée ou presque ses soupirants : « Non, je ne veux pas ; je ne m'y sens pas prête. Je veux seulement que tu m'embrasses. »

La meilleure tactique consiste toujours à dire les choses clairement et fermement. Les approximations ne fonctionnent pas en la matière. Bien des hommes perçoivent comme une invitation à persévérer un « Je ne sais pas. Nous devrions peut-être attendre. » Et ils continueront à pousser leur avantage jusqu'à ce qu'ils se heurtent à un refus sans équivoque. Les hommes doivent respecter les limites que leurs compagnes leur imposent, mais celles-ci doivent surveiller les messages qu'elles diffusent.

Quand un homme caresse une femme et qu'elle écarte sa main, il comprend le plus souvent : « Pas tout de suite ; je ne suis pas prête. » Si vous souhaitez qu'il s'abstienne de répéter ce geste, il vous faudra le lui dire expressément. S'il ne respecte pas ce premier refus, levez-vous et partez. Inutile de vous emporter, vous pouvez tout simplement déclarer : « Je t'apprécie beaucoup, mais je ne me sens pas prête à cela. » Après quoi, vous rentrerez chez vous ou du moins changerez de pièce.

Quand attendre pour s'engager est une erreur

Si vous ne savez pas dire non ni fixer les limites de l'intimité sexuelle que vous souhaitez accepter, vous serez peut-être tentée de renoncer aux hommes, jusqu'à ce que vous en rencontriez un que vous n'aurez pas à repousser. Vous attendez de croiser « M. Perfection ». Plus question de sortir en tête à tête ou de flirter tant que vous ne sentirez pas d'emblée que vous vous trouvez face à l'homme de votre vie.

Mary raisonnait ainsi. « Pour moi, l'aspect le plus pénible d'une rupture est de savoir qu'il me faudra de nouveau, un jour, me déshabiller devant un autre homme », expliquait-elle. Elle plaisantait, bien entendu, mais elle n'en avait pas moins renoncé à la gent masculine. Comme cela la gênait de devoir répondre par oui ou par non aux avances d'un homme, elle avait résolu d'éviter toute relation. Son credo : « J'en ai assez de fréquenter sans cesse des types qui ne me conviennent pas. Désormais, je ne sortirai avec un homme que si je sens qu'il pourrait se révéler l'homme de ma vie. »

Ce type d'attente est totalement irréaliste. Avec une telle attitude, Mary risque de rester célibataire toute sa vie. N'oubliez pas qu'on ne peut pas évaluer l'adéquation d'un partenaire avant la quatrième étape du parcours amoureux, l'intimité. Faire de cela une condition préalable n'a aucun sens. Il est tout à fait normal, pendant la deuxième étape – l'incertitude –, de vous demander si votre chéri(e) vous convient.

Cela dit, il vient un moment dans cette phase d'incertitude où, si l'on a veillé à ne pas se lancer dans d'autres relations tendres, l'homme comme la femme se sentiront prêts à progresser vers une relation fondée sur une fidélité mutuelle. Soit vous sentez votre envie de mieux connaître l'autre s'accroître, soit ce n'est pas le cas. Même si vous n'éprouvez pas de certitude, dès lors qu'une partie de vous désire poursuivre la relation, il vous faudra passer à la troisième étape de votre parcours du Tendre, la phase d'exclusivité.

5

Troisième étape : l'exclusivité

Une fois que nous envisageons que notre partenaire pourrait être notre âme sœur, ou qu'il nous semble que nous aimerions mieux le connaître et donner une chance à la relation, nous sommes prêts à aborder la troisième étape du parcours amoureux, celle de l'exclusivité. Au cours de cette phase, nous nous attacherons à créer une relation romantique, sans plus nous autoriser d'autres amourettes à côté.

Cette étape permet de poser les bases qui nous permettront d'ouvrir notre cœur. Auparavant, nous réagissions surtout à la perspective de voir nos besoins comblés et nous pratiquions des tests pour évaluer notre envie de nous engager. Nous avons désormais la possibilité de donner librement et pleinement de nous-mêmes et de recevoir ce dont nous avons besoin en retour.

> **Entretenir une relation romantique centrale sans plus s'autoriser de flirts à côté pose les bases nécessaires à un amour véritable.**

Malheureusement, la plupart des couples qui traversent cette étape sabotent sans le savoir cette occasion unique de profiter du meilleur de leur partenaire et d'eux-mêmes. Dès qu'ils entament une relation exclusive, ils se relâchent et cèdent à leurs mauvaises habitudes. C'est une grave erreur. Pendant cette phase, nous devons en effet faire un effort délibéré pour poursuivre les petites attentions romantiques qui nous ont permis de franchir successivement les deux premières étapes du processus amoureux.

Lorsqu'un couple entre dans cette phase de duo, chacun s'installe dans une sensation de confort qui le pousse à tenir l'autre pour acquis. L'homme cesse de courtiser sa compagne parce qu'il pense qu'il a gagné son cœur, tandis que celle-ci en attend plus de lui, puisqu'ils forment maintenant un véritable couple. Ce malentendu laisse présager des problèmes qui pourraient tous être évités.

Quand la chasse est terminée

Les hommes se montrent capables de tout pour séduire une femme, mais une fois qu'ils ont franchi la ligne d'arrivée, ils coupent leur moteur, garent leur voiture et fêtent leur victoire. Arrivés à cette troisième étape, celle de l'exclusivité, beaucoup croient à tort que la partie est gagnée. Or la course n'est pas achevée, loin s'en faut. En fait, ils viennent seulement de « passer la troisième » et n'ont toujours pas atteint leur vitesse de pointe – il leur reste encore à passer la quatrième et la cinquième ! Mais pour y parvenir, ils devront concentrer leurs efforts sur le souci de se montrer les meilleurs partenaires possibles.

À en croire la plupart des hommes, il suffirait de couvrir les femmes de petits cadeaux et attentions romantiques jusqu'à ce qu'elles acceptent leurs soupirants dans leur existence, après quoi ils pourront se détendre. Or ce sont ces petits gestes qui entretiennent leur séduction aux yeux de leur dulcinée. S'ils se détendent trop, celle-ci ne recevra plus le « carburant » dont elle a besoin pour continuer à répondre à leurs avances.

Un homme doit aussi se rappeler que, même si leur relation a pris un tour exclusif, il ne doit pas pour autant cesser de la courtiser. S'il ne comprend pas les prochaines étapes qui s'ouvrent à lui et que le processus de séduction n'est pas arrivé à son terme, lui aussi risque de manquer d'énergie. Tandis que s'il conserve toujours en mémoire son objectif final, celui-ci lui donnera l'énergie et la persévérance nécessaires.

Il s'agit là d'un effort supplémentaire, un peu comme si vous faisiez de la musculation ou mettiez tout en œuvre pour mener à bien un projet professionnel, qui saura faire ressortir le meilleur de votre partenaire. Et ses réactions chaleureuses et tendres constitueront votre combustible pour aller de l'avant.

Efficacité martienne

Sur Mars, on s'efforce d'instinct de se montrer efficace. La devise des habitants de cette planète est : « Ne faites jamais rien qui ne soit absolument nécessaire. » Si quelqu'un d'autre veut se charger de cette tâche, on se reposera. Et on réservera son énergie pour les cas d'urgence. Tout ce qui n'a pas besoin d'être effectué dans l'immédiat peut être remis à une date ultérieure, ce qui permettra d'accomplir sans plus tarder les tâches urgentes. On se rendra du point A au point B aussi rapidement que possible et on s'efforcera toujours d'obtenir plus de résultats en travaillant moins. On investira également ses ressources de façon à ne plus avoir à s'échiner par la suite. Voilà un échantillon d'attitudes martiennes.

Pourquoi les hommes attendent-ils jusqu'à la dernière minute pour réagir ? Est-ce parce qu'ils supposent qu'en patientant, le problème aura disparu ou que quelqu'un d'autre l'aura résolu à leur place ?

Pour s'assurer de ne pas gaspiller leur énergie, les hommes établissent automatiquement des priorités. Et si une chose n'est pas placée en tête de leur liste, elle sera tout simplement négligée. En somme, ladite chose doit être à leurs yeux nécessaire. Le problème vient de ce qu'un homme ne sait pas toujours forcément ce qui est nécessaire, en particulier dans le domaine des relations à deux.

Voilà pourquoi il est indispensable pour un homme d'apprendre à comprendre les femmes, sans quoi il ne saura absolument pas ce qui est nécessaire pour l'épanouissement de la relation. Lorsqu'il lui semble en faire assez, mais que sa compagne ne nage pas dans le bonheur, il ne tarde pas à abandonner la partie et à se désintéresser d'elle parce qu'il en déduit que soit quelque chose ne va pas, soit elle n'est pas la partenaire qui lui convient. En réalité, il a probablement adopté une mauvaise approche.

Garder son avantage

S'il ne maîtrise pas la stratégie de base de cette troisième étape, l'homme croira à tort qu'il a fait tout ce qui était nécessaire pour gagner le cœur de sa partenaire. À présent, il peut donc se reposer sur ses lauriers et vivre sur les dividendes que rapporte son investissement initial. En se détendant ainsi, il perd son élan et la relation cesse d'extraire le meilleur de lui-même et de sa partenaire. Son rôle dans le couple se fait de plus en plus passif.

Ce mécanisme se produit dans tous les domaines de la vie masculine et en permanence dans le monde du travail. Le succès venu, beaucoup de grosses compagnies perdent de leur compétitivité et de leur dynamisme. Elles s'installent dans la prospérité et cessent de chercher un moyen novateur de devancer leurs concurrents. En s'attendrissant et en cédant à la complaisance, elles perdent la puissance et la chance qui naissent d'un travail rude, d'efforts, de sacrifices, d'une planification avisée, d'une prise de risques raisonnable. Pour conserver leur avance, il leur faut maintenir les stratégies qui les ont conduites à la première place.

Un homme qui fait de son mieux se découvre des qualités insoupçonnées : il va jusqu'aux limites de son potentiel. Et, à force de s'évertuer à donner le meilleur de lui-même, il gagnera en créativité. De ce fait, repousser ses limites l'amène automatiquement à augmenter sa puissance. Il acquiert la force et la créativité nécessaires pour se surpasser.

En exprimant pleinement son potentiel, il permet à celui-ci de s'épanouir et de s'étendre. S'il ne tire pas parti de cette occasion de développer et d'exprimer sa puissance et sa créativité, il perdra son avantage.

Des dynamiques identiques entrent en jeu pendant la troisième étape du processus amoureux. En continuant à prendre le temps de rechercher ce qui plaît à une femme, d'accomplir les efforts nécessaires pour planifier et mener à bien un rendez-vous romantique, un homme garantit que des sentiments et un intérêt réciproques s'épanouiront au sein de son couple.

Il découvrira qu'une relation peut offrir incomparablement plus qu'il ne le pensait jusqu'alors. Il mettra au jour une facette de lui-même qu'il ne connaissait pas, concentrée et responsable, et donnera au grand amour l'occasion de s'épanouir.

Une relation est comme un investissement

Les hommes considèrent leurs relations sentimentales comme des investissements. Ils consacrent de l'énergie à la conquête et espèrent bien en retirer quelque chose.

Voilà pourquoi ils préfèrent prendre le temps de choisir la compagne qui leur convient : il serait absurde de tout investir dans un mauvais placement. Dommage que, dès qu'il a choisi une partenaire avec qui il envisage une relation exclusive, notre homme croie à tort avoir finalisé son investissement.

Il doit acquérir une vision des choses plus réaliste. Pendant cette troisième étape du parcours amoureux, il se borne encore à rassembler le capital à investir ; dans la quatrième étape, il choisira son investissement, et dans la cinquième, il placera son capital. S'il parcourt avec succès les cinq étapes, il pourra se targuer d'avoir effectué un investissement réussi dans sa relation. Et il pourra passer le reste de sa vie à jouir du fruit de son labeur.

Dans cette troisième étape, l'homme doit saisir qu'il lui faudra encore accomplir bien des efforts, mais pas plus qu'il n'est capable d'en faire : qu'il fasse de son mieux ! À mesure qu'il progressera et se sentira à même de donner davantage, sa partenaire pourra se mettre plus en avant de manière saine. Et tandis qu'on se prépare de la sorte à voir naître l'intimité réelle qui caractérise les étapes suivantes, la démarche de l'homme face à la relation évolue.

Comment l'expérience d'un homme subit des changements

Lorsqu'il persiste à donner le meilleur de lui-même, l'homme s'aperçoit qu'il abrite en lui la capacité de faire ressortir le meilleur de sa partenaire. Il aime ça, car même si cela exige des efforts ou toute son attention, cela le fait gagner en force. Tant qu'un homme reste confiant et concentré sur une tâche, il apprécie de fournir des efforts.

De même que le sport développe les aptitudes physiques et procure un bien-être certain, à terme, un homme se découvre un immense pouvoir de don, dans cette troisième étape : les muscles relationnels qu'il se forge au cours de cette phase lui donneront la force de progresser à travers les étapes numéro quatre et cinq.

En consacrant volontairement son énergie et son attention à combler les besoins de romantisme de son amie, bien après qu'elle a accepté ses avances, un homme s'entraîne à comprendre que les gestes tendres inhérents aux premiers rendez-vous ne servent pas uniquement à gagner le cœur d'une femme mais qu'ils demeurent indispensables pour consolider son attrait aux yeux de celle-ci.

Au lieu de chercher avant tout à éblouir sa dulcinée, il élaborera un programme destiné à la choyer, ce qui lui procurera un sentiment de bien-être. Ses succès répétés au fil de cette étape l'inciteront à prendre l'habitude de se conduire automatiquement de façon tendre.

Donner implique toujours des efforts et des risques, mais la récompense en vaut la peine. Celle de l'homme réside dans le plaisir et dans l'orgueil qu'il éprouve lorsqu'il réussit à rendre sa partenaire heureuse.

Comment les hommes changent

Tant qu'il n'a pas compris combien il importe de poursuivre ses attentions romantiques, un homme cessera sans le savoir d'effectuer les gestes mêmes qui le rendaient si attirant au début de la relation. Prenons quelques exemples de changements d'attitude masculins.

Johnny et ses plans

Au début de sa relation avec Vanessa, Johnny prévoyait leurs rendez-vous longtemps à l'avance. Il se documentait sur ce qui passait dans leur ville et en tirait des idées qu'il proposait par la suite à son amie. Vanessa appréciait en général beaucoup ses suggestions et tous deux partageaient mille instants délicieux.

Après que leur relation a pris un tour exclusif, les choses n'ont pas tardé à changer. Johnny a cessé de planifier leurs sorties. Il attendait jusqu'au vendredi, puis demandait à Vanessa ce qu'elle souhaitait faire. Comme ils disposaient de moins de temps pour organiser leur soirée, ils prirent l'habitude d'activités plus banales, comme louer une vidéocassette et la regarder en grignotant du pop-corn. Rien de grave jusque-là : après tout, chaque rendez-vous ne doit pas nécessairement sortir de l'ordinaire. Il est bon de varier les plaisirs. Et pendant un certain temps, Vanessa apprécia ces distractions plus casanières.

Mais, lorsque cette situation perdura, Johnny et Vanessa se désintéressèrent progressivement l'un de l'autre. Après avoir suivi un atelier Mars & Vénus, Johnny comprit ce qui s'était passé : nos séances lui ont appris que les femmes adorent que les hommes se montrent prévoyants. Elles apprécient qu'ils proposent des projets et lui avait cessé d'en faire... Il n'avait pourtant pas conscience d'avoir changé. Il avait juste arrêté de programmer des sorties parce que la motivation à l'origine de ces initiatives avait disparu.

Au début de leur relation, il planifiait tout pour s'assurer que Vanessa serait libre de le voir pendant le week-end. Si bien qu'il établissait des rendez-vous avec elle longtemps à l'avance. Mais quand il devint clair que tous deux formaient un couple, la jeune femme prit tout naturellement l'habitude de réserver ses week-ends à son ami. Celui-ci n'avait donc plus aucune raison d'échafauder des plans.

Au cours de ce séminaire, Johnny découvrit une nouvelle raison de programmer des activités. Lorsqu'il le faisait, non seulement Vanessa se sentait plus choyée et appréciée, mais en plus, celle-ci disposait d'une semaine pour penser à leur sortie et s'en réjouir par avance. Rares sont les hommes qui saisissent l'importance de ce genre de choses. Les femmes adorent pourtant se projeter dans l'avenir, se préparer, s'apprêter et en parler avec leurs ami(e)s. Cette meilleure connaissance des femmes a fait renaître la motivation de Johnny d'organiser les choses un peu à l'avance. Il m'a avoué que ce changement minime avait suffi à redonner tout son sel à sa relation de couple.

Pourquoi Bob a cessé de parler

Au cours de leurs premiers rendez-vous, Bob se montrait très loquace avec Sarah. Il lui parlait de son travail, de ses objectifs, de ses valeurs, de ses parents, de ses frères et sœurs, de son passé, de ses croyances spirituelles, de son goût pour le sport, de son quotidien. Bref, un partenaire de rêve. Les femmes apprécient beaucoup qu'un homme se confie ainsi à elles.

Après une foule de longues conversations merveilleuses, leur relation progressa jusqu'à la troisième étape. Sarah pensait que les choses resteraient similaires ou même qu'elles s'amélioreraient encore, mais c'est l'inverse qui se produisit. Bob se mit à parler beaucoup moins. Elle le crut distrait par quelque problème professionnel, mais quand la situation s'installa, elle en conclut qu'il s'intéressait moins à elle que par le passé.

Elle lui suggéra alors de participer à un atelier Mars & Vénus, dans un but ludique. Elle pensait que s'ils accomplissaient ensemble un travail sur leur communication, elle comprendrait mieux comment réagir. De fait, le séminaire changea tout. Sarah y apprit notamment que, statistiquement, c'est lors du troisième rendez-vous que les hommes se montrent le plus bavard. Elle fut très soulagée de découvrir que le manque de verve de Bob ne signifiait pas qu'il avait cessé de s'intéresser à elle ou à leur relation, mais que cela relevait d'un phénomène tout à fait ordinaire.

Les hommes parlent beaucoup aux premiers jours d'une relation parce que, d'une certaine façon, ils passent un entretien d'embauche. Ils fournissent à leur interlocutrice une sorte de curriculum vitæ verbal résumant ce qu'ils sont, ce qu'ils pensent, ce qu'ils éprouvent et ce qui compte pour eux. Une fois qu'ils sont engagés et que la relation a pris un tour exclusif, un changement se produit parce qu'il n'y a plus de raison de continuer à parler ainsi.

Le bavardage a rempli son office. À présent que les deux partenaires se connaissent, ils peuvent se contenter d'être ensemble. C'est lors du troisième rendez-vous amoureux que les hommes se montrent le plus loquace parce que c'est à ce stade qu'ils décident d'envisager ou non une relation exclusive.

Sur Mars, parler n'est pas une fin en soi. Les hommes s'appellent rarement au quotidien pour dire : « Allons déjeuner pour bavarder un peu. » S'ils se retrouvent, c'est le plus souvent parce qu'ils doivent discuter de choses urgentes. Quand on lui propose de déjeuner pour le plaisir, un homme demandera ce qui se passe ou « de quoi est-ce que tu voulais discuter ? »

Les femmes, elles, conviennent souvent de déjeuner ensemble et n'éprouvent nul besoin de raisons spécifiques pour bavarder. Il ne s'agit ni de soulever un sujet particulier, ni de régler quelque problème urgent. Une femme ne se posera même pas la question.

Comme beaucoup d'hommes, Bob avait cessé de parler à Sarah parce qu'il ne ressentait plus aucune raison de lui parler. Ils s'étaient présentés l'un à l'autre de manière exhaustive et il avait obtenu le poste qu'il briguait. L'atelier Mars & Vénus lui apprit que, pendant la troisième étape d'une relation, il devait continuer à faire les choses qu'il avait accomplies pour la séduire. Et l'une des plus importantes était de continuer à lui parler comme lors de leurs premiers rendez-vous.

Pourquoi Jerry a cessé d'écouter

Bien souvent, au cours de cette troisième étape, les hommes commettent l'erreur de ne plus écouter ou regarder leur partenaire autant qu'ils le faisaient auparavant. Stéphanie se plaignit un jour à moi : « Du jour où nous avons commencé à sortir sérieusement ensemble, Jerry a cessé d'écouter ce que je lui racontais. Je parlais et je le voyais regarder ailleurs. Je n'en revenais pas. » Stéphanie en conclut qu'elle avait rencontré un nouveau blaireau, empressé au départ, dont l'intérêt n'avait pas tardé à s'émousser.

Comme beaucoup d'hommes, Jerry s'était trop détendu une fois parvenu à la troisième étape, sans se figurer qu'il refroidissait Stéphanie par une telle attitude. Offensée, celle-ci décida de rompre. Mais elle désirait comprendre pourquoi cela s'était produit, afin d'éviter que son opinion sur les hommes reste entachée de cynisme, aussi suivit-elle un atelier Mars & Vénus.

En affaires, un homme se concentre toujours directement sur la personne qui lui parle, mais dans un contexte social plus informel, cette tendance tend à s'inverser. Quand deux bons amis prennent un repas ensemble, aucun des deux ne s'offusquera de voir l'autre regarder ailleurs.

Lorsqu'il se détend en société, un homme se sentira plus à l'aise s'il laisse son regard balayer les environs pendant qu'on lui adresse la parole. C'est pourquoi on trouve dans les bars des téléviseurs allumés : aucun homme ne se sentira offensé si son acolyte lui parle et regarde un match en même temps.

À mesure que Stéphanie en apprit plus long sur les mœurs martiennes, ses sentiments à l'égard des hommes commencèrent à s'adoucir. Elle en vint à percevoir que Jerry avait baissé sa garde parce qu'il était convaincu de vouloir nouer une véritable relation avec elle. Au début, il la regardait droit dans les yeux car il la considérait encore comme une « relation d'affaires ». Il l'écoutait attentivement, afin d'apprendre à la connaître, mais aussi parce qu'il rassemblait des informations pour pouvoir prendre une décision à son sujet. Il restait concentré sur elle dans le but de déterminer s'il souhaitait ou non demeurer auprès d'elle. Une fois sa décision prise, le problème était résolu. Il pouvait se détendre et regarder ailleurs pendant qu'elle lui parlait. Son incompréhension de ce que les femmes apprécient le plus chez un homme avait conduit Jerry à se saborder.

Pourquoi Ross a cessé de prodiguer des compliments

Naomi se plaignit un jour de ce que Ross avait cessé de lui adresser des compliments après quatre ou cinq rendez-vous. « Dès qu'il m'a fait savoir qu'il souhaitait ne fréquenter que moi, son affection a semblé se tarir. Moi qui pensais que nous devenions vraiment proches, je ne parvenais pas à comprendre pourquoi il avait cessé de me complimenter, alors qu'il prétendait se plaire beaucoup en ma compagnie. Cela a fini par m'agacer au point que j'ai refusé de continuer à sortir avec lui. Il était devenu trop radin de son affection. »

Nombre d'hommes cessent de couvrir leur petite amie de compliments lorsqu'ils atteignent la troisième étape du processus amoureux. Ils croient à tort que, parce qu'ils entretiennent une relation exclusive, leur bien-aimée n'a plus besoin qu'on la flatte. À leurs yeux, le simple fait qu'ils veuillent se consacrer uniquement à elle devrait suffire à lui faire comprendre qu'elle compte plus que toute autre.

D'un point de vue masculin, les compliments permettent de faire comprendre à une femme qu'on est attiré par elle, qu'on la juge séduisante. Mais dès qu'il estime que sa partenaire a saisi ce message, l'homme ne se sent plus tenu de persévérer. « À quoi bon ? se dit-il. Si on est ensemble, c'est qu'elle me plaît beaucoup. » Comme Ross était coutumier de cette méprise, ses relations amoureuses ne dépassaient jamais la troisième étape.

Tom et son périmètre de confort

Louise déplorait que Tom et elle pratiquent perpétuellement les mêmes activités. Au début de leur relation, pourtant, ils faisaient quantité de choses amusantes et intéressantes, mais dorénavant Tom semblait ne plus jamais vouloir sortir des sentiers battus.

Louise ignorait combien les Martiens sont attachés à leurs habitudes. Dès qu'ils découvrent une formule qui fonctionne, ils tendent à la réutiliser sans fin. Leur philosophie pourrait se résumer à cette phrase : pourquoi prendre le risque d'échouer quand on dispose d'une méthode au succès garanti ?

Bien souvent, lorsqu'un homme aborde la troisième étape du parcours amoureux, il atteint sa zone de confort. Il est alors tenté de reproduire les gestes qui l'ont conduit jusque-là sans plus prendre de risques. S'il a emmené sa conquête dans un restaurant italien et qu'elle en a apprécié le menu, il voudra sans cesse y retourner avec elle. Il ignore qu'une des principales raisons pour lesquelles cet endroit lui a plu résidait dans son caractère nouveau ! Les femmes aiment la variété. Elles se réjouissent d'essayer des activités inédites, des plats exotiques ou de nouvelles expériences. S'il accepte de prendre des risques et de proposer de nouvelles distractions, un homme est assuré de progresser avec succès dans sa relation.

José a cessé de proposer son aide

Le récit de Maria va dans le même sens que ceux qui précèdent. « Dès que nous avons entamé une relation de couple, explique-t-elle, José a cessé de me proposer son aide au quotidien. Il venait chez moi et regardait la télévision pendant que je préparais le dîner. Avant, il offrait toujours de m'aider. Là, à ma grande horreur, il a pris l'habitude de me traiter comme sa servante. Il s'attendait à ce que je fasse tout pour lui. »

Tant que leur relation n'avait pas pris un tour exclusif, José s'est évertué à faire savoir à Maria qu'elle pouvait compter sur lui. Il se faisait un plaisir de l'aider dans n'importe quel domaine, qu'il s'agisse de nettoyer sa voiture, de porter ses achats, de déplacer des cartons, de la conduire en ville, de préparer le dîner ou d'effectuer des réparations chez elle.

Maria en déduisit à tort qu'il s'attendait ensuite à ce qu'elle lui rende la pareille. Ce qui lui convint fort bien dans un premier temps. Les femmes aiment toujours donner ce qu'elles pensent avoir reçu. Mais au bout de quelque temps, le ressentiment commença à l'envahir : alors qu'elle faisait mille choses pour lui, il ne levait plus le petit doigt pour elle.

En réalité, José avait cessé de proposer son aide pour une tout autre raison. Dans son esprit, Maria savait désormais qu'il était disposé à lui prêter main-forte et, puisqu'ils étaient plus proches, elle n'hésiterait pas à le solliciter en cas de besoin. Comme elle ne demandait rien, il en concluait que tout allait bien et qu'elle ne souhaitait rien de plus.

Pendant cette troisième étape, un homme doit se remémorer que c'est lorsqu'il lui offre son assistance que sa compagne se sent le plus aimée et soutenue. Elle trouvera particulièrement romantique qu'il sache anticiper ses besoins et lui proposer son aide. Même si elle peut fort bien se débrouiller par elle-même, elle se sentira appuyée.

> **Une femme jugera particulièrement romantique que son partenaire sache anticiper ses besoins et lui proposer son aide.**

Tandis que l'homme intelligent pensera à proposer son soutien, la femme intelligente apprendra à le solliciter. Tout homme, si parfait soit-il, vient néanmoins de Mars. Et même s'il est profondément épris, cela ne lui confère pas la faculté de deviner d'instinct ce dont sa compagne a réellement besoin ou quand il doit proposer ses services. Il se peut qu'il y soit tout disposé, mais qu'il ignore quand le faire.

Le plus grand défi pour une femme

Le plus grand défi pour une femme, au cours de cette troisième étape, consiste à s'entraîner à solliciter un appui masculin. On apprend aux femmes à se montrer désirables, mais pas à désirer. C'est donc très difficile pour elles de demander un surplus d'attention. De ce fait, la plus grosse erreur que les femmes commettent à ce stade du parcours amoureux est de penser que désormais, leur partenaire accomplira des choses pour elles sans qu'elles aient besoin de les lui demander.

> **On apprend aux femmes à se montrer désirables, mais pas à désirer.**

Les femmes doivent donc se libérer de ce conditionnement restrictif pour découvrir qu'exprimer leurs désirs les rend plus désirables. Une femme gagne en séduction aux yeux d'un homme dès lors qu'il connaît clairement ses souhaits. Cela conforte sa capacité de la combler. Si, en revanche, elle attend que son compagnon devine ce qu'elle espère de lui, elle risque de patienter jusqu'à la fin de ses jours.

Quand solliciter un soutien ?

Le meilleur moment pour solliciter le soutien d'un homme est celui où il cesse de le proposer. Cette idée déroute souvent les femmes, car elles pensent à tort que c'est le plus mauvais timing possible. Tout comme Maria, elles ne comprennent pas qu'un homme puisse être tout disposé à leur venir en aide, mais qu'il attend juste qu'on lui en fasse la demande. Alors, au lieu de solliciter son assistance, elles se débrouillent seules ou renoncent pour un temps à voir ses souhaits satisfaits. Même si toute relation implique des sacrifices, les femmes tendent à s'en imposer trop.

Quand un homme ne fait pas ce qu'il faut, c'est qu'il ignore ou ne saisit pas l'importance de certaines choses sur Vénus. Cela n'a rien à voir avec la profondeur de ses sentiments. Cette troisième étape du parcours amoureux constitue le moment idéal pour qu'une femme apprenne à se montrer plus directe et à demander de l'aide. C'est aussi le meilleur soutien qu'elle puisse apporter à son partenaire à ce stade. Si les petits gestes romantiques masculins rassurent sa compagne sur son attachement, les petites sollicitations que celle-ci formule l'incitent à continuer à combler ses besoins.

Quand les femmes font des sacrifices

Pendant un moment, une femme sera même heureuse de faire des sacrifices et de donner plus dans le cadre d'une relation. Sur Vénus, ce gage d'amour est aussi l'un des moyens utilisés pour solliciter un soutien. Quand une femme donne davantage, cela signifie sans erreur possible qu'elle ne reçoit pas autant qu'elle estime le mériter. Une autre Vénusienne le remarquera aussitôt et lui proposera son aide : pour elle, une congénère qui charrie à grand-peine un gros carton demande implicitement un coup de main.

Un homme ne percevra pas toujours aussi clairement ce message. Pendant les deux premières étapes du processus amoureux, il lui aurait proposé son assistance afin de manifester sa bonne volonté, mais à présent, il tient pour acquis que si elle a besoin de son aide, elle la lui demandera.

Quand une femme multiplie les efforts au lieu de solliciter directement un soutien, elle adresse à son partenaire un message incompréhensible. Il en déduit qu'elle n'a pas besoin de son aide, ou bien qu'il lui en prodigue déjà assez.

Un homme pense d'instinct que si une femme ne lui demande pas d'aide, c'est qu'il lui en apporte déjà suffisamment.

Tant qu'elle n'aura pas compris cette distinction fondamentale entre les modes de pensée propres aux deux sexes, une femme continuera à se dépenser sans compter, jusqu'à ce que le ressentiment l'envahisse. À mesure que celui-ci grandira, elle se sentira de plus en plus autorisée à exiger davantage de son partenaire. Et quand elle finira par se résoudre à lui demander une participation accrue, elle débordera de rancœur, si bien qu'elle s'exprimera sur un ton agressif ou plein de récriminations.

Pourquoi les hommes résistent
aux demandes des femmes

À ce stade, un homme rechignera à satisfaire la demande de sa compagne, ce qui suscitera un nouveau malentendu. Ce n'est pas tant un refus de l'aider qu'un rejet de son attitude empreinte de ressentiment et de l'image négative de lui-même que les commentaires de sa partenaire lui renvoient. Elle pense seulement partager ses sentiments, mais lui interprète ses propos comme une critique injuste et une tentative de manipulation.

Il lui semble qu'elle le critique parce qu'elle pense qu'il n'en fait pas assez et qu'elle juge à tort son soutien insuffisant. Et comme il était tout disposé à l'aider – pour peu qu'elle le demande –, il refuse ces arguments. À son sens, sa partenaire lui a clairement fait comprendre par son attitude qu'il en faisait bien assez. Et voilà que maintenant, elle se retourne contre lui et n'apprécie plus sa contribution à leur histoire.

Tous ces tourments et ces conflits prévisibles peuvent être évités si la femme admet que cette troisième étape du parcours amoureux constitue le moment idéal pour apprendre à solliciter le soutien de son ami : c'est là qu'elle dispose de la marge de négociation la plus large et que son compagnon se montrera le plus réceptif à ses demandes.

C'est pendant la troisième étape du parcours amoureux qu'une femme dispose de la marge de négociation la plus large.

Si une femme attend trop longtemps pour demander de l'aide, quand elle finit par s'y résoudre, elle risque de donner à son compagnon l'impression qu'elle lui en demande plus parce qu'elle pense qu'il la néglige. Ce qui est fort déplaisant pour un homme. Ce dernier aime en effet sentir qu'elle le considère comme un héros toujours prêt à accomplir des exploits supplémentaires pour ses beaux yeux. En fait, un homme est beaucoup plus tenté d'accéder à la requête d'une femme quand elle lui demande son soutien en adoptant une attitude vierge de toute note d'attente ou d'obligation.

Quand un homme tient à une femme, il prendra plaisir à l'assister, – même s'il n'a pas envie de faire ce qu'elle lui demande –, s'il devine clairement que cela la rendra heureuse. S'il perçoit en revanche un message empli de récriminations ou de rancœur, il se montrera plus réticent et pourra même aller jusqu'à refuser tout effort supplémentaire s'il lui semble que ceux qu'il a accomplis jusqu'alors n'ont pas été appréciés à leur juste valeur.

Découvrir son pouvoir

Bien avant d'aborder la quatrième étape (l'intimité), au cours de laquelle il convient de partager ses sentiments négatifs avec son compagnon, une femme doit découvrir sa capacité de demander ce qu'elle veut et d'obtenir satisfaction sans éprouver le besoin de se plaindre. Les femmes ont besoin de vérifier à plusieurs reprises que l'homme de leur vie reste en permanence disposé à leur venir en aide. Cette certitude les amènera à ouvrir leur cœur et les dispensera d'éprouver la tentation de motiver leur partenaire en manifestant leurs sentiments négatifs.

Bien des femmes découragent les hommes parce qu'elles se concentrent sur leurs sentiments négatifs avant de formuler une requête. Sur Vénus, on discute communément de ses problèmes et l'on s'épanche longuement avant d'envisager une solution. Cette approche fonctionne sans doute avec vos amies, mais elle ne fonctionne pas avec les hommes. Voyez ces quelques exemples :

Ne dites pas	Dites plutôt
« Nous ne sortons jamais. »	« Tu ne voudrais pas m'emmener à un concert, le week-end prochain ? »
« On ne fait plus rien de drôle. »	« Si nous faisions quelque chose d'amusant, ce week-end ? Organisons donc un pique-nique en montagne. »
« J'en ai assez de tourner en rond en permanence dans cette ville. »	« Peut-être pourrions-nous aller à la plage, ce dimanche. Qu'en penses-tu ? »

Une fois qu'elle a appris à demander ce qu'elle veut de façon positive, une femme maîtrise l'un des talents les plus importants pour vivre une histoire heureuse avec un homme.

Les femmes changent aussi

Les femmes sont très conscientes de la façon dont un homme peut changer au cours d'une relation et elles en parlent volontiers, mais elles remarquent moins qu'elles aussi évoluent. Or les femmes changent aussi. Elles pensent que, à présent qu'elles vivent un duo exclusif, leur partenaire se donnera automatiquement davantage de mal pour leur plaire. Leurs attentes s'accroissent donc et, comme elles anticipent un surplus d'attentions, elles se montrent elles aussi enclines à en faire plus pour l'autre. Ce qui peut paraître judicieux, mais il n'en est rien.

Comme il lui semble donner plus d'elle-même, la femme n'est plus aussi ravie et touchée que par le passé par les petites choses que son partenaire accomplit pour elle. Au lieu d'apprécier plus celui-ci, elle prend l'habitude de penser que ses attentions lui sont dues. Et au lieu de se réjouir de se sentir soutenue, elle éprouve l'obligation de ramener le score à égalité.

Puisque son partenaire la choie, elle pense devoir faire la même chose en retour. Elle s'empresse donc autour de lui, se montre plus accommodante, organise son emploi du temps en fonction de lui, planifie des distractions à son intention, s'occupe de réserver leurs tables de restaurant ou leurs places de spectacle, s'inquiète pour lui, attend son bon plaisir, s'efforce de lui plaire, etc. Ce faisant, elle lui coupe sans le savoir l'herbe sous le pied, même s'il est possible qu'il apprécie ses efforts.

Le secret de la réussite

Donner à un homme, c'est très bien, mais mieux vaut recevoir de lui. Le secret de la réussite de cette troisième étape consiste pour une femme à continuer de recevoir, quitte à réfréner ses élans. Le moment est venu pour vous de vous concentrer non pas sur ce que vous pouvez faire pour votre partenaire mais sur ce qu'il peut vous apporter. Une attitude réceptive et empreinte de gratitude donnera à votre histoire la meilleure chance de grandir.

Tant qu'une femme ne donne pas plus qu'il ne lui semble recevoir, elle n'attend rien de plus en retour. Pour se montrer aussi réceptive que possible à l'égard de son partenaire, il lui faudra se concentrer sur la confiance qu'elle place en lui en s'abstenant de lui prodiguer des conseils, l'accepter tel qu'il est sans essayer de le changer d'aucune manière, et apprécier ce qu'il lui offre sans se dire qu'elle préférerait autre chose.

Le rôle de la femme consiste à donner à son partenaire la possibilité de continuer à réussir à lui plaire, tandis que son rôle à lui revient à continuer à plaire.

Ne tenez pas votre conquête pour acquise

Il n'est pas difficile de se montrer enthousiaste lors d'un premier rendez-vous. Mais quand une femme sort avec un homme depuis un certain temps et qu'il continue à commettre toujours les mêmes impairs, elle tend souvent à se montrer trop critique. Au lieu de se demander ce qu'elle pourrait faire pour être agréable à son partenaire, elle doit se concentrer sur l'art d'adopter une attitude réceptive : si elle n'y prend pas garde, elle risque fort de se mettre à considérer que le soutien de l'autre va de soi.

Elle se laisse aussi facilement entraîner à oublier de répondre à ses avances. Ce type de réponse se fait à l'origine sur le mode automatique, mais une femme devra par la suite faire le choix conscient de se concentrer sur ses réponses positives et d'exprimer celles-ci. Une fois que cela sera devenu un réflexe, elle sera prête à aborder la phase plus intime d'une relation amoureuse. Voici quelques exemples d'erreurs mises en évidence dans le cadre des ateliers Mars & Vénus.

Quand Earl arrivait en retard

Au début leur relation, quand Earl arrivait en retard, Dawn pensait qu'il fallait qu'il s'habitue au trajet entre leurs domiciles. Quand il recommença quelques mois plus tard, cela l'agaça nettement plus. Et, au lieu de se concentrer sur le fait qu'il était finalement arrivé et sur sa joie de le voir, elle se mit en colère. Earl se dit qu'elle était bien exigeante...

Une fois qu'elle comprit son erreur, Dawn rectifia le tir. La prochaine fois qu'Earl se fit attendre, elle s'abstint de tout regard désapprobateur et de tout reproche. Ils passèrent une excellente soirée et lorsque Earl embrassa Dawn pour lui souhaiter une bonne nuit, il la remercia de ne pas s'être formalisée de son retard.

Dawn avait compris combien il est important de savoir apprécier les efforts de son partenaire ; elle réussit ainsi à sauver son couple. De tels malentendus véniels empêchent en effet souvent un duo de parcourir avec succès les cinq étapes du processus amoureux.

Quand Joel vidait la poubelle

Au début de leur relation, Joel se chargeait systématiquement de vider la poubelle de Veronica ; elle en était ravie et ne manquait pas de le remercier d'accomplir cette corvée. Par la suite, elle prit l'habitude de s'occuper de temps à autre du linge de son ami. Il lui semblait de ce fait que le moins que Joel puisse faire était de continuer à se charger des ordures. Mais il ne tarda pas à remarquer que cela ne lui valait plus aucun remerciement. Et lorsqu'il demanda à Veronica si elle avait remarqué qu'il avait vidé les poubelles, celle-ci s'énerva. « Je ne m'attends pas à ce que tu sautes de joie quand je lave ton linge, lui dit-elle, alors pourquoi devrais-je faire tout un plat pour une poubelle vidée ? »

Elle n'avait tout simplement pas compris que les hommes réagissent différemment et qu'une femme perd de son attrait à leurs yeux lorsqu'elle ne tient pas compte de leurs efforts. Plus tard, elle devait apprendre que lorsqu'elle montrait combien elle appréciait la diligence de son partenaire, cela le rendait plus heureux et aussi plus enclin à lui rendre service. Cet appui la rendit à son tour plus épanouie et disposée à apprécier les attentions de Joel.

Quand Michael n'appelait pas

Lorsqu'ils ont commencé à sortir ensemble, Michael ne téléphonait pas très régulièrement à Teresa. Celle-ci se montrait compréhensive parce que Michael avait un emploi du temps très chargé. Mais après une dizaine de rendez-vous, elle commença à trouver qu'il devrait faire preuve d'un peu plus d'empressement. Quand il se décidait enfin à téléphoner, cela la ravissait moins que prévu, et quand il espaçait trop ses appels, il lui arrivait même de s'énerver contre lui. Michael finit par avouer à sa partenaire qu'il ne pensait pas très souvent à l'appeler et que le simple fait de savoir qu'elle attendait ses coups de fil lui ôtait toute envie de décrocher son téléphone.

Puis une solution parfaite lui vint à l'esprit. « Écoute, lui dit-il, quand tu as envie de me parler, appelle-moi toi-même. » Ils fonctionnèrent ainsi pendant un certain temps. Seulement, Teresa avait souvent la déception de trouver son interlocuteur distant, distrait, et guère intéressé par le son de sa voix. Après avoir suivi un atelier Mars & Vénus, Michael comprit qu'en appelant Teresa ou même en lui adressant une petite carte surprise, il lui ferait savoir combien elle comptait à ses yeux et combien il pensait à elle. Même s'il ne disposait pas de beaucoup de temps ou n'avait pas grand-chose à lui dire, il ferait bien de l'appeler pour lui dire bonjour et lui demander comment sa journée s'était passée.

De son côté, Teresa apprit à manifester la joie que lui procurait le fait qu'il pense à elle et qu'il l'appelle. Elle se mit en devoir d'apprécier les gestes par lesquels il lui démontrait sa tendresse. À la suite de quoi Michael lui téléphona nettement plus souvent, non pas parce qu'il s'y sentait obligé mais parce qu'il en éprouvait l'envie.

Quand Darrel a ouvert la portière de la voiture

Lors de leurs premiers rendez-vous, Linda souriait et se montrait vraiment ravie quand Darrel lui ouvrait la portière de sa voiture. À partir de leur sixième rendez-vous environ, elle prit cependant l'habitude de compter sur ce geste et cessa de le récompenser d'un sourire. Elle se comportait comme si Darrel accomplissait simplement son devoir : en tant qu'homme, c'était à lui d'ouvrir les portes. Résultat : il arrivait à Darrel d'oublier cette petite attention.

S'il est important que l'homme montre son affection à sa partenaire au moyen de petits gestes tels que celui-ci, il est tout ainsi important que la femme prête attention à ses efforts et lui fasse comprendre combien elle les apprécie.

À l'issue de leur participation à un atelier Mars & Vénus, Linda expliqua : « Je n'avais jamais compris pourquoi Darrel tenait tant à ce que je remarque toutes ses petites prévenances. Et comme je ne déchiffrais pas ses motivations, je le jugeais trop exigeant. À présent, je sais qu'il considère cela comme une marque d'affection. Cela a rendu notre relation beaucoup plus amusante et légère. »

Quand Gary invitait Lisa à dîner

Lorsqu'il fit la connaissance de Lisa, Gary l'invita dans un charmant restaurant qu'elle apprécia tout particulièrement. Elle se montra ravie de dîner là et jugea le repas délicieux. Quelques rendez-vous plus tard, ses compliments se firent moins enthousiastes. Aller au restaurant l'excitait moins. Bientôt, elle adopta même une approche plus négative : au lieu d'évoquer ce qui lui plaisait, elle insistait sur ce qui clochait.

Cela ne tarda pas à dégoûter Gary de choisir des restaurants. Au lieu de proposer des adresses, il décida de se contenter de demander à Lisa où elle souhaitait aller. Puisqu'elle était si difficile, mieux valait la laisser se charger de la sélection. Leur attirance mutuelle commençait à décliner lorsque je les ai accueillis dans le cadre d'un séminaire Mars & Vénus.

Désormais, quand Gary suggérait une table, Lisa veillait à répondre de façon positive. Ce qui ne signifie pas qu'elle lui mentait : elle avait simplement recouvré sa capacité de mettre au premier plan ses sentiments positifs. Elle possédait déjà celle-ci auparavant, mais sa familiarité grandissante avec Gary l'avait incitée à se détendre et à chercher à évacuer en lui parlant ses frustrations de la journée, en se concentrant sur les aspects négatifs de la situation en cause.

S'épancher sur ses problèmes du jour constitue sans nul doute un volet important de toute relation de couple, mais il ne faut pas s'y risquer avant d'aborder la quatrième étape du processus amoureux. Pendant la phase précédente, les deux partenaires doivent au contraire s'attacher à présenter les aspects les plus positifs de leur personnalité. Une fois que cela deviendra chez eux un réflexe, ils seront prêts à partager aussi leurs sentiments négatifs, sans que cela compromette l'équilibre de leur relation. À ce stade, la femme possédera la sensibilité nécessaire pour s'assurer que son partenaire sent qu'elle apprécie le dîner qu'il a organisé à son intention – même si elle s'autorise quelques critiques – et lui la comprendra suffisamment bien pour deviner que ce n'est pas lui qu'elle critique.

Quand Ed payait les billets

Au début de sa relation avec Elaine, Ed se chargeait toujours d'acheter leurs billets de théâtre et cela paraissait impressionner la jeune femme. Mais elle ne tarda pas à s'accoutumer à le voir assumer le coût financier de leurs rendez-vous... et à se conduire comme si c'était tout à fait normal. Même si jusqu'à la quatrième étape du parcours amoureux, l'homme doit effectivement se comporter ainsi, sa partenaire ne doit jamais réagir comme si cela allait de soi.

Dès qu'Elaine a pris conscience du fait qu'elle jugeait les invitations d'Ed comme un dû, elle est immédiatement devenue capable de modifier son attitude. Non seulement elle a repris l'habitude de remercier son compagnon en paroles et en sourires, mais elle a veillé à afficher sa joie dès qu'il faisait preuve de prévenance. Lorsqu'il organisait une sortie, elle ne manquait jamais de lui dire combien elle appréciait ses efforts, tant en terme de temps passé qu'en générosité.

Et même si parfois le spectacle choisi ne la transportait pas de joie, elle savait accueillir ses décisions et l'accompagner sans broncher. Elle s'étonnait d'ailleurs souvent par la suite d'avoir passé une aussi bonne soirée. Elaine se mit alors à réellement apprécier de ne plus avoir à réfléchir et à organiser ses sorties. Ce simple détail revêtait plus d'importance à ses yeux que la qualité de la sortie en elle-même. La voir réagir de façon si positive comblait Ed, qui s'épanouissait dans son nouveau rôle d'organisateur des plaisirs d'Elaine. Il ne cessait de songer aux activités qu'ils pourraient pratiquer ensemble. Et, au lieu de se voir opposer une liste des détails susceptibles de ne pas convenir ou de mal tourner, il bénéficiait du soutien sans réserve de sa compagne. Voilà qui ramena la joie au sein de leur couple.

Quand Rick complimentait Colleen

Quand, après leur rencontre, Rick complimentait Colleen, elle souriait et acceptait gracieusement cette attention. Au fil des rendez-vous, elle cessa cependant de réagir aux compliments de son partenaire, allant même parfois jusqu'à répliquer : « Je n'aime pourtant pas tellement mes cheveux comme ça », « Je ne te crois pas ; je me demandais justement si je n'allais pas donner cette robe à une bonne œuvre », « Je n'ai pas eu vraiment le temps de me préparer », ou encore « Flatteur ! J'ai une tête à faire peur. » Ce qui finissait par décourager Rick. Il n'aurait su dire comment c'était arrivé, mais il ne faisait plus de compliments à sa dulcinée.

Un atelier Mars & Vénus lui inculqua l'importance des compliments et il se remit à en prodiguer, demandant simplement à Colleen de les accueillir d'un remerciement. Colleen, qui était tout à fait disposée à en apprendre plus long sur les différences entre les hommes et les femmes, donna aussitôt son accord et s'entraîna à donner une réponse positive aux attentions de son partenaire. Au bout de quelques mois, elle avoua non seulement apprécier plus celles-ci, mais avoir même commencé à croire ces propos élogieux.

Comprendre la finalité de la troisième étape

Un couple qui ne comprend pas la finalité de la troisième étape du parcours amoureux pourra aisément omettre de créer les liens qui détermineront l'avenir de leur histoire. Durant cette phase, chacun des partenaires doit faire l'expérience de ce que l'autre a de mieux à offrir. Et tous deux doivent prendre conscience de leur capacité à donner d'eux-mêmes et à mener à bien une relation sérieuse.

Pour y parvenir, ils doivent créer une réserve de rendez-vous au cours desquels l'homme a eu l'impression de réussir dans ses entreprises et sa partenaire s'est sentie soutenue. Ainsi, lorsque, inévitablement, il arrivera que l'autre se montre moins aimant ou réceptif, ils seront mieux armés pour songer qu'il s'agit d'une faille temporaire ; ils disposeront des souvenirs nécessaires pour se rappeler qu'ils possèdent en eux la force nécessaire pour recréer une expérience positive.

Cette période ne vise pas du tout à vous permettre d'évaluer votre partenaire. Au contraire, vous allez estimer propre comportement et ce dont vous êtes capable pour vous montrer sous votre meilleur jour et inciter votre partenaire à agir de même. Dans ce but, les hommes multiplieront les gestes romantiques et les femmes veilleront à se montrer réceptives et à répondre de façon positive à leurs avances. Si ces efforts les poussent tous deux à donner le meilleur d'eux-mêmes, cela signifie qu'ils sont mûrs pour découvrir l'amour vrai et durable qui ne peut se développer qu'au cours de la quatrième étape de leur parcours du Tendre, l'intimité.

Il est sage d'attendre

Il est plus sage d'attendre avant d'entamer une relation intime car cela permet au désir de l'homme de s'exprimer via des canaux plus élevés. Quand un homme prend le temps de parcourir les trois premières étapes du processus amoureux, son désir physique se transcende en un désir émotionnel de rendre sa partenaire heureuse, lequel se muera à son tour en un intérêt réel pour son moi profond. Cet intérêt pourra par la suite se transformer en amour. Quand son désir physique se confond avec l'expression de son amour pour sa compagne, il est prêt à vivre une intimité croissante.

Seule une relation de couple exclusive peut poser les fondations d'une intimité durable. Une femme fait naître l'intimité en partageant ses pensées les plus secrètes, tandis que l'homme verra celle-ci s'accroître à mesure qu'il soutiendra et choiera plus sa compagne. Plus elle se dévoilera, mieux il pourra la connaître. Et s'il continue à la soutenir au gré de ce processus, l'amour qui anime son cœur aura toutes les chances de s'épanouir.

6
Quatrième étape : l'intimité

Quand nous sommes en mesure de donner et de ressentir le meilleur de nous-mêmes et de notre partenaire, nous sommes prêts à vivre une expérience amoureuse complète. Il nous semble à présent que nous communiquons sur les plans physique, émotionnel, intellectuel et spirituel. Ce qui signifie que nous sommes mûrs pour envisager une relation intime.

Les différents niveaux de connexion cités ci-dessus s'expliquent aisément :

- l'attirance physique suscite le désir et l'excitation sexuelle ;
- l'attirance émotionnelle suscite l'affection, la tendresse et la confiance ;
- l'attirance intellectuelle suscite l'intérêt et la réceptivité ;
- l'attirance spirituelle ouvre nos cœurs et suscite l'amour, l'appréciation et le respect.

Quant un partenaire nous stimule dans ces quatre domaines, nous pouvons nous estimer prêts à passer à la quatrième étape du parcours amoureux.

Puisque vos besoins ont été satisfaits au cours des précédentes phases de ce processus, vous êtes à même de comprendre l'ampleur de l'attirance spirituelle et de l'amour que vous éprouvez pour votre partenaire. Une bonne connaissance du comportement à adopter lors d'un rendez-vous amoureux ne pourra pas vous pousser à aimer l'autre davantage, ni inciter celui-ci à vous rendre la pareille ; elle peut en revanche vous aider à mesurer l'amour que vous éprouvez à son égard.

Une étincelle ne se fabrique pas

Il est impossible de provoquer ces connexions, à quelque niveau que ce soit. Rien ne peut contraindre un autre être à se sentir physiquement attiré par vous ; vous pouvez seulement vous efforcer de mettre en place les conditions adéquates pour que cette personne découvre quelles interactions peuvent s'établir entre vous. Mais ce n'est pas parce qu'on creuse un puits dans les règles de l'art que l'on trouvera nécessairement de l'eau.

Lorsque, dans un restaurant, une femme se lève pour aller se repoudrer le nez, l'homme qui dîne avec elle observe sa silhouette. Soit il éprouve de l'attirance, soit il n'en éprouve pas. La même femme suscitera des réactions différentes chez les divers membres du sexe opposé attablés dans la salle.

De la même façon, nul n'est capable de provoquer une étincelle émotionnelle, intellectuelle ou spirituelle. Celles-ci se déclenchent ou ne se déclenchent pas. Nous pouvons uniquement susciter les conditions adéquates pour que l'autre découvre combien il nous aime, combien il nous juge intéressant et combien il aspire à nous rendre heureux. Nous pouvons seulement nous assurer de créer l'occasion de ressentir ces interactions.

En plantant un décor approprié au cours des étapes précédentes, nous nous sommes donné l'occasion de découvrir ces interactions potentielles. Lorsqu'on voit les meilleurs aspects d'un être, on met son cœur en situation de s'ouvrir. Et, une fois le cœur suffisamment rempli d'amour, on est à même de supporter les mauvais côtés de l'autre et de conserver néanmoins avec lui un lien amoureux.

Le pouvoir de l'amour

Lorsque nos cœurs s'ouvrent et que nous aimons, respectons et apprécions notre partenaire, nous devenons capables de le soutenir même quand il se révèle moins parfait que nous l'avions cru au cours des étapes précédentes du processus amoureux. Les liens spirituels qui nous unissent nous donnent la force nécessaire pour surmonter les jugements, les doutes, les demandes et les critiques que nous subissons parfois. Et même s'il arrive que nos cœurs se referment pour un temps, nous retrouvons plus facilement le chemin de l'amour grâce aux bases solides fournies par tant d'expériences positives et riches de tendresse.

En revenant régulièrement à l'amour, vous trouverez un jour l'assurance et la confiance indispensables pour choisir au cours de cette quatrième étape le partenaire de votre vie. Vous êtes préparé à relever les défis que pose le mariage. Au lieu de vous perdre dans les luttes de pouvoir qui empoisonnent tant de jeunes couples, vous pourrez vous reposer sur le lien spirituel qui vous unit pour trouver les compromis adéquats, pour vous excuser quand ce sera nécessaire et pour pardonner à votre partenaire de ne pas être parfait.

La stratégie de la quatrième étape

Pendant cette quatrième étape, la stratégie à suivre est de gagner peu à peu en intimité en révélant de plus en plus complètement votre personnalité. Voici venu le moment de vous détendre et de tout simplement apprendre à vous connaître l'un l'autre. Il n'est plus nécessaire de demeurer sur vos gardes, ni de veiller à vous montrer aussi positif que lors des trois étapes précédentes.

Une femme pourra s'ouvrir plus à l'autre et lui communiquer ses sentiments, même quand elle n'est pas de bonne humeur. Libre à elle, désormais, d'évoquer les choses qui lui déplaisent dans son existence et dans son histoire d'amour. Parfois, il se révélera encore plus constructif pour elle de discuter avec son compagnon quand elle n'est pas très gaie.

Cette étape représente un soulagement immense pour les femmes. Elles peuvent désormais se tourner vers leur partenaire et dévoiler leurs facettes vulnérables ; elles peuvent se détendre et laisser les autres volets de leur être s'exprimer. En divulguant plus pleinement leur personnalité, leurs pensées et leurs sentiments, elles verront leur chéri continuer à leur témoigner amour, intérêt, tendresse et désir. Alors, elles se sentiront prêtes à vivre une intimité physique croissante. Une femme qui s'ouvre petit à petit à une familiarité plus grande y gagnera l'occasion de s'élever dans des vagues de contentement et de plaisir croissants.

Pour l'homme aussi, le passage à cet état procure un soulagement. Il attend avec impatience d'accéder à une fusion charnelle. Et à mesure que sa partenaire apprend à s'ouvrir et à partager son être intellectuellement et émotionnellement, tous deux se réjouiront à la perspective de vivre leur amour sur le plan sensuel.

Les femmes sont comme des vagues

L'un des défis qui se présente aux hommes à ce stade d'une relation amoureuse est de comprendre que, quand une femme se sent aimée, son moral monte mais aussi redescend en un mouvement semblable à celui de la houle marine. Comme je l'ai expliqué dans *Les hommes viennent de Mars, les femmes viennent de Vénus*, au chapitre 7, les femmes sont comme des vagues. À mesure qu'une femme devient plus vulnérable dans le cadre d'une relation, ses sentiments adoptent un rythme évoquant l'océan. Pendant des semaines, elle va déborder d'amour et de bonheur, puis soudain, elle va changer d'humeur et se retrouver au creux de la vague.

Une intimité accrue donne à une femme un sentiment de plus grande vulnérabilité et par conséquent, ses sentiments varient telles des vagues.

Quand une femme se trouve au creux de la vague, elle n'a, pour un temps, plus grand-chose à donner. Son compagnon devra alors faire appel à tous les talents qu'il a accumulés au cours de la phase d'exclusivité, afin de continuer à donner le meilleur de lui-même sans rien attendre en retour. Il doit se rappeler qu'il possède la capacité de la rendre heureuse. Car quand un homme imagine à tort qu'il est incapable de faire le bonheur de sa partenaire, un immense découragement s'empare de lui.

Les expériences positives emmagasinées au cours de la troisième étape l'aideront à surmonter cette phase de moindre succès. Comprendre que les femmes sont comme des vagues et se remémorer les périodes durant lesquelles vous réussissiez fort bien à la rendre heureuse vous permettront de juguler votre découragement et votre frustration lorsque vous verrez votre compagne au creux de la vague. Et, au lieu de vous sentir impuissant, vous saurez exactement comment réagir et quand vous pouvez raisonnablement espérer que la situation s'arrange.

Quand une femme se retrouve au creux de la vague, son compagnon risque d'en déduire qu'il est incapable de faire son bonheur.

Dès qu'elle remonte vers la crête de la vague, une femme retrouve sa capacité de donner et d'exprimer plus d'amour, mais quand elle redescend, même avec le partenaire le plus merveilleux du monde, elle perd momentanément (à des degrés divers) cette capacité. Elle ne se montre soudain plus aussi sûre d'elle, réceptive ou attentive.

Pendant ces phases, beaucoup d'hommes commettent l'erreur de tenter de « réparer » leur partenaire. Au lieu de prendre le temps de l'écouter et de la soutenir, ainsi que cela se pratique sur Vénus, ils essaient de la convaincre de retrouver le sourire. Vos chances de succès seront plus grandes si vous vous abstenez de lui proposer des solutions et l'entourez plutôt de compréhension. C'est lorsqu'elle touche le creux de la vague qu'une femme a le plus besoin de sentir que son compagnon ne la juge pas.

C'est lorsqu'elle touche le creux de la vague qu'une femme a le plus besoin de l'amour d'un homme.

Quand la vague déferle

Voici quelques exemples de comportements d'une femme dont la vague déferle.

1. Elle se sent dépassée par les événements

Elle se met soudain à se plaindre de son existence. Au lieu de vous sentir rejeté, écoutez-la et montrez-vous compréhensif. Et, une fois qu'elle se sera épanchée tout son saoul, résistez absolument à l'envie de lui proposer une solution. Faites-lui plutôt un compliment.

*Si elle vous dit : « Je n'ai pas le temps de sortir :
j'ai tellement à faire. Je n'arrive pas
à tout mener de front... »*

Ne dites pas :	**Dites plutôt :**
« Allons, n'en fais pas autant. Tu ferais mieux de te détendre et de prendre la vie du bon côté. »	« Tu donnes tellement à tant de personnes. Viens dans mes bras. »
« Oublie tout cela et viens faire la fête avec moi. Ne reste pas à te lamenter alors que nous pourrions passer une bonne soirée. »	« Tu *as* tant de choses à faire. » Puis, prêtez une oreille compatissante lorsqu'elle énumère ses tâches quotidiennes.
« Tu te fais trop de souci. Tout s'arrangera, tu verras. Sortons plutôt nous amuser. »	Après avoir écouté la liste des mille choses qu'elle doit accomplir, proposez-lui votre aide ou demandez : « Y a-t-il quelque chose que je puisse faire ? »

Elle se sentira écoutée et soutenue. N'espérez toutefois pas que votre proposition d'aide suffira à chasser ses idées noires. Elle ne va pas s'écrier : « Oh, merci beaucoup de proposer de me prêter main-forte ! Je me sens beaucoup mieux, à présent ! » Elle ne pourra tenir de tels propos que lorsqu'elle surfera de nouveau sur la crête de sa vague.

Sachez en outre que tant qu'elle demeurera au creux de la vague, sa capacité à vous apprécier à votre juste valeur stagnera au plus bas. Mais, lorsqu'elle retrouvera le sourire, elle n'en appréciera que plus les attentions que vous lui avez prodiguées pendant cette phase. Il est facile d'aimer l'autre quand elle est de bonne humeur. Le véritable test de l'amour intervient quand elle va mal : saurez-vous être là pour elle ? Une femme n'oublie jamais que son partenaire a su l'entourer de tendresse dans l'adversité. Et elle sait désormais qu'elle peut plus encore que par le passé se reposer sur la confiance et sur le soutien de son compagnon.

2. Elle se sent vulnérable

Il se peut aussi, qu'elle se mette brusquement à poser une foule de questions sur votre relation ou sur vos sentiments. Elle vous demandera de quantifier votre amour pour elle ou ce que vous pensez de son corps. Ne prenez surtout pas ces questions au premier degré. N'essayez pas de résoudre son problème en la raisonnant. Elle cherche juste à être rassurée.

Si elle vous dit : « Tu trouves que j'ai l'air grosse ? »

Ne dites pas :	Dites plutôt :
« Tu n'as certainement pas un corps de top model, mais ces filles ne mangent jamais rien. »	« Je te trouve très belle et je t'aime telle que tu es. » Puis, serrez-la dans vos bras.
« Ne sois pas aussi dure avec toi-même ; moi, je ne le suis pas. »	« Tu es une femme superbe. Je t'adore. » Puis, serrez-la dans vos bras.
« Si tu veux vraiment perdre du poids, consulte un spécialiste. »	« Pour moi, tu es la plus belle et la plus craquante. » Puis, serrez-la dans vos bras et embrassez-la.
« Si tu acceptais de m'accompagner à la salle de gym, tu te sentirais mieux dans ton corps. »	« Tu me sembles parfaite. J'adore ton corps. » Puis, serrez-la dans vos bras et embrassez-la.

*Si elle vous dit : « Est-ce que tu crois
que nous sommes faits l'un pour l'autre ?
Est-ce que tu m'aimes toujours ? »*

Ne dites pas :	Dites plutôt :
« Je crois que nous avons encore quelques problèmes à régler. »	« Oui. Je suis fou de toi. Tu es la femme la plus merveilleuse que j'aie jamais rencontrée. »
« L'avenir nous le dira. C'est pour le savoir que nous sortons ensemble. »	« Oui. Tu es la femme la plus fantastique que je connaisse. »
« Pour quelle autre raison voudrais-tu que je sorte avec toi depuis un an ? »	« Oui. Je t'aime un peu plus chaque jour. »
« Combien de fois faudra-t-il que nous revenions là-dessus ? Je crois que nous avons déjà eu cette discussion. »	« Oui. Mon amour pour toi grandit à mesure que je te connais mieux. »

*Si elle vous dit : « Comment peux-tu m'aimer ? Ma vie est
complètement désorganisée, je pars en vrille... »*

Ne dites pas :	Dites plutôt :
« C'est vrai : parfois, c'est difficile. Si seulement tu pouvais ne pas faire un drame de la moindre broutille. »	« Eh bien, je t'aime et je suis là pour t'éviter de perdre le nord. Tu en fais tellement... Laisse-moi te prendre dans mes bras. Je t'aime tant. »
« Ta vie ne part pas en vrille. Tu as juste besoin d'apprendre à mieux maîtriser tes émotions. »	« Tu peux t'écrouler dans mes bras quand tu le souhaites. Je t'aime et tu peux m'appeler à l'aide dès que tu en éprouves le besoin. »

« Tu prends trop de responsabilités. Si tu te détendais un peu plus, la vie te paraîtrait moins tragique. »	« Je t'aime et j'aime ta générosité. Que puis-je faire pour t'aider ? »
« Si tu ne prenais pas les choses autant à cœur, la vie te paraîtrait plus facile. »	« Je t'aime parce que tu occupes une place à part dans mon cœur. Je me moque que tu partes en vrille. Je suis là pour t'aider. »
« Si tu t'organisais mieux, ta vie ne partirait pas dans tous les sens. Si tu... »	« J'aime que tu aies besoin de moi. J'aime être là pour toi. Je dispose d'un peu de temps : laisse-moi faire cela à ta place... »

3. *Elle éprouve du ressentiment*

Bien souvent, quand elle est en phase ascendante, une femme donnera de son temps et de son attention sans compter, sans même deviner qu'elle attend elle aussi un effort accru en retour. Pendant cette période, elle n'attend rien de plus, mais lorsqu'elle redescendra vers le creux de la vague, le ressentiment l'envahira s'il lui semble avoir donné plus qu'elle n'a reçu. Presque tout pourra alors lui inspirer de la rancœur : son partenaire, son existence, son emploi à elle ou bien le sien, la météo, le serveur du restaurant, ses parents, la circulation, et ainsi de suite. Vous devez veiller à ne pas condamner son attitude, même si elle vous paraît négative et déraisonnable, et surtout ne pas essayer de la convaincre de changer d'humeur.

Si elle vous dit : « Je déteste mon patron.
Il s'attend vraiment à ce que je travaille
vingt-quatre heures sur vingt-quatre !
Il m'a laissé une note disant... »

Ne dites pas :	Dites plutôt :
« Je ne pense pas que ton patron cherche à t'épuiser. Il t'apprécie. »	« C'est vraiment injuste. Comment peut-il dire une chose pareille ? »
« Il ignore sans doute la somme de travail que tu fournis déjà. Il s'attend juste à ce que tu fasses de ton mieux. »	« Il ne se rend pas compte de tout ce que tu fais. Que veut-il, à la fin ? » Puis écoutez-la tandis qu'elle poursuit sur ce sujet.
« Tu devrais lui dire que tu ne peux pas en faire plus. Dis-lui carrément non. »	« C'est terrible ! N'a-t-il pas conscience de tout ce que tu assumes déjà ? » Puis écoutez-la s'épancher.
« Tu devrais lui expliquer combien tu es occupée. Il cesserait de te donner autant de travail. »	« Il est trop exigeant. Tu as le droit de conserver du temps libre. Quand parviens-tu à te reposer ? » Puis écoutez-la tandis qu'elle poursuit sur ce sujet.

Si elle vous dit : « Ce serveur est vraiment nul :
voilà un quart d'heure que nous attendons
notre addition ! »

Ne dites pas :	Dites plutôt :
« Écoute, il y a beaucoup de monde. Je suis sûr qu'il fait de son mieux. »	« C'est incroyable. Les gens de la table du fond ont déjà payé. Je vais aller voir ce qui se passe. »

« Ce n'est pas sa faute : ils manquent de personnel. »	« Pas de doute, il fait semblant de ne pas nous voir. Pourquoi y a-t-il si peu de personnel ? »
« Ne t'inquiète pas. Nous ne sommes pas pressés. Nous avons encore largement le temps d'arriver à l'heure au cinéma. »	« S'il ne se dépêche pas, nous risquons de rater le début du film. Je vais essayer d'attirer son attention. »

Lorsqu'une femme éprouve du ressentiment, entendre son compagnon minimiser le problème qui l'agace est la dernière chose qu'elle souhaite. Elle a avant tout besoin d'en parler à loisir, d'évacuer sa frustration et de sentir qu'une personne au moins est de son côté. C'est là tout le but de l'intimité. Il lui faut acquérir la certitude qu'elle dispose d'un allié.

Pour qu'une femme puisse se sentir profondément aimée, elle doit pouvoir ouvrir son cœur, partager ses pensées et savoir qu'on l'aime toujours en dépit de cela. Apprendre à gérer les hauts et les bas du moral d'une femme au gré des mouvements de ses vagues personnelles constitue pour son partenaire l'un des plus grands défis du processus amoureux.

Le plus grand défi pour une femme

Les femmes aussi doivent relever un défi posé par les Martiens. Car si elles oscillent de haut en bas, eux vont d'avant en arrière. Un homme qui vit une intimité grandissante avec sa partenaire va en effet se mettre à alterner les phases pendant lesquelles il aspirera à se rapprocher d'elle et celles durant lesquelles il cherchera à prendre du recul.

Pour se glisser dans la vie d'une femme sans perdre son indépendance ou son autonomie, un homme éprouvera en alternance un puissant désir de devenir plus proche d'elle et une envie de s'éloigner et de rester seul.

Tant qu'il n'entretient pas encore de relations intimes avec sa partenaire, comme c'est le cas pendant l'étape numéro trois, un homme demeure dominé par son souci de se rapprocher d'elle. Il souhaite la rendre heureuse et il aspire à mieux la connaître et à exprimer l'amour qu'il lui porte. Son besoin de s'isoler de temps à autre est beaucoup moins prononcé.

Dès lors qu'il aborde la quatrième étape du parcours du Tendre et vit avec sa compagne une intimité grandissante, sa compulsion de retrait se réveille elle aussi. Son besoin d'autonomie se révélera à la mesure des fragments de son moi auxquels il a renoncé pour se rapprocher de sa partenaire. Et, même avec la femme la plus merveilleuse du monde, un homme éprouvera de temps à autre le besoin de s'isoler avant de revenir ensuite auprès d'elle.

> **Dès qu'un homme vit une véritable intimité, il éprouve de temps à autre le besoin de s'isoler pendant un moment, avant de revenir ensuite auprès de sa partenaire.**

Plus un homme se sentira proche de sa compagne, plus son besoin de retrait se révélera puissant. Il pourra ensuite revenir vers elle, plus amoureux que jamais. Avec chaque nouveau rapprochement après un éloignement, son amour grandira.

Le besoin d'aller et de venir d'avant en arrière

Tous les hommes éprouvent cette compulsion de va-et-vient. Elle provient de l'hormone masculine, la testostérone. Les femmes ne connaissant pas ce processus, il est difficile pour elles de savoir soutenir leur partenaire pendant cette phase. Elles risquent de ce fait de saboter sans le vouloir le développement de l'amour et de l'attirance de leur partenaire.

Quand un homme s'éloigne de vous, il est primordial de ne pas le harceler ni chercher à l'inciter à rester. Il faudra aussi veiller à ne pas vous montrer distante quand il vous reviendra. Un homme a besoin de sentir que sa partenaire accepte de son plein gré sa tendance à s'isoler parfois.

Les femmes, elles, tendent plutôt à penser qu'on n'est jamais trop proche. Si bien que quand leur partenaire fait mine de s'isoler, elles pensent que quelque chose ne tourne pas rond et cherchent à le ramener vers elles. Une femme sage apprendra à laisser l'autre libre de prendre ses distances, certaine qu'il retrouvera tout seul sa soif de complicité. Elle comprendra que l'absence stimule le désir et ira même jusqu'à encourager son compagnon à passer du temps auprès de ses amis sans elle. En lui laissant cette latitude, elle le conduira à ressentir son désir de la courtiser et de la séduire de nouveau.

Les hommes sont comme des élastiques

Une femme qui accepte le besoin d'isolement de son partenaire crée les conditions idéales pour qu'il retrouve en lui le désir de se rapprocher d'elle ensuite. Comme je l'ai expliqué à propos de la deuxième étape du processus amoureux, les hommes sont comme des élastiques : ils ne peuvent prendre leurs distances que jusqu'à un certain stade avant de regagner naturellement leur point de départ. En soutenant ce besoin de retrait naturel de son compagnon, une femme s'assurera qu'il trouve dans son cœur l'amour nécessaire pour revenir vers elle.

À chaque rapprochement, il se révélera plus amoureux. Et son besoin de s'isoler s'amenuisera au fil du temps. Il demeurera toujours, mais il se fera moins violent. C'est lorsqu'un homme devient intime avec sa partenaire avant d'y être réellement prêt que sa propension au va-et-vient sera la plus prononcée. Un homme qui devient proche d'une femme avant d'avoir établi avec elle une connexion sur les quatre plans physique, émotionnel, intellectuel et spirituel, risque de ne pas revenir vers elle après s'être éloigné. S'il n'a pas emmagasiné assez d'amour, son élastique pourra se rompre. Prenons un exemple.

Coup de foudre

Quand Derrick, trente-deux ans, fit la connaissance de Rochelle, trente ans, il tomba aussitôt amoureux d'elle. Après quelques rendez-vous, ils éprouvaient déjà des sentiments forts et avaient adopté le comportement de deux âmes sœurs. Derrick appelait sa partenaire plusieurs fois par jour et ils passaient leurs week-ends ensemble, partageant tout. Derrick n'avait jamais vécu de relation aussi passionnée. Quant à Rochelle, elle flottait sur un petit nuage. Ils vivaient une histoire tellement romantique qu'il leur semblait ne jamais passer assez de temps ensemble.

Puis, au bout de trois semaines, Derrick se volatilisa. Rochelle lui téléphona donc à son travail et découvrit que tout allait bien – ou presque. Derrick se montra amical, mais distant. Il ne lui proposa même pas de rendez-vous, ce qui offensa beaucoup la jeune femme. Elle ne parvenait pas à croire qu'il puisse passer si rapidement d'une telle ardeur à la froideur la plus complète. Elle se montra aimable, mais son cœur saignait.

Comme deux jours plus tard, il ne l'avait pas rappelée, elle dut se rendre à l'évidence. Quoique bien décidée à ne jamais le revoir, elle résolut de lui téléphoner pour lui dire ce qu'elle pensait de son attitude. Leur histoire s'acheva sur une conversation pénible. Rochelle se sentait meurtrie et pleine de ressentiment, tandis que Derrick souffrait de l'avoir blessée.

Il n'avait jamais eu l'intention de la tromper : il croyait vraiment avoir rencontré la femme de sa vie. Et puis, un matin, il s'était réveillé à son côté soudain certain qu'ils ne vieilliraient pas ensemble. Un besoin presque incontrôlable de s'en aller l'avait alors envahi. Pendant qu'ils petit-déjeunaient face à face, il s'était mis à comparer Rochelle à son image de la femme idéale, pour conclure qu'elle ne correspondait pas à ses attentes. Il avait cessé de l'aimer aussi brutalement qu'il s'était épris d'elle.

Et comme il ne savait que faire, il n'avait rien fait. Quand Rochelle le rappela et qu'il comprit combien il l'avait blessée, il se résolut à mettre un terme à leur histoire. Il était désolé pour elle, mais qu'aurait-il pu dire de plus ? Il ne pouvait pas modifier ses sentiments et il ne souhaitait certes pas continuer à la faire souffrir.

Souffler le froid et le chaud

Six mois plus tard, après avoir suivi un atelier Mars & Vénus, Derrick apprit que les hommes étaient comme des élastiques. Il comprit alors pourquoi la froideur avait succédé à l'ardeur dans sa relation avec Rochelle. Il était devenu vraiment intime avec elle, puis, tandis qu'il était en phase d'éloignement, elle l'avait rappelé. Il n'avait pas pu la rassurer sur ses sentiments à son égard puisqu'il ne les éprouvait plus et il en avait aussitôt déduit qu'elle n'était pas la femme de sa vie. Derrick se demanda alors ce qui se serait produit si Rochelle et lui avaient pris le temps de mieux se connaître, au lieu de se précipiter vers la quatrième étape du processus amoureux. Car, même s'il ne ressentait plus la même envie dévorante d'être auprès d'elle, elle lui manquait. Il décida donc de se mettre en rapport avec elle pour lui expliquer ses découvertes. Au cours d'un dîner agréable, ils discutèrent et, une chose entraîne une autre, ils recommencèrent à sortir ensemble. Cette fois, pourtant, même s'il leur parut pénible de se priver de faire l'amour, ils se forcèrent à progresser pas à pas. Ils décidèrent de donner une chance à leur histoire en s'accordant tout le temps nécessaire pour parcourir les différentes étapes du processus amoureux.

Quand ils abordèrent enfin la quatrième, Derrick sentit renaître en lui le besoin de s'éloigner. Tel un élastique, il se tendrait, puis reviendrait vers Rochelle. Cette fois, cependant, son besoin d'isolement se révéla beaucoup moins intense car il avait pris le temps de bâtir une véritable relation avec elle. Et lorsqu'il prit ses distances, il ne lui fallut que quelques jours pour que sa compagne commence à lui manquer vivement. Derrick et Rochelle vivaient à présent une histoire suffisamment solide pour que, quand il s'écartait d'elle, son élastique ne se rompe pas. Au bout d'un an environ, ils se marièrent et à ce jour nagent dans le bonheur.

Les quatre clés de l'intimité

Il existe quatre portes pour établir une connexion entre deux êtres et accéder à une véritable intimité. Comme nous l'avons expliqué plus tôt, elles sont d'ordre physique, émotionnel, intellectuel et spirituel. Et, tant que chacun de ces différents aspects de notre personnalité n'est pas au point, nous ne sommes pas prêts à entamer une relation intime. Si nous nous y précipitons trop vite, les résultats se révéleront contre-productifs.

Les trois premières étapes du processus amoureux nous préparent à vivre un jour une telle communion. En nous accordant le temps requis pour prendre conscience de nos interactions physiques, émotionnelles, intellectuelles et

et de développer celles-ci –, nous devenons
ous rapprocher l'un de l'autre. Mais si nous
ne connexion physique et émotionnelle
de nous sentir liés sur le plan intellectuel ou
rituel, nous risquons d'éprouver la sensation
que quelque chose nous manque.

Le lendemain matin, nous nous réveillerons en nous
demandant qui est la personne avec qui nous avons établi
cette connexion et, au lieu d'aspirer à nous rapprocher
encore d'elle, nous serons impatients de nous en éloigner.
Les choses peuvent aussi se passer en sens inverse. Il arrive
en effet que l'on pense : « C'était agréable, mais il manque
quelque chose ; j'ai besoin de plus. »

Quand le couple succombe trop vite à l'appel du sexe,
l'homme finit en général par s'écarter, tandis que la femme
se sent abandonnée. S'il est normal d'éprouver de telles
sensations à un certain degré, elles se révéleront beaucoup
plus violentes si nous ne sommes pas préparés à tous les
niveaux à vivre une telle intimité. La tendance de l'homme
à se comporter comme un élastique et celle de la femme
à se comporter comme une vague s'en trouvent intensi-
fiées. Si, en revanche, ils prennent leur temps, les vagues
de l'une seront moins prononcées et les élastiques de l'autre seront plus courts. Certes, leur histoire connaîtra des
hauts et des bas, mais ceux-ci seront plus faciles à gérer.

Pourquoi il est si important de savoir patienter

Explorer pleinement la troisième étape du processus
amoureux permet aux hommes comme aux femmes d'entrer en possession des quatre clés de l'intimité. Beaucoup
d'hommes s'avouent extrêmement surpris de constater
qu'une connivence intellectuelle et émotionnelle peut les
combler tout autant qu'une intimité physique. Et quand ils

goûtent enfin à la plénitude que procure une proximité charnelle totale alliée à l'intimité émotionnelle, intellectuelle et spirituelle, ils ne pourront plus revenir en arrière.

Se contenter d'une partie de jambes en l'air alors qu'on pourrait faire l'amour revient à se satisfaire d'un sandwich quand on pourrait déguster un festin de roi. Pourquoi vous contenter d'un pis-aller ? Bien sûr, cela exige plus de temps et d'énergie, mais on aboutit à un résultat plus réel et durable. Prendre le temps de parcourir chacune des cinq étapes garantit à un homme que, le jour où il se donnera sans réserve à l'autre, il recevra le maximum en retour.

Intervertir les rôles

Lorsque son partenaire témoigne de sa capacité d'être là pour elle, une femme osera en toute sécurité se montrer plus vulnérable. Le fait de pouvoir s'appuyer sur son compagnon aide également ce dernier à laisser libre cours à ses sentiments. En apprenant à respecter et à comprendre ceux de sa partenaire, il établit en effet un contact plus étroit avec les siens propres. Ce qui le conduit tout naturellement à souhaiter partager davantage avec elle. Une fois qu'une femme a obtenu ce dont elle avait besoin pour ouvrir son cœur, son compagnon peut tout à fait envisager une interversion des rôles et lui permettre de se charger momentanément d'être là pour lui.

Pendant cette quatrième étape du parcours amoureux, il est en effet licite d'intervertir de temps à autre les rôles traditionnels. Si, jusqu'alors, lui se chargeait toujours d'organiser vos rendez-vous, vous pouvez le remplacer occasionnellement. S'il a toujours su vous écouter, vous pouvez à présent lui prêter une oreille attentive. Si c'est toujours lui qui prend les initiatives, osez vous emparer parfois des rênes de votre intimité. Cette interversion des rôles repré-

sente une étape importante, mais elle doit rester ponc-
tuelle et se pratiquer avec précaution car il n'est que trop
facile pour un homme de se détendre et de recevoir les
attentions de sa compagne – et pour une femme de trop
donner. Quand vous échangez ainsi vos rôles, cela doit
toujours être voulu, et vous devez rester conscients qu'il
ne s'agit que d'un jeu fugace.

Quand les hommes
sont sensibles et loquaces

Certains hommes sont déjà à l'écoute de leurs sentiments, se montrent très ouverts et disposés à parler. Et
pourtant, ils risquent de saboter sans le vouloir une relation amoureuse. En effet, une femme a d'abord besoin de
sentir que son compagnon est là pour elle ; après seulement, elle pourra lui rendre la pareille sans se perdre.
Quand un homme a plus besoin de sa compagne qu'elle
n'a besoin de lui, cela peut considérablement atténuer l'ardeur de la seconde. Pour recréer un équilibre adéquat au
sein de vos rapports, veillez à ne jamais parler plus que
votre compagne.

**Un homme doit veiller à ne jamais parler plus que sa com-
pagne.**

Quand une femme prend conscience qu'un homme
compte sur son soutien, cela peut l'empêcher de ressentir
ses propres besoins. C'est là une des grandes différences
entre les deux sexes. Quand un homme est là pour sa
compagne, cela lui permet d'établir une connexion plus
étroite avec ses propres sentiments et besoins. En revanche, quand une femme est là pour son compagnon, cela
peut la conduire à perdre contact avec ses sentiments et
besoins.

Trouver l'équilibre

Si un couple intervertit trop souvent les rôles, l'homme pourra à terme devenir comme une vague et la femme comme un élastique. Ce qui pose un problème car cette dernière risque de ne pas revenir en arrière de façon automatique comme un homme. Et si monsieur se trouve au creux de la vague, madame risque de tellement l'entourer qu'elle tendra à en oublier ses propres besoins. Un homme dans cette situation risque aussi de devenir trop doux et sensible. Afin d'éviter cet écueil, chaque couple doit trouver l'équilibre qui lui convient. Car si l'abus d'échanges de rôles peut tuer l'amour, quand on se le permet dans de bonnes proportions, c'est merveilleux.

Un homme doit donc se tourner vers sa partenaire pour partager avec elle ses sentiments, ses besoins, ses vœux et ses désirs les plus intimes, mais il doit veiller à ne se livrer que quand les besoins de sa compagne ont d'abord été comblés. Il doit aussi s'efforcer de ne pas faire preuve d'une sensibilité exagérée. S'il tend plus à se laisser démonter par les soucis de sa moitié, cela pourra empêcher celle-ci de rester en contact avec sa vraie sensibilité. Ce qui risque de les priver tous deux du type d'intimité profonde qui ne peut survenir que quand une femme s'ouvre et que l'homme pénètre dans la brèche ainsi ménagée afin de la soutenir.

Un homme doit aussi veiller à ne pas se montrer trop gourmand du temps, de l'énergie et du tendre soutien de sa compagne. Il n'est que trop facile pour elle d'accéder à ses vœux puis, plus tard, de lui en vouloir de ne pas lui apporter l'appui qu'elle mérite. Elle éprouvera alors peut-être le besoin de s'éloigner, mais sans pour autant lui revenir plus aimante. Il lui semblera plutôt que c'est la nécessité qui l'attire en arrière. Tous ces malentendus compromettent les chances d'un couple d'accéder à la cinquième étape du parcours amoureux, les fiançailles.

Passer à la cinquième étape de la relation

En apprenant à nous connaître l'un l'autre de façon plus intime au moment adéquat, nous devinerons sans peine si notre partenaire est notre âme sœur. On entend souvent des gens demander : « Comment savoir s'il est l'homme ou la femme de ma vie ? » La réponse est la suivante : parcourez patiemment les quatre premières étapes du processus amoureux et vous saurez à quoi vous en tenir. Il viendra un moment où vous aurez la certitude que la personne que vous fréquentez vous convient ou non. Alors, vous serez prêt à progresser vers la cinquième étape du parcours.

7
Cinquième étape : les fiançailles

Après avoir franchi les étapes précédentes de la parade amoureuse, nous sommes capables de déterminer si nous avons bel et bien trouvé l'âme sœur et si nous souhaitons passer le restant de notre vie avec elle. Dans un premier temps, cette certitude ne nous habitera que l'espace d'un éclair. Même si nous sommes convaincus que notre partenaire nous convient, il pourra arriver par la suite que nous en doutions ou que nous l'oubliions. Pour nous assurer que notre certitude perdure, nous devons la reconnaître et l'officialiser. Il est important de battre le fer pendant qu'il est chaud : si on attend qu'il refroidisse, on risque de laisser passer l'occasion.

Quand nous acquérons enfin la capacité à reconnaître notre âme sœur, nous ne faisons dans un premier temps que l'apercevoir.

En envisageant une union officielle, nous renforçons et soutenons automatiquement notre certitude. Le fait de prendre acte de ce sentiment pour se fiancer lui apporte en effet une plus grande solidité, une plus grande réalité et un meilleur ancrage. Il vous faut le choyer et le protéger avec soin, comme une jeune pousse printanière. Si vous le soignez de façon appropriée, votre amour pourra grandir et gagner en vigueur.

De l'importance de la demande en mariage

La plupart des hommes n'ont pas conscience de l'importance que revêt une demande en mariage pour une femme. Sur Vénus, cette requête demeure le souvenir le plus important de la vie, après celui de son mariage proprement dit. Certains Martiens se rebellent contre ce rituel parce qu'ils ne comprennent pas sa signification réelle. Pourtant, dans la mesure où demander une femme en mariage compte parmi les plus beaux cadeaux qu'un homme puisse faire à sa partenaire, ce geste ouvre la voie d'une union réussie.

La demande en mariage demeure le souvenir le plus important de la vie d'une femme, après celui de son mariage proprement dit.

Lors des périodes difficiles qui ne manqueront pas de survenir, il sera extrêmement utile aux couples de pouvoir se remémorer ce moment merveilleux : ce que leurs cœurs innocents et exempts de tout mauvais souvenir ont ressenti alors qu'ils venaient de faire vœu de s'aimer sincèrement l'un l'autre.

Un homme dispose en l'espèce d'une merveilleuse occasion de créer pour sa partenaire un souvenir mémorable. Une telle chance ne se représentera pas ! Voilà pourquoi il convient d'y réfléchir sérieusement. N'oubliez pas que, pendant le restant de son existence, votre fiancée racontera comment vous l'avez demandée en mariage. N'hésitez donc pas à prendre conseil auprès de vos amis déjà mariés.

Le défi de la cinquième étape

Le plus grand défi qui se dressera devant vous au cours de cette cinquième étape du parcours du Tendre sera de ne pas vous précipiter pour endosser les responsabilités de la vie maritale. Beaucoup d'unions échouent non pas à cause d'un mauvais choix de partenaires, mais parce que le couple ne s'est pas correctement préparé à ce qui l'attend. Si bien que lorsque survient le stress qui accompagne inévitablement le fait de déménager, de partager un logis et de vivre à deux, on commence à se demander si son partenaire convient vraiment. Et on se coupe des merveilleux sentiments d'amour et d'engagement qui nous habitaient à l'orée de cette phase.

La période des fiançailles offre à un couple une occasion unique de se forger des souvenirs inoubliables. Le moment est venu de mettre en pratique vos talents amoureux avant de les soumettre à l'épreuve du mariage. Les fiançailles ressemblent à une séance d'échauffement avant une activité plus intense. Profitez-en pour assouplir vos muscles relationnels, afin qu'ils soient opérationnels lorsque vous voudrez les utiliser pleinement. Les fiançailles préparent le succès d'un mariage.

Les fiançailles ressemblent à une phase d'échauffement avant une activité plus intense.

Les couples qui s'accordent au moins cinq à huit mois pour jouir de leur certitude de s'aimer se trouvent fin prêts pour les véritables défis ultérieurs. Même quand les tensions du mariage s'intensifient, ils sont capables de puiser leur amour dans leur cœur parce qu'ils ont éprouvé à maintes reprises la pureté et la réalité de leur attachement réciproque. La période des fiançailles permet de poser les bases solides indispensables pour gérer les tensions de l'installation et du quotidien communs.

La période des fiançailles permet de poser les bases solides indispensables pour faire face aux défis de l'installation et du quotidien communs.

Les bienfaits des fiançailles

Les fiançailles apportent des bienfaits aussi grands aux hommes qu'aux femmes, même s'ils prennent des formes très différentes. Tout au long de son existence ultérieure, la femme pourra se tourner vers ces souvenirs pour retrouver le contact avec la partie d'elle-même qui accepte et qui apprécie son partenaire.

L'engagement que celui-ci prend envers elle l'aidera en outre à mettre au jour les trésors de confiance, de réceptivité et de compréhension qui dorment en elle. Plus tard, quand la vie se fera plus routinière, elle pourra puiser dans cette période afin de susciter une ambiance romantique.

Les fiançailles permettent également à un homme d'emmagasiner une foule d'expériences et de souvenirs qui l'affecteront pendant le restant de ses jours. Côtoyer sa partenaire sans subir les stress inhérents à la vie conjugale, mais avec la certitude absolue qu'il veut partager sa vie, le conduit à se sentir plus confiant, plus déterminé et plus responsable que jamais.

Libéré des pressions liées au mariage, il trouve mille occasions de mettre en œuvre sa capacité de choyer sa partenaire. Ce qui lui insuffle la force et l'engagement nécessaires pour résoudre les problèmes et les conflits qui ne manqueront pas de se présenter dans l'avenir.

Libéré des pressions inhérentes au mariage, un homme trouvera maintes occasions de mettre en œuvre avec succès sa capacité de choyer sa partenaire.

Être fiancé confère à un homme la capacité future de se connecter avec la partie la plus noble de son être. En période de stress, il pourra regagner mentalement cette phase et se remémorer les promesses faites alors que son cœur était ouvert. Il reprendra contact avec le fragment de sa personnalité qui tient profondément à sa partenaire, la respecte et la chérit.

Les deux talents les plus importants

La période des fiançailles permet aux couples de profiter de leur amour tout en se préparant à s'unir. C'est pendant cette phase qu'on se révèle le plus apte à apprendre et à mettre en pratique les deux talents les plus utiles au succès d'un mariage : la capacité de s'excuser et celle de pardonner. En s'entraînant à ces deux arts avant que les défis les plus délicats ne surgissent, on se prépare efficacement au mariage. Ces deux talents figurent les deux ailes de l'oiseau de l'amour et de la paix ; si l'une d'elles lui fait défaut, il ne pourra pas prendre son envol.

Les excuses et le pardon sont interdépendants. Lorsque l'un des partenaires sollicite l'absolution de l'autre, il devient plus facile pour ce dernier de trouver la force de lui pardonner. Il se révèle très difficile pour un homme de faire acte de contrition quand il suppose qu'il n'obtiendra pas de clémence en retour. Il se révèle tout aussi difficile pour une femme de pardonner à un homme un manquement pour lequel il ne prend pas la peine de s'excuser. Voilà pourquoi aucun de ces deux éléments ne peut exister durablement sans l'autre.

Quand les hommes s'excusent

Pour acquérir la meilleure maîtrise possible de ces talents, on conseillera aux hommes de se concentrer d'abord sur le fait de prendre la responsabilité de demander pardon lorsqu'ils commettent des erreurs, tandis que les femmes s'attacheront avant tout à apprendre à absoudre leur futur époux. Même si les hommes et les femmes doivent à l'évidence tous savoir s'excuser et pardonner, cette approche se révèle la plus efficace.

Quand un homme a la possibilité de s'excuser et de se voir pardonner ses fautes, il se montrera automatiquement plus disposé à rendre la pareille à sa partenaire. Dès lors qu'il sait pouvoir compter sur son amour et sur sa tolérance, il lui devient aussi plus facile d'admettre ses errements et d'en tirer les leçons. S'il ne redoute plus qu'elle lui retire sa tendresse, cela le libère pour se pencher sur ce qui s'est passé et sur la meilleure manière d'agir différemment à l'avenir.

La capacité d'un homme de s'amender pour tenir compte des autres dépend directement du degré d'acceptation dont il pense bénéficier de la part de sa partenaire. Lorsqu'il lui semble que celle-ci n'hésite pas à le punir, il se révèle difficile pour lui de devenir plus respectueux de ses besoins et sensible à ceux-ci. Lorsqu'un homme peut s'excuser librement, il rend sa femme plus heureuse et, dans le même temps, reçoit ce dont il a le plus besoin : sa confiance, son acceptation et son appréciation.

Quand les femmes pardonnent

Quand une femme devient capable d'accorder son pardon en réponse aux excuses formulées par son partenaire, elle y gagne la faculté de se montrer plus tolérante. Tant qu'il ne s'excuse pas, il sera difficile pour elle d'apprendre à lui accorder sa confiance et à l'accepter tel qu'il est. S'il n'assume pas de se pencher sur ses erreurs, elle-même ressassera celles-ci jusqu'à ce qu'il accepte enfin de les considérer. Elle prendra même sur elle de s'efforcer de le rendre meilleur au lieu de se concentrer sur elle-même et sur l'amélioration de sa propre attitude.

> **Quand un homme refuse de se pencher sur ses erreurs, sa partenaire ressassera celles-ci jusqu'à ce qu'il accepte enfin de les analyser.**

Pour qu'une relation de couple s'épanouisse, il faut que l'homme veille à corriger son comportement, de façon à faire preuve de plus de considération envers sa partenaire, et il faut que la femme s'efforce de corriger les réactions que lui inspire le comportement de son compagnon. La mansuétude permet aux femmes de découvrir leur capacité à faire ressortir le meilleur d'un homme et d'elles-mêmes, ainsi qu'à laisser la partie la plus aimante de leur être s'exprimer.

Le moment idéal pour s'entraîner

Les fiançailles représentent la période idéale pour s'entraîner à s'excuser et à trouver en soi la force de pardonner. Il serait sans doute plus facile de laisser la femme prendre à sa charge tout ce qui a trait aux excuses, l'homme se montrant quant à lui tolérant et indulgent envers elle, mais cela ne les préparerait pas au mariage. On entend trop de femmes mariées se plaindre de ce que leur époux ne s'excuse jamais et d'hommes mariés déplorer que leur épouse se montre incapable de rien leur pardonner et tend plutôt à les punir sans jamais oublier leurs failles.

Le seul moyen de corriger ces travers consiste à les étouffer dans l'œuf. Un homme qui aborde la cinquième étape du processus amoureux ne voit en général pas d'inconvénient à s'excuser, notamment parce qu'il n'a pas subi de longues années de récriminations et de réactions de rejet. Pendant cette phase, il s'attend encore à ce que sa partenaire lui pardonne ses erreurs. C'est pourquoi cela représente le meilleur moment pour qu'il s'entraîne à demander pardon.

Lorsqu'un homme se concentre sur ses propres erreurs et non plus sur celles de sa compagne, il découvre en lui une incroyable capacité de rendre celle-ci heureuse.

De la même façon, pendant cette cinquième étape, une femme rechignera rarement à se montrer plus indulgente. À l'inverse de ses consœurs mariées, elle n'a pas vu son partenaire répéter les mêmes maladresses année après année. Elle s'attend encore à ce qu'il continue à faire preuve de prévenance. De ce fait, elle se révèle plus encline à apprendre l'art du pardon.

Lorsqu'une femme choisit délibérément de se forger une attitude positive et réceptive, en adoptant un parti pris d'indulgence, elle découvre combien un homme tient à lui faire plaisir et à la soutenir. Elle commence à croire qu'il fait vraiment de son mieux et qu'il pourra peu à peu encore mieux combler ses besoins. Elle apprend aussi par l'exemple que son amour, et non ses punitions, l'incitent à donner le meilleur de lui-même.

L'effet loupe du mariage

Les fiançailles représentent le meilleur moment pour s'entraîner parce que l'on n'est pas encore mariés ! Il s'agit encore d'un échauffement en vue de la véritable épreuve. Le mariage agit comme une loupe : il grossit tout. Notre amour grandit, mais nos problèmes et les pressions que nous subissons s'accroissent aussi. En nous entraînant avant la cérémonie à faire face à nos soucis futurs, nous devenons donc tous deux plus réceptifs.

Pendant cette phase, l'homme se sent pleinement accepté par sa partenaire puisque celle-ci vient de lui accorder sa main. Cela lui procure une assurance et un sentiment de responsabilité sans précédent, lesquels le rendront d'autant plus enclin à solliciter le pardon de ses offenses. Plus souvent il s'excusera et obtiendra l'absolution, plus il se sentira libre d'admettre ses erreurs et de corriger à l'avenir certains de ses comportements.

Plus un homme s'excuse et obtient l'absolution, plus il devient attentionné.

Une femme deviendra elle aussi plus indulgente. En accordant clairement le pardon que sollicite son partenaire, elle lui adressera le message suivant : il doit donner le meilleur de lui-même. La capacité de pardonner représente le talent le plus indispensable pour une femme. Cette force lui permettra de lâcher prise sur des petites rancœurs susceptibles de s'accumuler et de l'empêcher de se montrer aimante. De la même façon, savoir s'excuser est pour l'homme la force la plus importante dont il puisse disposer.

Pourquoi les hommes ne s'excusent pas

Si les hommes ne s'excusent pas plus souvent, c'est parce qu'ils s'imaginent que cela ne les mène à rien. Sur Mars, dire qu'on est désolé revient à admettre qu'on s'est trompé. L'interlocuteur accepte sans discuter ce rameau d'olivier. Puisque le fautif admet avoir commis une erreur, on peut de nouveau être amis. En cas de problème sur Mars, les discussions prennent généralement fin dès qu'une personne accepte de s'excuser.

Sur Vénus, les choses se passent de manière diamétralement opposée. De fait, c'est quand on dit qu'on est désolé que la discussion débute sur cette planète, si bien que quand un homme présente ses excuses à une femme, celle-ci commence en général à lui expliquer dans les moindres détails pourquoi il doit effectivement se sentir désolé.

Pour parvenir à accorder son pardon, une femme a besoin d'évoquer ses sentiments jusqu'à ce qu'elle ait l'impression que son partenaire comprend pourquoi elle est en colère.

Mais cette réaction ne satisfait pas du tout l'homme, puisque lui considère que son excuse devait mettre un terme à la discussion... Quand son interlocutrice poursuit son plaidoyer, il en conclut que ses excuses n'ont pas suffi. Devant cet échec, il recourt à sa seconde arme : il essaie de la rasséréner en lui expliquant pourquoi elle n'a pas besoin d'être agacée. Le malentendu s'installe... Le Martien s'avoue perplexe : sur sa planète, il suffit de fournir une explication adéquate pour que l'offensé retrouve son calme.

Si vous arrivez en retard à un rendez-vous sur Mars et expliquez qu'il y avait un accident sur le pont et que vous êtes resté coincé pendant quarante-cinq minutes, vos congénères acceptent aussitôt votre excuse. Si vous dites que vous avez passé deux heures dans un embouteillage monstre, cela ne les gênera pas non plus. Et si vous racontez : « J'ai dû conduire ma fille aux urgences », ils ne vous en voudront plus du tout. Sur Mars plus l'explication est satisfaisante, plus elle rassérène celui qui l'écoute et se montre de ce fait accommodant.

Les explications ne fonctionnent pas sur Vénus

Sur Vénus, les choses se passent différemment. Justifier son attitude peut carrément aggraver la situation. Lorsqu'un homme fournit une explication logique, il tient pour acquis que sa compagne retrouvera aussitôt sa sérénité... mais il obtient l'effet opposé ! Elle conclut en effet qu'il lui refuse tout droit de s'énerver. Or, sur Vénus, pour que quelqu'un se sente mieux, il lui faut auparavant avoir l'impression que son partenaire comprend ses motifs de courroux.

Inutile d'attendre qu'elle accepte votre argument sans broncher ; elle a d'abord besoin de discuter de ses émotions. Elle veut qu'on la comprenne ; après, seulement, elle sera disposée à pardonner. Une bonne excuse ne l'intéresse guère : elle préfère constater que l'autre saisit l'ampleur de son agacement.

Voici quelques exemples d'explications martiennes et la façon dont les Vénusiennes pourront y réagir :

Il dit	Elle entend
« Je suis désolé d'être en retard. Il y avait un terrible accident sur le pont et beaucoup de circulation. Je suis resté coincé pendant des heures derrière un gros camion. Il faisait une chaleur intenable... »	« J'ai une bonne raison d'être en retard, donc cela ne devrait pas te mettre dans tous tes états. Tu devrais plutôt être contente que je sois enfin arrivé. »

« Je suis désolé de m'être emporté contre toi, mais tu t'es montrée tellement critique... Tu as dit que... »

« Tu m'as critiquée sans ménagements ; c'est toi qui étais en faute ! C'est toi qui devrais t'excuser. »

« Je suis désolé de ne pas t'avoir rappelée. J'ai eu un travail fou. Si tu savais le peu de temps qu'on m'accorde pour terminer ce projet : je ne sais pas comment je vais m'en sortir... »

« Tu ne devrais pas m'en vouloir. Au contraire, tu devrais plutôt me plaindre. J'ai tellement de soucis au bureau... »

« Je suis désolé d'avoir oublié de passer prendre des billets pour le concert de l'orchestre symphonique, mais il fait tellement beau que j'ai pensé que nous pourrions plutôt sortir faire de la voile. Après tout, c'est la meilleure saison pour la voile... »

« Tu n'as aucune raison de m'en vouloir. Mon choix devrait te convenir. »

« Je suis désolé de t'avoir momentanément abandonnée pendant la soirée. Je ne pensais pas que tu te sentirais délaissée. Je discutais avec de vieux amis et je n'avais aucune intention de te blesser. Je pensais que... »

« Tu es hypersensible : voilà ton problème. Une femme normale ne se serait pas sentie blessée parce que j'ai discuté avec de vieux amis. Je n'ai rien fait de mal. »

« Je suis vraiment désolé de ce que je t'ai dit, mais la façon dont tu m'avais parlé m'avait vraiment offensé. Quand tu dis que... »

« Rien ne justifiait la façon dont tu m'as parlé. J'ai dit des choses désagréables, mais toi aussi. Et c'est toi qui avais commencé... »

Pour accroître son expertise dans l'art de s'excuser, un homme devra toujours se rappeler que, avec les femmes, les explications ne suffisent pas. Il existe en revanche une autre approche qui fonctionne à merveille.

L'art de demander pardon à une femme

L'art de demander pardon à une femme peut se décomposer en trois volets.

1. Dites que vous êtes désolé

Quand une femme est furieuse, elle a avant tout envie d'entendre que vous regrettez de l'avoir blessée. Dès que vous l'admettez, elle perçoit cela comme le signe que vous êtes prêt à écouter ses sentiments. Annoncez donc que vous êtes désolé sans ajouter aucune explication. Moins vous utiliserez de mots, meilleur sera l'effet obtenu.

2. Écoutez sa réponse

Le fait que vous exprimiez vos regrets lui donne l'impression que vous tenez suffisamment à elle pour lui laisser l'occasion de discuter de ses sentiments. Une fois qu'elle les aura évoqués, vous devrez une fois de plus veiller à ne pas lui donner d'explication et à ne pas vous disputer avec elle en aucune façon.

Si elle manifeste le désir de continuer à parler, vous devez simplement écouter ses propos. Si elle ne dit plus rien, vous pouvez passer à la troisième phase de l'opération.

Écouter une femme en colère n'est pas censé être une expérience agréable ; si donc vous trouvez cela un peu pénible, c'est tout à fait normal. Vous devez vous attendre à passer un mauvais quart d'heure. Songez pour vous consoler que quelques minutes de malaise valent beaucoup mieux que les semaines de soupe à la grimace que vous auriez subies autrement. Quand une femme se sent mal, elle a besoin de savoir que, dans une certaine mesure, vous partagez l'inconfort qu'elle éprouve.

3. *Répliquez en utilisant un « nadjectif »*

Quand vous avez commis une erreur, utilisez un adjectif négatif – un « nadjectif » – pour qualifier votre personne ou votre comportement. Pendant que vous écoutez les doléances de votre partenaire, réfléchissez à un choix de « nadjectif » sincère et approprié pour décrire votre attitude. Songez à cela au lieu de vous évertuer à mettre au point une explication que votre amie n'écoutera pas. Voici quelques exemples de « nadjectifs » et de l'effet qu'ils produisent sur une femme.

Vous dites	Elle ressent
« Je suis désolé d'être arrivé en retard. Je me suis montré *grossier*. »	Tu as raison : tu as vraiment manqué de considération. Tu sais à présent ce que je ressens, et moi je me sens un peu mieux. Je peux accepter que tu arrives parfois en retard. Je n'attends pas de toi la perfection. J'ai juste besoin que tu te préoccupes aussi de moi. Je te pardonne ; après tout ce n'était pas si grave.
« Je suis désolé de ce que je t'ai dit hier. J'y ai réfléchi et je me suis rendu compte que j'avais tenu des propos *excessifs*. »	C'est bien vrai : il a dépassé les bornes. C'est fou ce qu'il se montre responsable. Je suis très impressionnée. Nous avons probablement tous les deux réagi de façon excessive, mais il a admis sa faute. C'est vraiment bien. Il a réfléchi à notre conversation et il devine ce que je ressens... Bon, sa conduite n'était pas si terrible. Je devrais pouvoir lui pardonner.

« Je suis désolé de ne pas t'avoir rappelée plus tôt. Tu as raison : je me suis vraiment montré *insensible*. »

Hum, il comprend vraiment mes griefs. Je suppose qu'il n'est pas aussi insensible que je le croyais. Il semble sincèrement attaché à moi. Il mérite que je lui pardonne ; après tout, je n'ai pas besoin qu'il m'appelle toutes les dix minutes.

« Je suis désolé d'avoir oublié de passer prendre les billets. C'était très *égoïste* de ma part. »

C'est le mot juste, en effet. Une fois de plus, il n'a songé qu'à lui. D'un autre côté, il n'est peut-être pas aussi égocentrique qu'il le paraît. Il n'est pas tenu de faire tout ce que je veux. Chacun doit y mettre du sien dans une relation. Je suppose que je peux lui pardonner.

« Je suis désolé que tu te sois sentie exclue, lors de cette soirée. Je t'ai négligée ; c'était vraiment *détestable* de ma part. »

Absolument ; ce n'était vraiment pas gentil. Mais le remarquer témoigne d'une considération certaine. Il mérite mon pardon. Je suis sûre qu'il ne voulait pas me laisser toute seule.

« Je suis vraiment désolé de ce que je t'ai dit. Je me suis montré très *négatif*. »

C'est le moins qu'on puisse dire. Moi qui croyais qu'il n'avait pas écouté un mot de ce que je lui racontais ; il semble que je me trompais. Il fait un réel effort pour m'entendre. Je lui pardonne. Au moins, il tient suffisamment à moi pour chercher à me comprendre.

Dans tous ces exemples, l'homme s'est excusé en recourant à l'un de ces six « nadjectifs » : grossier, insensible, égoïste, excessif, détestable et négatif. Il en existe d'autres, mais ceux-ci constituent un bon point de départ.

Une femme ne se lasse jamais d'entendre ces « nadjectifs » après des excuses sincères. Ils produisent sur elle le même effet qu'un « bonne idée », un « c'est logique », ou encore un « merci de votre patience » sur un homme. Lui ne se lasse jamais de tels commentaires.

Comment pardonner à un homme

Il est tout aussi important pour une femme d'apprendre à exprimer son pardon d'une façon efficace sur Mars que ça l'est pour homme de découvrir les mots adéquats pour s'excuser sur Vénus. Un simple : « Je te pardonne » pourra être perçu par certains hommes comme une façon de les remettre à leur place. C'est lorsque vous adoptez une attitude réceptive, qui fait clairement comprendre à votre partenaire que vous l'appréciez toujours, bien qu'il ait sans conteste commis un impair, que celui-ci se sentira le mieux pardonner. Voici quelques exemples de phrases susceptibles de propulser un homme jusqu'au septième ciel martien :

Il dit	Vous dites
« Je suis désolé d'être arrivé en retard. Je me suis vraiment montré *grossier*. »	« Ce n'est pas grave. La prochaine fois, appelle-moi. D'accord ? »
« Je suis désolé de ce que je t'ai dit hier. J'y ai réfléchi et je me suis rendu compte que j'avais tenu des propos *excessifs*. »	« Excuses acceptées... ce n'était pas si terrible. Nous étions tous les deux en colère. Mais j'apprécie que tu y aies repensé. »

« Je suis désolé de ne pas t'avoir rappelée plus tôt. Tu as raison : je me suis vraiment montré *insensible*. »

« Ce n'est pas grave ; je me demandais juste ce qui s'était passé. » À ce stade, elle *devient* réceptive à une explication.

« Je suis désolé d'avoir oublié de passer prendre les billets. C'était très *égoïste* de ma part. »

« Tant pis : tu te rattraperas une autre fois. Si nous allions à l'opéra, le week-end prochain ? »

« Je suis désolé que tu te sois sentie exclue, lors de cette soirée. Je t'ai négligée ; c'était vraiment *détestable* de ma part. »

« Ce n'est pas très grave, mais cela me fait plaisir de savoir que tu n'as pas voulu me peiner. Je suis sûre que tu te rachèteras » (avec un sourire).

« Je suis vraiment désolé de ce que je t'ai dit. Je me suis montré très *négatif*. »

« Merci. Tu n'avais pas besoin de t'excuser. J'apprécie que tu cherches à me comprendre. »

Quand une femme exprime son pardon au moyen de l'une de ces phrases, elle évite à son partenaire de se mettre sur la défensive et lui permet de se montrer plus responsable, de mieux comprendre ses besoins. Voici quelques exemples de la façon dont un homme peut répondre à l'absolution de sa compagne :

Elle dit	Il pense
« Ce n'est pas grave. La prochaine fois, appelle-moi. D'accord ? »	Elle est vraiment tolérante. La prochaine fois, il faudra que je téléphone sans faute pour la prévenir. C'est une requête plus que raisonnable.
« Excuses acceptées... Ce n'était pas si terrible. Nous étions tous les deux en colère. Mais j'apprécie que tu y aies repensé. »	Comme elle se montre aimante... Je ne devrais pas me placer autant sur la défensive. La prochaine fois, je ferai plus d'efforts pour écouter son point de vue.

« Ce n'est pas grave ; je me demandais juste ce qui s'était passé. »	Qu'elle est gentille ; c'est une des choses que j'apprécie en elle. Je devrais l'appeler plus souvent.
« Tant pis : tu te rattraperas une autre fois. Si nous allions à l'opéra, le week-end prochain ? »	Hum, je me suis vraiment montré égoïste. La prochaine fois, j'organiserai la soirée rien que pour elle.
« Ce n'est pas très grave, mais cela me fait plaisir de savoir que tu n'as pas voulu me peiner. Je suis sûre que tu te rachèteras. »	C'était manifestement plus grave que je ne le pensais. La prochaine fois, je me montrerai plus attentif.
« Merci. Tu n'avais pas besoin de t'excuser. J'apprécie que tu cherches à me comprendre. »	Elle est merveilleuse. D'où vient-elle ? Vive Vénus !

Dans tous ces exemples, la mansuétude et la tolérance de sa partenaire insufflent à l'homme le désir de continuer à faire de son mieux pour la rendre heureuse. En minimisant ses erreurs, elle l'incite à prendre plus au sérieux ses sentiments et ses sensibilités spécifiques. Faites toutefois preuve de patience : il faut un certain temps pour qu'un homme comprenne que vous réagissez différemment de lui face à diverses situations.

Se réconcilier pour éviter de rompre

Ces techniques d'excuses et de pardon peuvent s'utiliser à tout moment pendant les cinq étapes du parcours amoureux, mais elles doivent impérativement être mises en œuvre en guise de préparation au mariage. Dans la mesure où le franchissement de ce cap ne pourra qu'accentuer les problèmes et les conflits potentiels, il se révélera d'une importance vitale de savoir comment résoudre ceux-ci et trouver des compromis. Si vous n'avez pas appris à vous réconcilier en cas de friction, votre histoire risque de tourner court. S'accoutumer à s'excuser pour les petites choses facilite la gestion des situations plus délicates.

De nouveau célibataire

Certaines des personnes qui se retrouvent célibataires après un divorce ou un veuvage n'éprouvent pas le besoin de se remarier. Elles ont déjà vécu auprès d'un conjoint et leurs enfants sont grands. À leurs yeux, rien ne justifie donc une nouvelle union. Dans les précédentes générations, la finalité du mariage résidait simplement dans la création d'une famille. Ayant dépassé l'âge de procréer, ces êtres croient pouvoir vivre une relation profonde et valable sans pour autant s'engager pour la vie.

De la même façon, il existe des couples qui n'envisagent pas de fonder une famille. Ceux-là non plus ne voient pas nécessairement l'intérêt de se marier. Autrefois, on se mariait en effet avant tout pour assurer la survie et la sécurité du groupe familial. Encore une fois, si l'on ne prévoit pas de créer une famille, pourquoi se marier ?

Les temps ont changé : aujourd'hui, on attend du mariage bien plus que la survie et la sécurité du clan. On recherche sa plénitude personnelle. Un couple peut vivre une histoire sérieuse et profonde hors mariage, mais s'il n'évolue pas tôt ou tard vers la cinquième étape du cursus amoureux, la relation ne pourra continuer à s'épanouir. L'amour romantique ne grandit pas sans un engagement de l'âme.

Pourquoi se marier ?

Se marier, c'est reconnaître que votre partenaire occupe une place spéciale à vos yeux à tous les niveaux, et que vous êtes attaché à la croissance de l'amour dans le cadre de votre relation. Dire oui à l'autre revient à lui promettre de lui réserver une place unique dans votre existence, aussi longtemps que vous vivrez.

Quand on ne prend pas cet engagement, quelque chose de très important fait défaut. Pour qu'une femme donne à son partenaire le type particulier d'amour, d'appréciation, d'acceptation et de confiance auquel il aspire, elle doit se sentir assurée que ses propres besoins seront aussi comblés. Elle a besoin de sentir que son partenaire l'adore, qu'il tient à elle, qu'il la comprend et la respecte tellement qu'il sera toujours là pour elle. Accepter un engagement moins complet signifie qu'elle obtiendra moins. Et l'amour qui habite son cœur n'aura pas l'occasion de se développer et de s'exprimer pleinement.

L'amour durable et vrai

L'amour que nous éprouvons quand nous nous fiançons n'est pas seulement réel et durable, mais aussi imprégné d'espoir. Il évoque une graine qui renfermerait en elle tous les possibles de notre avenir. Il constitue les fondations sur lesquelles nous bâtirons notre existence. Pour choyer cette graine et lui donner une chance de croître, nous devons nous donner le temps, au cours de cette cinquième étape, de célébrer notre amour.

On peut comparer la progression à travers les cinq étapes du parcours amoureux à la préparation d'un gâteau. Les quatre premières sont consacrées au mélange des divers ingrédients ; la cinquième correspond à la mise de la pâte dans le four. Pour que celle-ci puisse gonfler à loisir, il faut laisser cuire le gâteau assez longtemps. Voilà pourquoi consacrer plusieurs mois à cette cinquième étape est l'occasion non seulement de jouir de la chaleur de notre amour, mais de renforcer celui-ci.

Ce n'est pas parce que nous aurons trouvé un amour durable et vrai que nous serons capables de le ressentir à chaque instant. Tout, dans notre univers, évolue par cycles : la nuit précède le jour, l'été succède au printemps, la marée monte, puis redescend... De la même façon, quand notre cœur s'ouvre, il se referme ensuite. Faire vœu de nous unir jusqu'à ce que la mort nous sépare nous aidera à rouvrir notre cœur indéfiniment.

Chaque fois que nous agissons ou réagissons d'une façon qui préserve cet engagement de l'âme, notre cœur se rouvre à l'amour et nous tendons vers nos désirs les plus élevés.

Comment notre âme s'exprime

Le désir de partager notre vie avec une autre personne figure l'expression de notre âme qui se rappelle ainsi son but ultime. Nous engager à tendre vers ce but nous révèle la force intérieure qui nous pousse à réussir non seulement notre mariage, mais aussi toute notre existence.

Quand nous pouvons prendre des décisions avec un cœur ouvert, nous devenons capables de nous créer une vie meilleure.

Sur le plan spirituel, le désir de se marier représente la promesse dont notre âme se souvient et que nous sommes nés pour remplir. C'est ainsi que la volonté de Dieu s'exprime en nous. Et quand nous consacrons toute notre énergie à respecter cette promesse, nous nous alignons sur la volonté de l'Éternel.

Quand notre cœur s'ouvre, tous les fragments de notre existence s'assemblent en bon ordre. Respecter la promesse de notre âme nous permet d'introduire un peu de spiritualité dans le monde tangible. Quand nous vivons dans l'amour, nous importons le royaume des cieux sur la terre.

La graine de la grandeur

Le germe de la grandeur réside dans notre capacité à savoir, à parler et à respecter notre parole et notre vérité. Le premier de nos pouvoirs est celui qui nous permet de tenir parole, d'accomplir ce que nous avons promis. Un autre pouvoir s'exerce sur le plan émotionnel : il nous rend capable de soutenir les êtres qui comptent le plus pour nous. Un troisième nous donne la force de vivre en accord avec ce que nous croyons juste et bon. La plus grande de nos forces, toutefois, est celle qui nous met à même d'agir, de sentir et de penser avec un cœur grand ouvert. Car quand notre âme s'ouvre à l'amour, elle nous confère le pouvoir de nous comporter en accord avec notre objectif le plus élevé, qui est d'aimer.

Quand nous sommes capables faire ce que nous déclarons avoir l'intention de faire, nous gagnons peu à peu le pouvoir nécessaire pour réaliser nos rêves. Quand nous exprimons le meilleur de nous-mêmes, nous provoquons peu à peu la chance nécessaire pour attirer dans nos vies tous les bonheurs. Et quand nous pouvons agir, sentir et penser en accord avec les désirs de notre cœur, la grandeur se manifeste dans notre quotidien.

En respectant les promesses de notre âme, nous imprégnons notre vie de signification, de grâce et de finalité. Le mariage constitue la reconnaissance de ces promesses, et la réussite du nôtre comblera l'une des aspirations les plus élevées de notre âme. Nous vouer à notre couple nous aide à canaliser notre force intérieure afin que l'amour perdure dans notre vie.

8

Franchir les cinq étapes

Lorsque l'un ou l'autre des partenaires saute certaines des étapes du parcours amoureux, cela peut compromettre leur mariage futur. Pour mener ce processus à son terme, il est primordial d'en suivre pas à pas les cinq phases. Chacune d'elles suscite certaines occasions et certains défis. Et l'expérience positive tirée de chaque palier constitue la base sur laquelle on s'appuiera pour relever avec succès les défis de l'étape suivante. Imaginez combien il eût été impossible, à l'école, de devoir suivre des cours d'algèbre sans avoir auparavant appris les tables de multiplication... De la même façon, il est prudent de se préparer pleinement à chaque phase avant de l'aborder.

Quand on ne comprend pas ces cinq étapes, on est facilement tenté d'en sauter une, en particulier quand les défis liés à cette étape commencent à se faire jour. Ainsi, au lieu de résoudre les problèmes liés à la première étape, on se précipitera dans la phase suivante du processus amoureux, afin de bénéficier de ses avantages et de ses promesses. Malheureusement, quand les défis de cette nouvelle phase émergeront, vous n'y serez pas préparé et vous tendrez soit à vous désintéresser de votre partenaire soit à revenir en arrière.

Par exemple, dans l'étape numéro un, ne pas envisager la perspective d'un rejet ou d'un échec peut nous conduire à passer trop rapidement à l'étape numéro deux, l'incertitude. Ce qui nous incite à nous montrer d'emblée délicat à l'excès dans le choix d'un partenaire potentiel. Au lieu de nous ouvrir à ce que l'autre peut nous offrir, nous commençons à le tester trop rapidement. Nous cherchons à acquérir d'emblée la certitude que nous avons déniché l'oiseau rare, alors que nous devrions nous borner à profiter de la découverte d'une personnalité nouvelle.

Il arrive aussi fréquemment que l'on occulte la deuxième étape. Pour ne pas risquer de perdre son partenaire parce qu'on n'est pas sûr de soi, on passe directement à un stade plus avancé. Et, au lieu de prendre le temps de tester la relation avant d'accéder à une intimité plus grande, on panique, on se laisse envahir par la peur de ne pas savoir et on se comporte comme si on détenait une certitude.

Tandis qu'elle devrait plutôt chercher à s'assurer que l'homme qu'elle fréquente constitue un bon partenaire pour elle, une Vénusienne se préoccupera surtout de lui prouver qu'elle est la femme de sa vie. Un Martien qui doute de ses sentiments pourra se sentir obligé de montrer combien leur histoire compte pour lui afin d'impressionner sa partenaire alors que, en réalité, il ne se sent pas du tout prêt. À mesure que leur relation deviendra plus étroite, tous deux afficheront une tendance à revenir vers la phase d'incertitude. Lui pourra se faire plus indifférent et distant, tandis qu'elle tendra à s'accrocher à lui et à exiger sans cesse d'être rassurée.

Vous comporter avec un homme au cours de la première étape qui suit votre rencontre (l'attirance) comme si vous aviez déjà atteint la cinquième (les fiançailles) est tout aussi déplacé que si vous lui demandiez lors de votre premier rendez-vous combien de personnes il compte inviter à vos noces ou combien d'enfants il espère avoir. Dans la plupart des cas, une femme qui prend de l'avance dans le processus amoureux entrave la progression de son compagnon au fil de celui-ci.

Il faut donc veiller, lorsque vous tombez amou[...]
la première étape, à bien rester dans le cadre de[...]
et à vous retenir de réagir d'une façon correspond[...]
tôt à la cinquième. Après quelques rendez-vous supplémentaires, vous pénétrerez dans la deuxième étape
(l'incertitude) durant laquelle vous vous efforcerez d'explorer vos doutes. Même si votre cœur déborde de joie
ou que votre partenaire vous propose de prendre l'avion
pour Las Vegas et de vous marier sur-le-champ, vous devez
absolument vous forcer à progresser lentement, avec précaution, et laisser le temps juger de la solidité de votre
histoire.

Si vous tombez rapidement amoureux, veillez à tout de même progresser lentement et à laisser le temps éprouver la solidité de votre histoire.

Une femme doit toujours se rappeler qu'elle représente
un trésor et que c'est à l'homme de fournir l'écrin au creux
duquel elle pourra briller de tous ses feux. Au lieu de vous
mettre en quatre pour lui parce qu'il vous rend heureuse,
vous devez le laisser continuer à se démener pour vous
plaire. Ne placez pas votre vie entre parenthèses pour lui :
laissez-le plutôt vous démontrer son intérêt en adaptant
son propre emploi du temps à vos impératifs.

La femme est un trésor et l'homme fournit l'écrin au creux duquel elle pourra scintiller.

Dès qu'une femme laisse un homme accomplir de petits
sacrifices pour elle, elle acquiert une importance accrue à
ses yeux. Elle n'a besoin d'accomplir aucun effort pour
gagner son intérêt : il est déjà intéressé. Plus il lui donnera,
plus elle recevra de lui, et plus cet intérêt s'accroîtra. Une
femme qui ne sait pas cela risque d'empêcher involontairement son partenaire de vouloir mieux la connaître parce

qu'elle lui donnera trop en retour, se montrera trop désireuse de lui plaire, trop enthousiaste, trop accommodante et trop disponible. C'est quand un homme a l'impression qu'il a gagné de haute lutte le cœur d'une femme que celle-ci lui paraît la plus attirante. Et cela lui donne la motivation nécessaire pour aborder l'étape suivante.

Quand une femme va trop vite

Une femme amoureuse qui se comporte comme si la partie était déjà gagnée avec elle, comme elle le ferait au cours de la cinquième étape d'une histoire d'amour, incitera son partenaire à rester bloqué au stade auquel il se trouve, quel qu'il soit. Aucune motivation ne le pousse plus à aller de l'avant. Lorsqu'une femme progresse plus rapidement que lui dans le parcours amoureux, son compagnon a tendance à freiner des quatre fers.

Les Martiens ont pour principe de ne jamais s'écarter d'une formule qui fonctionne. Si lancer la balle d'une certaine façon fait remporter le gros lot, pourquoi prendre le risque de changer de tactique ? « Ne rien toucher tant que ça marche » est un adage martien fondamental. Les femmes comprennent mal cette vision des choses, car sur Vénus, on réagit de façon opposée en présence d'une tactique efficace : les habitantes de cette planète se demandent aussitôt comment elles pourraient l'améliorer. Quand une relation comble les désirs d'une femme, cela l'incite à tenter de rendre celle-ci encore plus épanouissante. Un homme, à l'inverse, pensera : « Parfait, je peux me détendre ; à l'évidence, j'en fais assez. »

> **Les Martiens ont pour principe de ne jamais s'écarter d'une formule qui leur donne satisfaction.**

Quand une femme se comporte avec un homme comme s'ils étaient déjà fiancés alors que ce n'est pas le cas, elle ne stimulera pas son envie de passer à l'étape suivante. Au contraire, il sera tenté de se détendre et de stagner dans sa phase actuelle. Ce principe se vérifie chaque fois qu'une femme adopte de façon évidente des attitudes correspondant à une étape du processus amoureux plus avancée que celle dans laquelle son couple se trouve. Considérons quelques exemples possibles.

S'IL EST DANS LA QUATRIÈME ÉTAPE (L'INTIMITÉ) et qu'elle affiche un comportement qui conviendrait mieux à la cinquième (les fiançailles), il pourra se dire : « Pourquoi risquer de mettre en péril l'équilibre actuel ? Tout va à merveille. Ne changeons rien. » Dans ce cas, le fait qu'elle avance plus rapidement que lui pourra l'empêcher de ressentir l'aspiration profonde de son âme indispensable pour décider qu'il souhaite passer le reste de sa vie auprès d'elle. Par conséquent, il n'éprouvera peut-être jamais le besoin de la demander en mariage et de se fiancer avec elle.

S'IL EST DANS L'ÉTAPE NUMÉRO TROIS (L'EXCLUSIVITÉ) et qu'elle pense manifestement avoir déjà atteint la quatrième (l'intimité), voire la cinquième (les fiançailles), il peut se dire que cette relation conviendra très bien pour un temps. Et même s'il lui demeure scrupuleusement fidèle, il ne désire rien de plus. Il risque en outre de prendre l'habitude de se laisser adorer et de considérer les attentions de sa partenaire comme un dû. Et il sera d'autant plus tenté d'abandonner les petits gestes romantiques qu'il accomplissait dans les étapes précédentes. Cette passivité l'incitera aussi à continuer à remarquer les autres femmes, ce qui, à terme, empêchera sa partenaire de ressentir son amour pour lui. Et quand la bulle imaginaire dans laquelle elle se meut éclatera, ils prendront probablement des chemins séparés.

S'IL EST DANS L'ÉTAPE NUMÉRO DEUX (L'INCERTITUDE) et qu'elle se comporte avec lui comme si elle-même traversait la troisième, la quatrième ou même la cinquième, il risque de se laisser paralyser par la peur de la décevoir ou de la blesser. Conclusion masculine : « Je ferais mieux de ne pas l'appeler ; je ne veux surtout pas qu'elle se fasse de fausses idées. » Il pourra aussi songer qu'elle attend beaucoup d'un partenaire et qu'il ne se sent pas prêt à lui donner ce qu'elle espère. Et, même s'il est parfaitement normal pour un homme d'éprouver des doutes pendant cette phase, le fait que sa compagne adopte un comportement relevant d'une étape ultérieure influera sur son désir d'envisager avec elle un duo exclusif, puisqu'il soulignera le risque de la blesser dans le cas où il préférerait mettre fin à leur histoire.

La triste vérité est que, plus il l'appréciera, plus il s'efforcera d'éviter que leur histoire s'approfondisse, afin d'écarter tout risque de la blesser. Si, en revanche, elle aussi nage dans l'incertitude, il ne se sentira plus tenu de redouter de la faire souffrir au cas où ils entameraient une relation exclusive et que celle-ci se révèle vouée à l'échec. Se sentir libéré de ce poids l'aidera à trouver en lui l'assurance nécessaire pour explorer l'étape suivante d'une liaison amoureuse, la phase d'exclusivité.

> **La triste vérité est que plus un homme apprécie une femme, plus il rechignera à laisser leur histoire s'approfondir, de peur de la faire un jour souffrir.**

Prenons un exemple encore plus extrême. Si une femme s'avoue désespérément amoureuse d'un homme et se repose complètement sur lui, cela incitera forcément celui-ci à penser quelque chose comme : « Elle a l'air très sûre que je suis l'homme de sa vie, mais, moi, je n'en sais rien. Si je laisse la relation progresser, elle risque de se méprendre sur mes intentions. Et si ça ne marche pas, elle aura le cœur brisé. Je l'apprécie trop pour lui faire une chose pareille. Je ne pense pas que cette relation me convienne ; je ne suis pas prêt pour cela. »

En revanche, lorsqu'une femme semble dans un premier temps disposée à accueillir les avances d'un homme, puis paraît par la suite un rien dubitative, elle n'en devient que plus attirante aux yeux de son partenaire. S'il a dû la persuader de mener plus loin l'expérience, il se sentira beaucoup moins coupable si leur histoire capote.

Un homme qui n'a pas à s'inquiéter des difficultés qu'il aura à s'extraire d'une relation amoureuse se montrera beaucoup plus enclin à la vivre.

Quand une femme semble éprouver des doutes et que son partenaire a l'impression de devoir fournir un effort pour l'amener à poursuivre la relation, il peut se détendre, sachant qu'elle ne souffrira pas en cas d'échec. Donc il s'engagera beaucoup plus librement envers elle, aussi paradoxal que cela paraisse. Jamais une femme ne réagirait ainsi car elle ne pourrait s'empêcher de s'interroger, s'il lui incombait de convaincre son partenaire du bien-fondé de leur relation, sur ce qui adviendrait si un jour elle aspirait à se détendre et à se laisser choyer. Et s'il s'apercevait que, en réalité, il ne l'aime pas ? Voilà une raison supplémentaire pour laquelle, tout au long des cinq étapes du parcours, c'est à l'homme de prendre l'initiative de poursuivre ou non, la femme devant se contenter de lui ménager des occasions de franchir un palier.

Quand un homme va plus vite

Le fait qu'un homme se comporte comme s'il était complètement séduit peut faciliter la progression du couple à travers les cinq étapes du parcours, mais il court tout de même le risque de refroidir sa partenaire. Bien souvent, un amoureux transi se montre tellement insistant qu'il étouffe littéralement sa compagne sous les promesses. Et, même si celle-ci se sent flattée et tentée de succomber à ses attentions, cela l'incite aussi à se défier de lui. Elle ne peut pas acquérir la certitude qu'il l'aime puisqu'il ne la connaît pas réellement. Après tout, il ne l'a encore jamais vue au réveil, avec les cheveux en bataille !

Une femme éprouve le besoin d'obtenir la certitude qu'une relation comblera ses besoins. Elle ne se laisse pas facilement impressionner par la violence des sentiments de son partenaire. Sur Vénus, on sait en effet d'instinct que les sentiments sont évolutifs. Une femme a besoin que son soupirant lui confirme que sa flamme ne s'éteindra pas lorsqu'il la connaîtra mieux. Prendre le temps de respecter les réactions et les comportements appropriés à chaque étape permet à un homme de mettre sa compagne suffisamment en confiance pour qu'elle puisse envisager de progresser vers le stade suivant de leur histoire. Étudions quelques exemples.

SI ELLE EST DANS L'ÉTAPE NUMÉRO QUATRE (L'INTIMITÉ) et que lui se comporte comme si leur couple abordait déjà la cinquième étape (les fiançailles), cela pourra la refroidir et l'inciter à penser : « Il joue les époux alors que je ne lui ai même pas dit oui. Je ne pense pas qu'il se préoccupera suffisamment de mes besoins, si je me marie avec lui : il ne tient déjà même pas compte de mes sentiments... » Dans ce cas, la propension à se comporter prématurément en fiancé pourra empêcher la femme de sentir qu'elle peut pleinement s'abandonner à la relation. Avant de pouvoir répondre par l'affirmative à une demande en mariage, il lui faut être certaine que son partenaire respectera ses sentiments.

SI ELLE EST DANS LA TROISIÈME PHASE (L'EXCLUSIVITÉ), mais que l'attitude de son partenaire évoque plutôt la quatrième (l'intimité) ou la cinquième (les fiançailles), il est possible qu'elle se dise : « Il exige trop de moi ; je ne suis pas prête à partager autant de choses avec lui. Et je commence à me sentir obligée d'en faire davantage. Je ne sais pas si je peux lui donner tout ce qu'il désire. Après tout j'en suis encore à apprendre à le connaître. Je ne suis pas prête. » Même si une femme apprécie grandement l'attention qu'un homme lui porte, s'il se montre trop pressant, elle risque de réagir comme un Martien et d'éprouver le besoin de prendre ses distances.

Quand les avances d'un homme incitent régulièrement sa compagne à penser qu'elle n'est pas prête, cela restreint sa capacité à progresser. Tandis que si elle sent qu'elle pourra obtenir le soutien dont elle a besoin, elle sera disposée à aborder l'étape suivante.

Sɪ ELLE EST DANS LA DEUXIÈME ÉTAPE (L'INCERTITUDE) avec un partenaire qui se comporte comme s'ils avaient déjà atteint la troisième, la quatrième, voire la cinquième étape, une femme réagira en se demandant comment il peut la désirer autant alors qu'il ne la connaît même pas. « S'il en vient à mieux me connaître, songera-t-elle, il me quittera certainement. Je ne veux pas souffrir ni me bercer d'illusions. Il me juge parfaite, mais je sais bien que je ne le suis pas. Je ne peux pas faire confiance à l'instinct de cet homme. » Même s'il est parfaitement normal de douter d'un homme trop empressé, cela peut empêcher une Vénusienne de lui accorder une confiance suffisante pour progresser et entamer un duo exclusif.

Une fois de plus, la triste vérité est que plus il l'apprécie, plus elle le tiendra à distance et se méfiera de lui, simplement parce qu'il n'a pas conscience de l'importance que revêt le respect de chacune des étapes du parcours amoureux. Quand une femme sent que son partenaire se préoccupe de s'assurer qu'il est bien celui qui lui convient, cette attitude l'aide à trouver en elle la confiance nécessaire pour aborder une relation plus sérieuse.

Il m'arrive souvent d'entendre des hommes se plaindre de ce que les femmes ne sont pas attirées par les garçons « bien » et leur préfèrent ceux qui semblent ne leur prêter aucune attention. Brisons tout d'abord le mythe qui veut que ces dames ne sortent pas avec les gentils garçons. Combien de femmes entend-on chuchoter à leur meilleure amie, quelques minutes avant d'unir leur destin à celui de leur fiancé : « C'est le plus beau jour de ma vie ! X est un tel goujat » ?

> **Brisons le mythe qui veut que les femmes ne sortent pas avec les gentils garçons.**

Cette idée répandue vient de ce que, quand une femme repousse un soupirant, elle lui explique presque toujours : « Tu es adorable, mais je préfère que nous restions simplement amis. » Il n'est que trop facile d'en conclure que les femmes préfèrent qu'on les maltraite...

Chaque fois qu'un « gentil garçon » essuie un revers sentimental, il se persuade donc à tort que la femme qu'il convoitait l'a éconduit à cause de sa gentillesse. Ce malentendu s'aggrave lorsque le malheureux entend des amies relater leurs aventures passées, qui, à les en croire, les ont conduites à fréquenter des individus de la pire espèce. Ce qui incite notre charmant garçon à se dire que, décidément, il ne comprend rien aux femmes : pourquoi se sont-elles laissé embobiner par de tels malotrus, lorsque des hommes comme lui ne demandent qu'à les séduire ?

Cela dit, si les femmes apprécient bien la gentillesse chez un homme, un garçon vraiment trop « parfait » les refroidit. Lors de la première ou de la deuxième étape du processus amoureux, si elles se trouvent confrontées à un partenaire qui, lui, se comporte comme s'ils en abordaient la troisième, la quatrième ou la cinquième, elles en viendront facilement à se désintéresser de lui. Il leur semble qu'il leur en demande trop et qu'il attend trop d'elles. En plus, comme il se montre trop aimant, elles se sentent tenues de lui donner en retour plus qu'elles ne sont réellement prêtes à le faire. Enfin, lorsqu'un homme paraît trop gentil, une femme redoutera d'entamer une histoire avec lui et de le faire souffrir. Il se peut aussi qu'elle craigne qu'il la quitte le jour où il découvrira qu'elle n'est pas toujours aussi gentille que lui.

Quand une femme semble attirée par des partenaires qui « ne se préoccupent pas vraiment d'elles », c'est en général qu'il s'agit d'hommes dont le comportement évoque clairement la première ou la deuxième étape du processus amoureux, c'est-à-dire les étapes idéales pour débuter une histoire d'amour. Un homme qui courtise une femme, mais n'est pas encore sûr de vouloir former un couple avec elle, peut se révéler très attirant.

Il captive sa partenaire parce que, pour que celle-ci puisse ouvrir son cœur et apprendre à connaître l'autre, elle doit sentir qu'elle dispose de la possibilité de rebrousser chemin. Quand un homme se montre trop pressant, il donnera à sa compagne l'impression qu'elle n'a pas le droit d'ignorer où elle va. Et l'empêchera à jamais de trouver en elle la confiance nécessaire pour se sentir prête à entamer une relation exclusive.

S\ UNE FEMME EST DANS LA PREMIÈRE ÉTAPE (L'ATTIRANCE) et que le comportement de son partenaire exprime l'incertitude, elle se dira : « Il ne doit pas tenir à moi tant que cela. Certes, il me plaît, mais je suis lasse de donner ma carte de visite. Je veux qu'un homme me courtise. » Elle pourra aussi penser qu'elle a peut-être seulement affaire à un timide : « Je vais flirter avec lui et, s'il ne me demande toujours pas mon numéro de téléphone, je lui donnerai ma carte. » Mais, dans les deux cas, le comportement hésitant de son soupirant empêchera cette femme de se montrer vraiment réceptive à ses avances. Certaines fois, cela la poussera à le poursuivre de ses assiduités, après quoi son intérêt se dissipera inéluctablement.

Quand la femme en est encore à la première étape et que son compagnon se comporte de façon plus appropriée à la troisième, à la quatrième ou à la cinquième étape, elle aura une fois encore beaucoup de mal à lui accorder sa confiance. Sentir qu'il a à ce point besoin d'elle la refroidira en effet complètement. Il pourra aussi arriver qu'elle songe qu'il la désire tellement qu'un non de sa part le blesserait terriblement. Elle éprouvera alors à son égard des pulsions protectrices, du type de celles inspirées par un enfant. Rien de plus efficace pour étouffer une attirance. C'est alors qu'elle lui suggérera une simple amitié.

Dans tous ces exemples, la progression du couple à travers les cinq étapes du parcours amoureux se trouve entravée parce que l'un des deux partenaires est trop impatient. Il peut aussi arriver que les deux fassent preuve d'une impatience exagérée et qu'ils sautent des étapes de concert. Cela ne signifie pas nécessairement qu'ils échoueront, mais ils ne pourront pas acquérir toutes les connaissances et les capacités nécessaires pour donner à leur histoire des fondations solides. S'ils se marient, il leur sera de ce fait plus difficile de gérer les inévitables problèmes et défis qui se présenteront, parce qu'ils y seront moins bien préparés.

En général, les hommes tendent à devenir plus passifs lorsque c'est la femme qui met tout en œuvre pour faire fonctionner leur relation, tandis que les femmes deviennent méfiantes et se renferment quand un homme en fait trop. Il ne s'agit cependant ni pour les uns ni pour les autres de contenir leur affection ou leurs réactions, mais seulement de veiller à se comporter de façon appropriée à l'étape en cours du processus amoureux.

Aujourd'hui, comme nous vivons souvent à cent à l'heure, nous tendons aussi à brûler les étapes du parcours

du Tendre. Veillez donc à ne pas en faire plus que vo..
partenaire. Toutes les raisons énumérées ci-dessus expliquent que beaucoup de nos contemporains éprouvent tant
de difficultés à vivre ensemble.

Rêver son avenir

Il arrive couramment qu'une femme commette l'erreur
de visualiser par avance ce qu'un homme lui donnera si
elle se montre aimante avec lui. D'une certaine façon, elle
vit dans l'espoir de recevoir son amour et devient de ce
fait plus tendre. Si une personne de confiance vous annonçait que vous venez de gagner un million de dollars, vous
ne tarderiez sans doute pas à vous imaginer dans la peau
d'un millionnaire. Après vérification auprès de votre
banque, vous vous mettriez probablement en devoir de
dépenser sans plus attendre un peu de cet argent.
Vous commenceriez à vous comporter en millionnaire. Si,
par la suite vous deviez découvrir qu'il s'agissait d'un canu-
lar, vous seriez non seulement très déçu, mais aussi
endetté.

La même chose se produit quand une femme se projette
dans l'amour d'un homme. Puisqu'elle pense qu'il va satisfaire tous ses besoins, elle se sent tout à fait disposée à le
choyer par avance. Plus elle anticipe la générosité qu'elle
escompte, plus elle est heureuse. Elle tient pour acquis
qu'elle recevra autant en retour. Seulement, quand une
femme donne par avance et non pour répondre aux attentions de son partenaire, cela tend à doucher l'intérêt qu'il
lui porte.

Ne commettez pas l'erreur de croire que, parce que
vous affolez ses sens, que vous comblez ses moindres
besoins et vous pliez à ses souhaits avec le sourire, votre
homme en fera autant pour vous. Certaines femmes ont

entendu dire que, pour gagner l'amour d'un homme, elles devaient approuver tous ses faits et gestes, demeurer à son entière disposition et rire à toutes ses plaisanteries. Cela fonctionnerait peut-être si lui se comportait ainsi envers elles, mais quand elles agissent ainsi, elles perdent de leur séduction.

Il arrive aussi que des hommes rêvent leur avenir. Par exemple, un homme tombera amoureux d'une femme, se persuadera qu'il est son partenaire idéal et qu'il détient la clé de son bonheur ultime. Puisqu'il prévoit de la rendre merveilleusement heureuse, il se comporte comme si elle était parfaite. Toute son attitude affirme sa certitude sur sa capacité à la rendre heureuse. Mais, comme nous l'avons déjà dit, quand un homme se montre trop empressé, cela peut se retourner contre lui et inciter sa partenaire à se renfermer sur elle-même.

Prendre le temps de progresser ensemble à travers les cinq étapes du processus amoureux aidera hommes et femmes à minimiser les illusions suscitées par cette vie rêvée. Et, en surmontant les défis qui se présentent pendant chacune de ces phases, on assimilera les leçons indispensables de l'amour.

9

Quand l'heure tourne et qu'il ne regarde pas sa montre

Il arrive souvent qu'une femme soit pressée de se marier, tandis que son partenaire se satisfait fort bien de l'intimité de la quatrième étape. Parfois, elle entend son horloge biologique tourner et songe qu'elle doit se dépêcher de convoler et de fonder une famille. Il peut aussi arriver qu'il lui semble tout simplement que quelque chose manque à une relation amoureuse si celle-ci ne se concrétise pas par un mariage.

Nous en avons déjà parlé : beaucoup d'hommes ignorent combien il est important d'aller jusqu'au bout de leurs émotions en nouant un lien marital. Il leur paraît suffisant que leur relation atteigne sa plénitude physique. Et comme il leur semble en retirer ce qu'ils désirent, pourquoi prendre le risque de progresser jusqu'à l'étape suivante ? Ils ignorent que s'engager pour la vie leur permettra de donner à leur couple une nouvelle dimension émotionnelle, mais aussi d'apporter à leur partenaire ce dont elle a besoin.

Le mariage représente souvent un peu la même chose pour les femmes que le sexe pour les hommes. Si une femme annonçait qu'elle n'envisageait pas de dépasser un certain stade de relations physiques, son partenaire en conclurait aussitôt que quelque chose ne va pas. Pour lui, il va de soi qu'ils finiront par aller jusqu'au bout au lit. De la même façon, une femme désire une relation émotionnelle complète concrétisée par un mariage. Qui de nous n'a observé cette tragédie banale : une femme qui souhaite se marier tandis que son compagnon se refuse à franchir cette étape ?

> **Pour les femmes, le mariage revêt souvent une importance équivalente à celle que le sexe revêt pour les hommes.**

Quand une femme est prête à passer à la cinquième étape, mais que son partenaire en reste à la quatrième, il arrivera tôt ou tard qu'elle commette l'erreur soit d'accepter passivement les désirs de l'autre en étouffant sa propre envie de se marier, soit d'exiger qu'il saute le pas. Aucune de ces deux approches ne donne de bons résultats, car les hommes réagissent mal aux ultimatums. En outre, quelle femme parviendra à s'enthousiasmer parce que son partenaire cède à ses instances et accepte de l'épouser ? Une demande en mariage, tout comme l'acceptation de cette demande, doit représenter l'expression libre et joyeuse des aspirations les plus profondes de notre cœur. Elle ne doit en aucun cas répondre à une obligation.

> **Les hommes réagissent mal aux ultimatums ; une demande en mariage doit représenter l'expression libre et joyeuse des aspirations les plus profondes de notre cœur.**

Fort heureusement, il existe une troisième voie : la femme pourra régresser d'une étape. Au lieu de s'accrocher à la cinquième phase en exigeant que son partenaire progresse avec elle, elle reviendra à la quatrième – l'intimité – et lui exposera ses sentiments sans exercer de pression sur lui, ni lui adresser de reproches. Les hommes réagissent beaucoup mieux quand on les considère non pas comme un problème, mais comme une solution.

Les hommes réagissent beaucoup mieux quand on les considère non pas comme un problème, mais comme une solution.

Margaret, trente-quatre ans, sortait avec Stephen depuis trois ans quand elle prit conscience du fait qu'elle se comportait avec lui comme s'ils étaient heureusement mariés, alors qu'il ne lui avait même pas encore demandé sa main. Comprendre en quoi elle avait contribué à la naissance de ce malentendu lui permit d'en discuter avec son compagnon sur un mode non-accusateur.

Elle expliqua à Stephen : « Récemment, j'ai éprouvé une foule de sentiments dérangeants. J'ai réalisé que je commençais à douter que nous nous mariions jamais. J'espère que cela se produira un jour, mais il m'arrive de plus en plus souvent de penser que je m'illusionne. Au fond de mon cœur, je sais que tu es l'homme de ma vie, et pourtant, à présent, j'en viens même à douter de cela. Je ne veux pas exercer de pression sur toi ni te pousser à faire quoi que ce soit dont tu n'aies pas envie. J'essaie juste de t'inciter à comprendre pourquoi je me montre parfois distante. Une partie de moi t'aime énormément, mais une autre partie de moi se demande si elle croit encore à notre histoire. »

Après quelques conversations de ce type, Stephen fit à Margaret la surprise d'une demande en mariage très romantique. Si elle lui avait posé un ultimatum ou menacé de le quitter, il ne se serait sans doute jamais déclaré de la sorte. Mais en se montrant sincère et explicite, Margaret lui avait donné les moyens de résoudre le problème.

Que faire quand on est allé trop vite

Quand on a parcouru trop rapidement les étapes successives du processus amoureux, la solution réside généralement dans un retour en arrière jusqu'à l'étape appropriée à votre état d'esprit actuel. Voilà qui se révèle plus facile à dire qu'à faire... Montrez-vous prudent(e) : en l'espèce, mieux vaut prévenir que guérir. Si vous décidez de revenir en arrière, il se peut en effet que votre partenaire se sente lésé(e), ce qui laisse présager des problèmes supplémentaires.

Quand un homme qui se montrait jusqu'alors très attentif regagne sans crier gare la première ou la deuxième étape du parcours du Tendre, sa partenaire en est souvent profondément blessée. De la même façon, lorsqu'une femme accorde à son compagnon une intimité physique, puis revient sur sa position, celui-ci risque d'y voir une punition imméritée. Dans les deux cas, seule une bonne compréhension de part et d'autre de l'intérêt d'une progression pas à pas paraît pouvoir faciliter ce nécessaire recul transitoire. Mieux vaut toutefois, à l'évidence, réfléchir *avant* et éviter de brûler les étapes.

Connaître à fond chacun des paliers vous aidera à prendre la décision de rebrousser chemin afin d'exprimer vos sentiments dans un cadre plus approprié. Et si c'est votre partenaire qui progresse trop rapidement, vous saurez le ou la comprendre et disposerez des mots adéquats pour lui demander de ralentir son rythme. Il arrive souvent, en amour, qu'on se laisse un peu emporter par son enthousiasme. Les personnes sages savent pardonner les erreurs de leur partenaire au même titre que les leurs, avant d'envisager un nouvel essai.

Comment éviter de divorcer

Cette tactique mal connue a sauvé bien des mariages. En effet, quand un couple envisage de divorcer, on lui conseille généralement de se séparer pendant quelques mois avant de prendre une décision définitive. Certains États américains imposent même un délai de réflexion de six mois avant que l'on puisse engager une procédure de divorce. Il arrive souvent que, pendant cette période, les conjoints revoient leur position et décident en définitive de ne pas se quitter.

Une telle séparation équivaut tout simplement à un retour à une étape antérieure. Deux partenaires séparés pourront carrément regagner la première étape et fréquenter d'autres personnes comme s'ils étaient célibataires. Il arrive que, après avoir ainsi papillonné pendant quelques mois, ils décident de se remettre ensemble. Revenir à la source du processus amoureux leur a permis de retrouver la fraîcheur qui leur manquait.

Un couple marié qui se sépare regagne une étape antérieure du processus amoureux.

D'autres couples accepteront de vivre séparés, mais sans pour autant fréquenter d'autres partenaires. Cela s'assimile à un retour à la deuxième étape, l'incertitude. Chacun habite de son côté, sans toutefois rechercher une autre âme sœur, et s'attache à réfléchir à son mariage, à se demander s'il souhaite toujours rester uni à l'autre. Il leur arrivera de se voir, afin d'explorer leurs sentiments lorsqu'ils se retrouvent ensemble sans dépendre autant que par le passé l'un de l'autre. Au terme de cette période de réflexion, ils pourront choisir de progresser de nouveau vers une plus grande intimité et reprendre leur relation ou opter pour une rupture officielle.

Certains couples en difficulté se sépareront et se remettront à sortir ensemble comme s'ils abordaient la troisième ou la quatrième étape du processus amoureux. Dans ce cas de figure, la femme se retrouve sevrée d'intimité émotionnelle, si bien qu'il se révèle particulièrement délicat pour elle de laisser renaître en elle l'amour et le romantisme. De la même façon, l'absence de réelle intimité physique empêchera son partenaire de retrouver en lui son amour originel.

> **Pour que ses sentiments romantiques s'éveillent, une femme a besoin d'intimité émotionnelle, tandis qu'un homme a besoin d'intimité physique.**

S'il va de soi qu'une femme doit accepter le degré d'intimité sexuelle qui lui convient et rien de plus, rappelons que satisfaire les besoins de son partenaire dans ce domaine peut aider efficacement celui-ci à lui rouvrir son cœur. N'attendez donc en aucun cas que votre compagne vous accorde les mêmes privautés que par le passé et sachez lui témoigner votre reconnaissance lorsqu'elle accepte de vous cajoler sur ce plan.

Dans le même temps, vous, monsieur, devrez accomplir quelques sacrifices pour satisfaire le besoin d'intimité émotionnelle de votre partenaire. Elle a besoin de discuter des problèmes rencontrés au cours de votre union. Même si cela paraît difficile, vous devez lui laisser la possibilité d'exprimer ses sentiments et savoir l'écouter sans vous placer sur la défensive. Quant à vous, madame, n'escomptez pas que cet effort l'enthousiasme et songez à lui dire la gratitude que vous inspire son souci de faire de son mieux pour combler vos besoins.

Consulter un conseiller conjugal peut faciliter le processus. En effet, plus une femme parlera librement, plus vite elle renaîtra à l'amour. L'effort délibéré fourni par chacun pendant une période difficile pour se pencher sur les besoins de l'autre contribue à réveiller la passion et l'amour ressentis naguère.

Rappelons toutefois que revenir en arrière se révèle toujours plus difficile que d'aller de l'avant. Si un couple s'accorde d'emblée le loisir de progresser en respectant les étapes du parcours amoureux, il pourra établir des fondations solides, lesquelles rendront l'édifice moins prompt à se fissurer. Prendre le temps de surmonter les défis inhérents à chacune des cinq étapes peut éviter de devoir un jour envisager un divorce.

Quand continuer à rebrousser chemin ?

Quand une femme aspire à se marier et que son partenaire se montre réticent – et qu'un retour vers la quatrième étape ne suffit pas à redresser la situation –, elle devra régresser jusqu'à la troisième étape du parcours du Tendre. Si cela ne suffit toujours pas, revenez à la deuxième étape, voire à la première. Ce retour progressif en arrière vous aidera, ainsi que votre partenaire, à revivre les phases initiales de votre amour. En opérant de cette façon, il pourra acquérir la force et la clarté d'esprit nécessaires pour soit clore votre relation de façon positive, soit vous demander en mariage. Et vous aussi trouverez en vous la vigueur et l'objectivité requises pour mettre fin à la relation si votre ami ne se déclare pas ou pour répondre par un « oui » franc et massif s'il le fait.

Une femme qui souhaite reculer jusqu'à la troisième étape doit en premier lieu faire savoir à son partenaire que leur histoire ne va pas dans le sens qu'elle souhaite. Faites-lui comprendre que vous l'aimez, mais que vous ne désirez plus vous montrer aussi ouverte et vulnérable. Expliquez-lui que vous préférez le voir moins souvent afin de vous concentrer sur la manière de répondre à ce qu'il vous apporte de la façon la plus aimante possible.

Quand elle rejette sa demande en mariage

Si toutefois une femme revient à la troisième étape et que son partenaire prend conscience à ce moment de son désir de l'épouser, il arrivera que le ressentiment vénusien suscité par sa lenteur à se décider l'incite à repousser sa demande. Même si le but premier de cette régression sur le parcours amoureux était de favoriser une telle proposition, lorsque celle-ci survient enfin, elle change d'avis. La colère ou les doutes l'envahissent soudain. Et, au lieu d'agréer la demande tant désirée, elle la décline.

Sur Mars, un tel comportement n'a aucun sens, mais sur Vénus, si. Il arrive qu'une femme soit tellement obnubilée par le souci de conquérir l'amour de son partenaire qu'elle en occulte la souffrance que celui-ci lui inflige en la tenant à distance. Elle fait automatiquement taire sa douleur et son ressentiment. Mais, le jour où il lui accordera finalement cet amour tant espéré, sa rancœur et sa souffrance resurgiront par bouffées.

La gestion de ces sentiments complexes exige une grande délicatesse. La nouvelle approche du processus amoureux que nous proposons dans cet ouvrage permettra à l'offensée de voir au-delà de ses réactions immédiates, afin de comprendre que son attitude constitue l'expression de sa douleur et non pas de son cœur. Et même si elle n'accepte pas d'emblée d'épouser son partenaire, elle saura au moins lui proposer de reformuler sa demande un mois plus tard. Durant cette phase consacrée à l'introspection de ses sentiments, elle se délivrera de sa douleur et de son ressentiment temporaires pour retrouver l'amour profond qui habite son cœur et son âme.

> **Une meilleure connaissance du processus amoureux permet à une femme de voir au-delà de ses réactions immédiates, afin de comprendre que son attitude constitue l'expression de sa douleur et non pas de son cœur.**

Quand Raj a fait la connaissance de Tina, il est aussitôt tombé amoureux d'elle. Il sentait d'instinct qu'elle était son âme sœur. Ils vécurent une relation très passionnée qui les mena à la quatrième étape en quelques semaines à peine. Raj n'avait jamais éprouvé un amour aussi profond. Mais les choses avaient évolué beaucoup trop vite et il sentit soudain le besoin de prendre ses distances. Il doutait à présent de ses sentiments. Tina, qui s'était laissé emporter par ce raz-de-marée amoureux en conçut une douleur profonde. Elle tenta de lui téléphoner, mais il ne la rappela jamais.

Quelques mois plus tard, Raj comprit qu'il avait commis une erreur. Soucieux de reconquérir Tina, il se mit alors à l'appeler, mais à présent, c'était elle qui refusait de lui parler... Le simple fait d'écouter les messages qu'il laissait sur son répondeur ravivait en elle la souffrance née de sa défection. Fort heureusement, grâce à un conseiller expérimenté, la jeune femme comprit qu'elle ne continuait à souffrir que parce qu'elle continuait à aimer et qu'elle avait repoussé les nouvelles avances de Raj parce qu'elle ne croyait plus à son amour. Son raisonnement s'articulait peu ou prou ainsi : « S'il m'avait vraiment aimée, il ne lui aurait pas été aussi facile de prendre ses distances avec moi, ni de se montrer aussi froid et indifférent à mon égard. »

Une meilleure compréhension des cinq étapes du processus amoureux mit donc Tina en mesure de saisir en quoi elle avait contribué au problème. Elle découvrit que, en laissant leur histoire progresser plus lentement cette fois-ci, elle parviendrait à retrouver sa confiance en l'amour que Raj lui portait. Elle apprit aussi que la reculade de ce dernier résultait de leur intimité trop rapide et non pas d'un éventuel attiédissement de ses sentiments. Plus chanceux que d'autres couples, Tina et Raj parvinrent ainsi à se retrouver. Car les hommes et les femmes qui ignorent ce mécanisme risquent fort de rebondir d'avant en arrière et de se manquer.

Retour à la deuxième étape : l'incertitude

Quand une femme retourne à la troisième étape du processus amoureux et que son partenaire ne se décide pas à lui demander sa main, elle en vient en général au bout de quelques mois, à douter qu'il soit réellement l'homme qui lui convient. Le moment est alors venu pour elle de reculer d'une nouvelle case pour en revenir à la deuxième étape, l'incertitude.

Pour marquer cette évolution, elle exprimera par exemple ses sentiments de la façon suivante : « Je suis désolée de ne plus t'aimer comme avant. Ce n'est pas que je ne t'aime plus ; seulement ton refus du mariage m'incite à me renfermer sur moi-même. Je ne suis plus du tout sûre que tu sois l'homme de ma vie. J'ai besoin de prendre mes distances afin de réfléchir à l'avenir. Je n'ai pas envie de fréquenter d'autres hommes et je serai toujours ravie d'accepter tes invitations, mais il me faut réfléchir seule à notre histoire. Je ne sais plus où j'en suis. » Cette transition en douceur et cette nouvelle deuxième étape lui procureront deux bénéfices principaux.

Le premier avantage de l'incertitude

En premier lieu, cela lui permettra d'admettre la possibilité que son cher et tendre ne soit peut-être pas l'homme qui lui convient et, si ce doute se confirme, de trouver en elle la force et le courage nécessaires pour rompre. Au lieu de se sentir flouée, elle trouvera tôt ou tard une consolation certaine en songeant qu'elle a évité d'épouser le mauvais partenaire.

Il n'existe pas de meilleure façon de clore une relation que de le faire en ressentant un sentiment positif de gratitude. Dès lors que vous acceptez que votre ex n'était clairement pas l'homme de votre vie, vous en viendrez à lui être reconnaissante de son incapacité à s'engager envers vous, laquelle vous a épargné à tous deux un faux pas. Si vous continuez à lui adresser des reproches, il vous reste encore du chemin à parcourir. Or, nous l'avons déjà expliqué, votre attitude négative vous empêche de repartir sur des bases saines pour trouver enfin chaussure à votre pied.

En vous autorisant à douter de vous-même et de votre ami, vous finirez par comprendre pourquoi lui aussi renâcle face au lien marital. Voilà qui permettra de lui accorder votre pardon. Cette mansuétude renforcera en outre grandement votre aptitude à percevoir si un être vous correspond ou non.

Le deuxième avantage de l'incertitude

Autre avantage d'un retour à la deuxième étape du processus amoureux : il rend une femme plus capable d'accorder à son partenaire une liberté suffisante pour qu'il parvienne à se forger une opinion à son égard, de prendre conscience de l'ampleur de son amour pour elle. Il arrive d'ailleurs souvent qu'un homme ne comprenne combien sa compagne compte à ses yeux que lorsqu'il se voit directement confronté à la possibilité de la perdre.

> **Il arrive souvent qu'un homme ne comprenne combien il aime une femme que lorsqu'il se trouve directement confronté à la possibilité de la perdre.**

Dès lors qu'elle adopte une position d'incertitude, lui devient libre de découvrir en lui-même une certitude. Une femme empêche souvent sans le savoir son compagnon de désirer sa présence uniquement en lui témoignant son intérêt de façon trop évidente. Rien de tel pour doucher la passion d'un homme.

Tandis qu'elle-même se penche sur ses doutes, lui verra soudain sa perception de leur histoire se préciser. Il décidera alors qu'elle est la femme de sa vie ou, au contraire, que, en définitive, il s'est fourvoyé, auquel cas il mettra fin à la relation. Et les deux partenaires y verront plus clair.

Pourquoi les sentiments d'un homme changent

Il arrive souvent qu'un homme ne comprenne combien une femme compte pour lui qu'une fois qu'elle l'a repoussé. Cela ne résulte pas nécessairement d'un souci maladif de contrôler la situation, ni d'une estime de soi faible conduisant à rechercher l'amour d'une indifférente. Notre homme a tout simplement besoin d'une certaine distance pour que l'absence de sa partenaire aiguillonne son désir. Une femme trop proche de lui ne lui laisse pas le loisir de sentir la faim qu'il a de sa compagnie.

De ce fait, quand un couple accède trop rapidement à l'intimité, cela prive l'homme de ressentir combien il aspire à la présence de celle qu'il aime. Dans certains cas, il ne prendra même conscience de l'importance qu'elle revêt pour lui que si elle prend ses distances et cesse de faire des efforts pour lui. Il arrive souvent qu'un homme qui prend du champ revienne vers sa compagne plus amoureux et ardent que jamais dès que celle-ci lâche du lest.

> **Un homme qui prend du champ reviendra vers sa compagne plus amoureux et ardent que jamais dès que celle-ci lâchera du lest.**

Ce type de réaction se révèle extrêmement déconcertant pour une femme. Quand son partenaire se rapproche à nouveau d'elle, il lui semble fréquemment que ce revirement survient trop tard. Elle se sent incapable de l'accueillir parce qu'elle ne croit guère à la sincérité de ce soudain regain d'amour. Blessée, elle redoute de souffrir encore et de voir, si elle cède à ses instances, son intérêt tout frais se dissiper en un éclair. Tant qu'elle ne saisit pas sa part de responsabilité dans le recul initial de l'autre, elle ne pourra pas croire à la durabilité de leur amour.

Comprendre les cinq étapes du processus amoureux lui insufflera la force de surmonter sa peur de l'intimité et d'ouvrir son cœur en toute confiance. Et puisqu'elle sait désormais en quoi elle a contribué au problème, elle fera en sorte que celui-ci ne resurgisse plus.

Au lieu de s'imaginer victime des revirements sentimentaux de son partenaire, elle acquiert l'assurance de sa capacité à obtenir ce dont elle a besoin.

> **Au lieu d'avoir l'impression d'être la victime des revirements sentimentaux de son partenaire, une femme gagne en confiance en elle.**

Grâce à sa meilleure compréhension de la situation, elle n'aura plus besoin de repousser un homme afin de créer la distance nécessaire pour qu'il tombe amoureux d'elle. Si leur histoire a progressé trop rapidement, elle sera armée pour prendre conscience de son erreur et entamer un retour en arrière. Rebrousser ainsi lentement chemin lui permettra de rétablir l'éloignement adéquat sans en passer par une menace de rupture. Même s'il ne s'agit pas là d'une procédure idéale, cela vaut beaucoup mieux que de collectionner les échecs sentimentaux.

Il peut aussi arriver que l'homme aspire à se marier, tandis que sa compagne ne s'y sent pas encore prête. Lui aussi devra alors regagner la quatrième étape et exprimer ses sentiments sans brusquer sa dulcinée. Si cela ne suffit pas, il parcourra lentement à rebours les diverses étapes du processus amoureux, en veillant à éviter de blesser sa partenaire. Rappelez-vous toujours qu'il vous incombe de gérer cette situation délicate avec autant de sensibilité et de considération que possible. Quel que soit le protagoniste qui opte pour un retour en arrière, lire ensemble *Mars et Vénus se rencontrent* ou s'attacher les services d'un conseiller spécialisé dans les relations de couple pourra faciliter cette démarche.

10

Les hommes sont comme des lance-flammes, les femmes sont comme des fours

Une Vénusienne qui ignore que les Martiens viennent d'une autre planète s'expose à des déceptions et des frustrations répétées, car elle interprétera mal l'intérêt que son partenaire lui porte. Il arrive en effet couramment qu'un homme s'enflamme physiquement pour une femme en un éclair, puis se détourne tout aussi brusquement d'elle. Il se comporte comme un lance-flamme que l'on peut allumer ou éteindre en l'espace d'un instant. Cette particularité martienne est d'autant plus difficile à comprendre pour les femmes que celles-ci ne présentent aucun point commun avec les lance-flammes. Elles ressemblent plutôt à des fours, lents à chauffer et lents à refroidir.

> **Un homme peut s'embraser physiquement en un éclair, tandis qu'une femme met plus longtemps.**

Les femmes tiennent souvent pour acquis qu'un homme charnellement attiré par elles souhaite nécessairement entamer une relation sentimentale. Elles confondent l'attention, l'intérêt et le désir qu'on leur témoigne avec des marques d'affection ou d'amour. Et quand cet « amour » s'étiole rapidement, elles seront déçues et risqueront de perdre à tort confiance dans la gent masculine. Tant qu'elles ne comprendront pas que les hommes et elles fonctionnent sur des modes différents, elles fermeront leur cœur, ce qui limitera leurs chances de trouver le partenaire idéal. Et leurs rapports avec le sexe opposé resteront peu satisfaisants, voire décourageants.

> **Les femmes confondent couramment le désir qu'un homme leur porte avec un signe qu'il souhaite entamer une relation sentimentale.**

Il se peut bien entendu qu'un homme attiré par une femme aspire également à établir avec elle des rapports plus étroits, mais il ne voit pas toujours aussi loin. D'une certaine façon, quand une femme captive ses sens, il apprécie ce qu'il voit et rêve de le toucher. Il se comporte alors d'une façon dans laquelle la plupart des femmes verront le signe clair qu'il souhaite vivre avec elles une histoire d'amour.

Les passions d'un homme

Un homme peut éprouver un désir violent et passionné de passer du temps auprès d'une femme sans se préoccuper le moins du monde de sa personnalité. Puis, une fois qu'il la connaîtra mieux, il découvrira qu'il ne l'apprécie guère en réalité et ne souhaitera en aucun cas devenir plus intime avec elle. Mais, pour l'heure, dès qu'il la voit, une telle attirance physique l'envahit qu'il fera presque n'importe quoi pour la côtoyer, l'impressionner et lui faire plaisir. Cela n'empêche qu'il puisse par la suite voir l'intérêt qu'elle lui inspire s'envoler rapidement en fumée.

C'est là ce que l'on appelle couramment le « syndrome du lendemain matin ». Un jour, elle vous paraît merveilleuse... et à votre réveil, vos yeux se dessillent et vous constatez qu'elle possède des orteils affreux.

À mesure qu'il la connaît mieux, sa passion se dissipe, il découvre que quelque chose en elle lui déplaît ou il prend tout simplement conscience qu'elle n'est pas la partenaire qui lui convient. Et il rompt, sans même imaginer que sa compagne se voyait déjà fiancée. N'importe quel habitant de sa planète aurait deviné qu'il obéissait juste à ses appétits charnels. Une native de Vénus, en revanche, pourra aisément se méprendre sur ses intentions et croire qu'il lui promet beaucoup plus.

Les passions d'une femme

Il arrive souvent que les femmes interprètent mal le désir, l'intérêt et l'attention qu'un homme leur porte, car elles-mêmes abordent les relations amoureuses sous un angle opposé. Une femme sera d'abord attirée par quelque aspect de la personnalité d'un homme et pas seulement par son corps. Elle aspire en premier lieu à apprendre à mieux le connaître, après quoi elle éprouvera de l'affection, puis seulement alors, une attirance et du désir. Plus son soupirant la bouleverse sur les plans émotionnel et intellectuel, plus ses sens s'éveillent. Et puisqu'elle-même réagit ainsi, elle croit à tort qu'un homme qui se montre physiquement intéressé par elle doit nécessairement ressentir aussi une attirance intellectuelle et émotionnelle.

Il est difficile pour une femme de comprendre combien les hommes se révèlent différents d'elle ; pourtant tel est le cas. Sur Mars, on se préoccupe d'abord du physique. Plus une femme stimule ses appétits charnels, moins un homme se posera de questions avant de la courtiser. Il réagira automatiquement en se comportant comme si elle comptait plus que tout au monde à ses yeux, et elle croira probablement qu'il en va réellement ainsi. En fait, il vit l'instant et s'abandonne à son désir. Sa compagne ignore que, le lendemain, il pourra rencontrer une autre personne qui affolera ses sens et lui vouer exactement les mêmes « sentiments ». Une femme qui ne comprend pas cette différence essentielle en conclura que les hommes sont hypocrites ou tout simplement superficiels.

Pourquoi les femmes les plus attirantes sont les plus agacées

Plus une femme plaît physiquement aux hommes, plus elle sera amenée à être agacée par la gent masculine. Elle se voit sans cesse courtisée par des hommes qui n'éprouvent à son égard nul intérêt profond. Et même si ces attentions la flattent au début, elles risquent de devenir, au terme d'une série de déceptions, une source de ressentiment. Voici quelques-unes des frustrations les plus courantes chez les femmes qui tendent à progresser trop vite vers une intimité sexuelle.

Jill m'expliqua un jour : « Je ne comprends rien aux hommes que je rencontre. Au début, ils se montrent totalement charmants et passionnés, après quoi ils se lassent soudain et je n'entends plus jamais parler d'eux. »

Jane, elle, exprima sa détresse en ces termes : « Je ne peux pas faire confiance aux hommes. Ils sont tellement égoïstes ! Ils font semblant d'éprouver pour vous un intérêt passionné et puis, dès qu'ils obtiennent ce qu'ils désirent, ils disparaissent. »

Karen renchérit : « Je n'ai même plus plaisir à sortir avec des hommes. Quand l'un d'eux se met en quatre pour moi, je me sens obligée lui accorder ce qu'il souhaite, mais en définitive, je ne reçois rien en retour. Quitte à ne rien avoir, je préfère rester seule que de me donner et de me voir rejetée. »

Pour sa part, Caroline s'interrogeait : « Je ne sais pas ce que je fais de mal, mais dès qu'un homme commence à me connaître mieux, il cesse de m'apprécier. J'en viens à penser qu'aucun ne s'éprendra jamais vraiment de moi. »

Nancy demandait à qui voulait l'entendre : « Pourquoi est-ce que je ne rencontre que des salauds ? Au début, ils s'accrochent à vous comme des sangsues et le lendemain matin, j'ai impression qu'ils n'ont rien de plus pressé que de s'en aller. Une fois, j'ai téléphoné à un homme au lendemain d'un rendez-vous et il m'a demandé pourquoi je l'appelais ! Je ne peux même pas m'imaginer disant une chose pareille à quelqu'un. »

Quant à Eva, elle priait le ciel de l'éclairer : « Pourquoi est-ce que tous les hommes qui me courtisent n'attendent de moi qu'une seule chose ? Ils se montrent toujours tellement attentionnés, au début et, dès qu'ils ont obtenu ce qu'ils désiraient, ils se volatilisent. »

Ces femmes ont toutes les raisons d'éprouver de la colère. Elles ont innocemment répondu aux avances d'un homme pour se sentir par la suite déçues, voire trahies. Son revirement brutal leur apparaît comme une manœuvre employée pour se jouer d'elles. Il ne leur vient pas un instant à l'idée qu'elles portent une part de responsabilité dans la situation. Chacun des exemples précités décrit en effet un malentendu : toutes ces femmes avaient surestimé, au vu de son attitude, la volonté de leur compagnon de s'engager envers elles.

Seule une meilleure compréhension de ce qui la rend unique aux yeux de ses soupirants aidera une femme à s'affranchir de ce travers. Elle pourra alors progresser correctement au gré des cinq étapes du processus amoureux. Sans cela, elle risque de se croire en train de vivre la quatrième étape, alors que son couple n'a pas dépassé la première.

Ce qui distingue une femme des autres

Chaque femme est bien entendu unique, mais ce qui la distingue aux yeux d'un homme est l'attirance particulière qu'elle lui inspire. Une telle attirance ne peut être provoquée : soit elle existe, soit elle n'existe pas. Tout comme un pépin de pomme ne pourra jamais donner naissance à autre chose qu'un pommier. Notre influence en la matière se limite à veiller à reconnaître les besoins de cette pousse et à lui donner une chance de grandir. Un arrosage trop abondant risque de faire pourrir ses racines, mais si on ne lui donne pas assez d'eau, elle se desséchera. De même, la manière dont nous abordons une relation pourra entraver ou favoriser la croissance de notre attirance mutuelle.

On ne peut pas provoquer une attirance, mais on peut, selon les cas, entraver ou favoriser sa croissance.

Une femme commence à se sentir distinguée par un homme dès qu'elle lui inspire une attirance charnelle. Elle doit cependant se rappeler que cela ne la place pas dans une position très proéminente puisqu'il existe une foule d'autres filles susceptibles d'éveiller elles aussi les sens de son soupirant. C'est un bon début, mais cela ne signifie pas nécessairement plus. Pour l'instant, elle incarne tous les rêves de son compagnon, ce qui peut inciter celui-ci à croire qu'il l'aime réellement et à se comporter en conséquence. Mais en fait, seul le temps lui permettra de s'en assurer en lui donnant l'occasion d'apprendre à la connaître.

Un homme s'attache à une femme lorsqu'il découvre qu'il est non seulement attiré physiquement par elle, mais aussi qu'il l'apprécie. Il peut en effet éprouver du désir pour maintes femmes, mais celles avec qui il est susceptible de devenir ami se révèlent beaucoup moins nombreuses. Son attachement ne fera que croître s'il s'aperçoit aussi qu'une Vénusienne le séduit également sur le plan intellectuel. Peu de femmes déclenchent en effet en lui des étincelles sur ces trois plans.

Il la chérira encore plus lorsqu'il deviendra capable de la voir comme un être imparfait mais non moins digne d'amour. Même dans les phases plus difficiles de leurs rapports, lorsqu'elle ne comblera pas ses besoins, il saura distinguer ses qualités et ressentir l'amour qu'il lui porte. Ce type d'amour inconditionnel suscite un lien très spécial. Et c'est parmi le très petit groupe de femmes répondant à ces critères qu'un homme choisira celle qui partagera sa vie, celle qui surpassera à ses yeux toutes les autres.

Ce qui distingue un homme des autres

Le cœur d'une femme fonctionne selon un processus inverse. Elle éprouve d'abord une attirance intellectuelle. Certains aspects de la personnalité d'un homme ou du sens qu'il imprime à sa vie suscitent en elle une réponse. Voici les critères qui définissent le groupe d'hommes au sein duquel elle effectuera sa sélection. Elle découvrira par la suite que quelques-uns lui correspondent mieux que les autres. Ceux-ci éveillent également en elle une étincelle émotionnelle : ils lui inspirent une certaine affection.

S'il existe sans doute un bon nombre d'hommes qui éveillent en vous un intérêt intellectuel, ceux qui touchent vos émotions se révéleront moins nombreux. Il pourra arriver, à ce stade, que vous constatiez que l'un d'eux vous inspire également un désir physique. Ce dernier pourra se déclarer progressivement ou de manière plus soudaine. Bien souvent, il apparaîtra avec vos premiers baisers, qui vous feront comprendre que votre partenaire occupe une place à part dans votre cœur. Si bien que lorsqu'un homme retarde par timidité la survenue de ces premières étreintes, il risque d'empêcher ou du moins de retarder l'éclosion d'une étincelle physique entre vous.

> **Parfois, c'est le premier baiser qui éveille le désir physique d'une femme.**

Beaucoup des rituels liés à la parade amoureuse représentent en réalité des occasions pour la femme d'évaluer les sentiments qu'elle porte à son compagnon. Chaque fois qu'il accomplit un petit geste comme lui ouvrir une porte, la complimenter, l'inviter à sortir, organiser une soirée ou même l'embrasser pour lui souhaiter bonsoir, il lui permet d'écouter son attirance pour lui.

Quand les femmes sont attirées par les mauvais hommes

Il arrive aussi qu'une femme se sente immédiatement attirée par un homme sur tous les plans. Elle éprouve notamment une passion physique fulgurante à son égard. Sachez voir là le signe clair que c'est l'image que vous vous faites de lui qui vous séduit et non pas l'individu lui-même. Si cela vous arrive, il vous faudra apprendre à faire preuve de discernement. Ce n'est pas parce que vous ressentez un désir physique puissant que vous devez automatiquement en déduire que vous avez rencontré l'homme de votre vie. Même s'il peut arriver que les pulsions qui vous jettent d'emblée dans ses bras indiquent effectivement qu'il représente votre moitié d'orange, c'est aussi un signe certain que vous ne le connaissez pas encore. Dans ce cas de figure, on s'éprend d'un fantasme, de ce que l'on croit que l'autre est.

Si vous êtes souvent attirée par les mauvais hommes, essayez cet exercice : lorsque vous entrez dans une pièce renfermant trente hommes et que l'un d'eux affole vos

sens comme un lance-flamme, partez en courant ! E[.]
vous choisissez de tout de même entamer une relation
avec lui, veillez à apprendre à le connaître avant de laisser
vos rapports prendre un tour trop intime.

> **Lorsqu'une femme pénètre dans une pièce renfermant
> trente hommes et que l'un d'eux affole ses sens comme un
> lance-flamme, elle devrait le fuir à toutes jambes.**

Ce phénomène explique que les thérapeutes entendent
si souvent ce commentaire de la part de femmes célibataires : « Dès qu'un homme m'attire passionnément d'emblée, il se révèle un mauvais choix. Pourquoi est-ce que je
m'obstine à m'intéresser à des hommes qui ne me
conviennent pas ? »

Ces femmes auraient avantage à tenter l'expérience
d'une relation avec un homme qui ne les attire pas physiquement au premier abord, afin de voir si leur passion
pour lui grandit. Katherine, une femme d'affaires de qua-
rante-six ans célibataire, se montra très étonnée lorsque je
lui expliquai cela. Toute sa vie, elle avait repoussé les hommes qui ne la séduisaient pas d'emblée. Beaucoup lui
avaient fait la cour, mais quand elle ne sentait pas d'étincelle physique immédiate, elle refusait de s'intéresser à
eux. Cette explication l'aida à comprendre pourquoi elle
n'avait jamais trouvé l'âme sœur.

Quand une femme ouvre son cœur

Lorsqu'une femme commence à se sentir attirée par un
homme sur les trois plans principaux – le plan intellectuel,
le plan émotionnel, puis le plan physique – son cœur s'ouvre à lui. Elle peut désormais s'abandonner à l'ampleur de
l'amour qu'elle éprouve. À mesure que tous deux progres-
seront dans la quatrième étape du processus, que leur

grandira, cet homme prendra une place accrue
cœur. Alors, enfin, elle pourra savoir s'il est
de sa vie ou non.

Un homme ne doit donc pas se décourager s'il n'inspire pas d'emblée un désir physique à la dame de ses pensées. Il doit se rappeler que les femmes sont comme des fours lents à chauffer. Ce n'est pas parce que votre dulcinée ne recherche au début que votre amitié que vous n'avez aucune chance avec elle. Il arrive d'ailleurs souvent que des femmes qui ont trouvé leur âme sœur avouent que tous deux sont d'abord devenus amis et que l'amour est né après. Leurs époux déclarent pour leur part qu'eux ont presque toujours éprouvé une attirance charnelle immédiate.

Les hommes éprouvent d'abord une attirance physique

Lorsqu'un Martien rencontre son âme sœur, tout commence presque toujours par une étincelle physique. Quand celle-ci ne se produit pas, cela peut signifier que notre homme ne comprend pas l'importance de respecter des critères de choix. Il se contente de suivre ses inclinations sans apprendre à faire preuve de plus de discernement. Un homme peut aussi perdre sa capacité à éprouver du désir pour la femme qui pourrait se révéler son âme sœur lorsqu'il choisit délibérément d'en courtiser d'autres, qui ne sont clairement pas son type.

En somme, lorsque qu'un homme courtise des femmes dont il ne peut pas tomber réellement amoureux, il devient incapable de succomber aux charmes de celles qui pourraient lui convenir. Apprendre à distinguer ces dernières l'aidera donc à choisir la personne adéquate.

> **Plus un homme courtise de femmes dont il ne pourra jamais tomber réellement amoureux, moins il devient sensible aux charmes de celles dont il pourrait s'éprendre.**

Mieux nous cernerons les personnes avec lesquelles nous souhaitons partager une relation, plus nous nous rapprocherons de la découverte de notre âme sœur. Certains atteignent cet objectif au bout de quelques essais seulement, mais la plupart d'entre nous doivent auparavant multiplier les tentatives et les erreurs. Nous corriger nous conduira à rencontrer un jour le partenaire idéal. L'évolution de notre discernement suit un parcours immuable en quatre étapes. Comprendre celles-ci permet d'évaluer le temps qu'il vous reste avant de parvenir à trouver l'âme sœur. Penchons-nous plus en détail sur ces diverses phases, d'abord pour les hommes, puis pour les femmes.

Le premier niveau pour les hommes : une attirance physique

À ce stade, il est parfaitement normal et naturel qu'un homme éprouve du désir pour une multitude de femmes. Il se préoccupe en premier lieu du physique de ses compagnes – leur démarche, leur corps, leurs cheveux, leur sourire, leurs yeux, leurs jambes, leurs fesses, leurs seins et leur silhouette dans son ensemble. La plupart d'entre eux retiendront tout particulièrement un ou deux de ces traits. Certains, par exemple, aiment les jolies jambes, tandis que d'autres ne regardent que les blondes.

Cette attirance physique constitue le tout premier critère de choix masculin ; il caractérise le plus primitif des niveaux de discernement, celui qu'affiche en toute logique un jeune homme à l'orée de sa vie amoureuse. Il arrive également que des sujets plus mûrs régressent jusqu'à ce stade à la suite d'un échec sentimental. Un homme affamé ne se montre pas difficile quant au contenu de son assiette...

L'attirance physique ne faisant guère appel à l'esprit, les critères qui la commandent subissent fortement l'influence de la télévision, du cinéma et des magazines. Bombardé d'images d'un certain type de femme en apparence toujours accueillante sur le plan sexuel, réceptive à ses attentions et sûre de son charme, le mâle moderne se laisse convaincre que ce fantasme incarne la compagne idéale. Seulement le désir qu'une telle créature nous inspire n'a absolument aucun rapport avec sa capacité à devenir notre âme sœur. Certains jeunes gens ressentent même des pulsions charnelles à la simple vue d'un mannequin de vitrine dénudé !

En clair, les médias véhiculent un style de beauté réputé le plus séduisant aux yeux masculins. Un homme escomptera de ce fait de la part d'une femme correspondant à ces canons physiques une réceptivité sexuelle plus grande, ce qui l'incitera à la courtiser en priorité. De leur côté, les femmes tendront elles aussi à adopter ces critères de beauté : puisque les femmes dotées de certaines caractéristiques physiques attirent davantage l'attention des hommes – que nos compagnes confondent trop souvent avec ses sentiments –, elles se doivent d'être considérées comme les plus séduisantes.

À mesure qu'un homme mûrit et progresse au gré des trois premières étapes du parcours amoureux, il gagne automatiquement en discernement et découvre qu'il lui arrive aussi de succomber aux charmes de femmes bien différentes des modèles photographiés dans les magazines et des actrices en vue. D'ailleurs, quand il trouve enfin son âme sœur, elle ressemble rarement aux conquêtes aux pieds desquelles il soupirait auparavant.

Si l'attirance physique constitue bien la base sur laquelle le discernement d'un homme pourra se construire, elle demeure toutefois du domaine de l'instinct. Toutes les femmes savent qu'il leur arrive d'éveiller soudain l'appétit sexuel d'un quasi-inconnu, qui ne sait rien d'elle, sinon qu'elle possède tel ou tel physique. Ce désir ignore totalement sa personnalité et ne témoigne nullement d'un souci de mieux la connaître ni même d'entamer une relation avec elle. Cet homme obéit juste à son envie de la toucher, avec ses yeux puis avec ses mains.

Le deuxième niveau pour les hommes : une attirance émotionnelle

Après quelques sorties avec des femmes qui l'attirent, un homme découvrira que certaines d'entre elles lui plaisent plus que d'autres. Il s'agit là d'une étape primordiale dans son évolution. En sus de l'étincelle physique apparaît désormais une attirance émotionnelle. À force de côtoyer une femme, on s'aperçoit qu'on ne se contente plus de la désirer mais qu'on apprécie également sa compagnie.

Dans le cadre du niveau numéro un, celui de l'attirance physique, notre Martien pensera qu'il apprécie sa partenaire avant tout parce qu'il adore les sensations qu'elle éveille en lui, mais à ce deuxième niveau, celui de l'attirance émotionnelle, il sera en mesure de déterminer s'il apprécie la personne ou seulement l'effet qu'elle produit sur lui. Un homme habité de pulsions émotionnelles éprouve en effet l'envie de témoigner son affection non pas seulement parce que ses sens sont affolés, mais parce qu'il apprécie sa conquête en tant que personne.

L'attirance émotionnelle résulte largement de la personnalité, autrement dit de nos interactions avec le monde extérieur et avec les autres. Bien souvent, les contraires s'attirent. Certains hommes apprécient une compagne dotée d'une personnalité aussi pétillante que pleine d'énergie, tandis que d'autres leur préfèrent des femmes plus stables et casanières. Parfois, nous nous laissons séduire par quelqu'un qui nous ressemble, mais en général, nous nous intéressons plutôt à des êtres différents de nous. Les possibilités sont sans fin.

Ainsi, un homme placide et quelque peu routinier s'éprendra d'une femme friande de changements et de sensations fortes. À l'inverse, une personnalité extravertie et pleine d'assurance s'attachera à un partenaire timide et introverti. Quelqu'un de très décidé appréciera parfois une personne plus en retrait ou plus conciliante. Il arrive aussi que les plus décontractés s'unissent à des caractères ultra-formalistes, ou que les plus sérieux attirent des farfelus notoires. Il n'existe pas de personnalités ou de traits de caractère universellement attirants, mais à mesure que vous gagnerez en discernement, vous vous surprendrez à graviter automatiquement vers les êtres que vous appréciez le plus et avec lesquels vous pourriez lier de réels liens d'amitié.

Le troisième niveau pour les hommes : une attirance intellectuelle

En faisant jouer son discernement et en choisissant de ne plus sortir qu'avec des femmes qui l'attirent à la fois sur le plan physique et émotionnel, un homme pourra laisser naître en lui une attirance intellectuelle. Sa compagne l'intrigue ; il aimerait toucher son être et non plus seulement son corps. La désirer et devenir son ami ne lui suffit plus. À ce troisième niveau, il se sent aussi charmé par son caractère. Son mode de pensée le fascine, tout comme ses réactions ou la façon dont elle mène sa vie.

L'attirance que lui inspire l'un ou l'autre aspect du caractère de sa compagne fera en outre ressortir le meilleur de lui-même. Il pourra s'agir de n'importe quel aspect de ce caractère : sa gentillesse, sa force ou sa puissance, sa sagesse, sa clairvoyance ou sa générosité, son honnêteté, son équité ou encore sa patience, son courage et sa ténacité, sa compétence, sa grâce, sa compassion, son amour ou sa spiritualité. Il n'existe pas d'attributs ou de combinaison d'attributs capable de rendre une femme séduisante aux yeux de tous les hommes.

Certains apprécient la maturité de leur compagne, tandis que d'autres préfèrent les ingénues. Il en est qui privilégient la sagesse d'une femme mûre et d'autres pour qui rien ne remplace une spontanéité innocente et juvénile. Une femme peut attirer par sa générosité, par son désintéressement ou encore par son désir de posséder plus afin de partager plus. Le degré auquel une femme a su développer les divers aspects de son caractère ne joue pas sur l'attirance qu'elle inspire aux hommes. Il n'est pas nécessairement mieux d'être plus ceci ou moins cela. C'est lorsque vous êtes vous-même que vous êtes la plus séduisante et la plus à même de déclencher chez votre partenaire une étincelle d'intérêt intellectuel.

À ce troisième niveau de discernement, un homme commence à comprendre que si beaucoup de femmes l'intéressent, peu d'entre elles méritent réellement son attention soutenue. Quelques-unes seulement possèdent les traits de caractère qui lui plaisent le plus. En apprenant à mieux les connaître, en côtoyant de plus près ces femmes et elles seules, il développera avec succès sa capacité de choisir une partenaire adaptée. Une attirance physique ou un sentiment d'amitié ne représentent plus pour lui les critères essentiels ; à présent, une femme doit également l'intéresser.

Le quatrième niveau pour les hommes :
une attirance de l'âme

Si cet homme continue à exercer son discernement croissant en choisissant de ne fréquenter que des femmes qui l'attirent à la fois sur le plan physique, émotionnel et intellectuel, il sentira des connivences s'établir au niveau de l'âme. Lorsqu'il atteint ce quatrième stade, son cœur peut s'ouvrir. Et, de la même façon que lorsqu'il ne maîtrisait que le premier niveau de discernement, bien des femmes lui semblaient physiquement attirantes, il en trouve à présent beaucoup également aimables.

En théorie, il pourrait tomber amoureux à un degré ou un autre de n'importe laquelle de ces femmes, mais l'une d'elles seulement incarne son âme sœur. Son cœur reconnaîtra cette personne qui, quoique imparfaite, lui convient parfaitement. Son amour le mettra à même de voir les meilleurs aspects de sa partenaire et l'incitera à lui apporter son soutien. À mesure que ses sentiments s'épanouiront, il deviendra mieux capable de déterminer s'il a ou non trouvé la bonne partenaire. Cette décision ne repose pas sur une liste de conditions ; ce n'est pas notre esprit qui analyse les qualités de l'autre, mais notre âme qui devine tout simplement sa jumelle.

Une attirance au niveau de l'âme ne résulte pas des qualités et des caractères spécifiques du partenaire. Elle repose au contraire sur une reconnaissance que vous possédez tout ce dont il a besoin pour que son âme fleurisse et que lui comble vos propres aspirations. Cela revient à savoir que vous avez trouvé la personne auprès de laquelle vous pourrez laisser votre amour grandir, la personne avec qui partager votre vie. Ce qui pourrait se résumer en ces termes : « Je ne sais pas pourquoi, mais je sais que d'une manière ou d'une autre nous sommes faits l'un pour l'autre. »

Nous ne pourrons éprouver une connexion au niveau de l'âme avec autrui que lorsque nos cœurs sont ouverts à l'amour. Quand vous vous éprenez d'un autre être, cela indique que vous sentez qu'il ou elle pourrait probablement se révéler l'homme ou la femme de votre vie. Cela n'implique pas que vous ayez trouvé votre moitié d'orange, mais simplement que la chose est envisageable.

Le premier niveau pour les femmes : une étincelle intellectuelle

Les femmes aussi parcourent ces quatre niveaux d'attirance, mais, comme nous l'avons déjà expliqué, elles observent un ordre différent. Une femme s'intéresse tout d'abord à l'esprit d'un homme. Elle imagine à quoi il ressemble et certains de ses traits de caractère la séduisent. Il peut s'agir de gestes presque insignifiants comme un « Excusez-moi », le sourire entendu qu'il lui adresse ou encore le ton timide sur lequel il l'invite à sortir. Certaines craquent pour sa manière de chanter, d'écrire une lettre, d'exposer ses idées, de promener son chien, de tenir un enfant dans ses bras, d'exprimer sa considération pour autrui ou de défendre ses opinions. D'autres se laisseront séduire par le type de questions que leur soupirant pose, par leur réussite ou les valeurs qu'il respecte. De fait, un homme dévoile ainsi son caractère, dont un ou plusieurs traits font vibrer la personnalité de sa compagne.

À ce niveau de discernement, le plus bas pour une femme, celle-ci se tourne vers les hommes qui l'attirent intellectuellement. Il existe une foule de Martiens intéressants, mais si vous comptez améliorer vos capacités de découvrir l'homme de votre vie, vous devez ne fréquenter que ceux qui vous paraissent les plus passionnants, sans vous laisser influencer par une quelconque image du partenaire idéal. En effet, si les hommes un brin basiques rêvent de sortir avec les filles des magazines, leurs pendants féminins fantasment sur les héros de romans à l'eau de rose. Mais chez les unes comme chez les autres, ce niveau initial de discernement empreint d'ingénuité figure les bases nécessaires à une progression.

Le deuxième niveau pour les femmes : une attirance émotionnelle

Après quelques rendez-vous, une femme constatera qu'elle apprécie plus certains de ses soupirants que les autres. Ce qui lui permettra de faire preuve à l'avenir de plus de discernement dans le choix de ses fréquentations. Tandis qu'au premier niveau, elle était capable de sortir avec un garçon simplement parce qu'il l'intéressait et semblait intéressé par elle, sans savoir si elle l'appréciait vraiment, elle applique aujourd'hui des critères plus sélectifs. Et quand un homme lui paraît moyennement sympathique, elle s'abstient de sortir avec lui. À terme, son discernement s'affinant, elle se tournera automatiquement vers des gens qu'elle apprécie, si bien que, avant même de connaître un homme, elle pourra déjà déterminer s'il lui plaît ou pas. Ce qui lui permettra non seulement de s'intéresser aux bons partenaires, mais aussi de mieux les séduire.

À ce stade de son évolution, une femme s'attache principalement à la personnalité de l'autre. Ce qui la conduit à fréquenter des soupirants très variés, afin de décrypter peu à peu le type de caractère le plus compatible avec le sien. Plus vite vous apprendrez à exprimer clairement votre moi et à vous sentir bien dans votre peau, plus vite vous gagnerez en discernement.

Certaines femmes adorent les hommes qui les abordent timidement, tandis que d'autres préfèrent une approche plus directe et volontaire. Il en est qui aiment les hommes calmes et d'autres les personnalités plus grégaires ou amusantes. Les unes se laissent séduire par des êtres structurés et déterminés, les autres par des garçons spontanés et loquaces. Votre expérience amoureuse vous permettra de déterminer petit à petit le type d'homme que vous désirez fréquenter et de fuir ceux que vous appréciez moins. Il n'existe pas de recette propre à rendre un homme attirant aux yeux de toutes.

Le troisième niveau pour les femmes : une attirance physique

À présent que vous faites jouer votre discernement et choisissez de ne fréquenter que des hommes qui vous attirent à la fois sur le plan intellectuel et sur le plan émotionnel, vous allez commencer à découvrir l'attrait physique que votre partenaire exerce sur vous. Le contact de vos deux esprits et de vos deux cœurs ne vous suffit plus : vous aspirez à des caresses plus charnelles. Vous frissonnez à présent lorsqu'il vous tient la main, vous prend par la taille ou vous embrasse. Arrivée à ce troisième niveau de discernement, une femme aspire autant à être touchée qu'un homme aspire d'emblée à la toucher.

Aux étincelles intellectuelles et émotionnelles qu'elle ressentait déjà s'ajoutent donc des pulsions physiques. Seuls quelques hommes la séduisent sur ces trois plans, même si beaucoup d'autres lui semblent intéressants et sympathiques. En s'attachant à ces critères fondamentaux, elle permettra à son discernement de s'affiner encore.

Le quatrième niveau pour les femmes : une attirance de l'âme

Ce discernement grandissant vous permettra d'accéder enfin à une union spirituelle. Le cœur enfin grand ouvert à l'amour, vous atteignez le quatrième niveau, celui de l'attirance des âmes. Mais si bien des hommes vous paraîtront dignes d'amour, rares seront toutefois ceux susceptibles de vous convenir spécifiquement.

Vous pourriez vous éprendre à divers degrés de chaque homme à même de vous attirer sur tous les plans, mais vous apprendrez peu à peu à reconnaître celui qui incarne votre âme sœur. Votre cœur, ouvert à l'amour, vous rend capable de découvrir les meilleurs aspects de votre partenaire, même si celui-ci n'est pas parfait.

À mesure que le temps passe, une femme gagne en capacité de discerner si l'autre lui convient, non pas parce qu'il peut représenter pour elle le partenaire idéal, mais parce que l'amour inconditionnel qui l'habite lui souffle : « Voici celui auquel tu es destinée. » Il ne s'agit pas d'une constatation objective et raisonnée ; son âme le sait, c'est tout.

Leur couple n'échappera pas pour autant aux défis normaux qui attendent deux êtres qui ne se comprennent jamais totalement, mais la connexion profonde qui les unit les aidera à dépasser les frustrations, les déceptions et les conflits.

Pourquoi définir des critères

Exercer ainsi notre discernement et continuer à améliorer nos critères nous permettra d'éviter de nous compromettre ou de nous contenter de relations peu satisfaisantes. Si nous choisissons de fréquenter une personne pour des raisons qui ne correspondent pas à notre degré de maturité amoureuse, nous entravons notre capacité de progresser. Un homme doté d'un bon discernement qui continue à fréquenter toute femme physiquement attirante, sympathique ou qui répond à ses avances sexuelles risque de ne jamais rencontrer un amour vrai et durable. Et si son pendant féminin persiste à sortir avec tous les hommes qui s'intéressent à son physique mais pas à son esprit, elle continuera à collectionner les déceptions sentimentales.

Opter pour un partenaire dont nous savons d'avance qu'il ne nous convient pas revient à tirer délibérément à côté de la cible que nous sommes supposés atteindre. Non seulement cela nous empêchera de toucher cette cible, mais cela troublera gravement nos instincts profonds. Tant que nous persisterons dans ce schéma erroné, nous tendrons à nous laisser attirer par les mauvais partenaires. Abaisser vos critères de sélection vous conduira à attirer des êtres qui ne vous conviennent pas et à succomber à leurs charmes.

Comment voulez-vous conserver votre enthousiasme en courtisant une personne dont vous savez par avance qu'elle ne vous convient pas ? C'est un peu comme placer toutes ses économies dans un investissement auquel on ne croit pas. Vous imaginez-vous suivre ce raisonnement : « Hum, cet investissement n'est clairement pas le meilleur que je puisse faire. Je pense que je vais consacrer tout mon argent à ce projet » ? Ce serait complètement absurde. Mieux vaut dans ce cas laisser votre bas de laine sur un compte d'épargne.

De la même façon, il vaut beaucoup mieux rester seul quand on ne rencontre personne correspondant à ses critères de choix. Car si, au début de la vie amoureuse, toute fréquentation aide à améliorer son discernement, une fois que vous avez déjà développé celui-ci, vous perdrez quelque chose chaque fois que vous reviendrez en arrière. Et votre capacité à reconnaître un bon partenaire chutera pour un temps.

Récits de succès

Apprendre toutes ces choses a bouleversé la vie de Roger. Il s'amusait en effet à sortir avec toutes les femmes qui lui plaisaient. Il savait bien qu'aucune d'elles ne risquait de se révéler la femme de sa vie, mais il continuait quand même. Les nouvelles connaissances acquises en thérapie lui permirent de changer son fusil d'épaule. Quelque temps plus tard, il se mit à fréquenter une femme qu'il jugeait pouvoir lui convenir. Il lui demanda sa main au bout de six mois. Il sont aujourd'hui mariés, avec deux enfants, et très heureux.

L'histoire de Kent présente des similitudes avec celle de Roger, mais le dénouement fut encore plus spectaculaire. Il me fallut beaucoup de séances de thérapie pour parvenir enfin à convaincre Kent qu'il perdait son temps à courtiser des femmes dans le seul but de les mettre dans son lit. Il était capable de sortir quasiment avec n'importe qui et de se démener jusqu'à atteindre son objectif. Pourtant, Kent était un garçon intéressant et il l'est toujours. Il ne comprenait tout simplement pas en quoi ses procédés compromettaient toutes ses chances de bonheur. Le lendemain même du jour où il décida de cesser de flirter avec toutes les filles passant à sa portée, il rencontra la femme de ses rêves et s'éprit d'elle. Ils sont aujourd'hui fiancés.

Après avoir suivi mon séminaire destiné aux célibataires, Alexis résolut de cesser d'entretenir des relations avec des hommes qu'elle n'intéressait que sur le plan physique. Elle se montrerait désormais beaucoup plus difficile. Alexis avait en effet compris qu'elle reproduisait toujours le même schéma, lequel consistait à sauter immédiatement à la quatrième étape du processus amoureux (l'intimité) dès qu'un homme lui manifestait son désir, car elle en déduisait à tort qu'elle l'attirait sur tous les plans. Ce qui

l'incitait à se comporter envers lui comme s'ils s'apprê-
taient à se marier.

Dans le mois qui suivit cette prise de conscience, elle
fit la connaissance de Gus qui devait plus tard devenir son
époux. Et, bien qu'elle soit aussitôt tombée amoureuse de
lui, elle sut freiner son enthousiasme pour laisser leur histoire progresser lentement, à son rythme. Elle prit soin de
parcourir chacune des cinq étapes du processus amoureux. Bilan : une épouse heureuse qui tient à partager son
expérience en animant des ateliers Mars & Vénus pour les
célibataires.

Chaque relation est un cadeau

Toute relation représente un cadeau. Elle nous offre la
possibilité de nous préparer à trouver et à reconnaître
notre âme sœur. Chaque fois que vous décidez de tenter
de parcourir les cinq étapes avec un partenaire, vous
accroissez votre capacité à discerner un jour l'homme ou
la femme de votre vie. Chaque expérience affine la préci-
sion de votre tir. Voilà pourquoi il est bon de s'accorder,
à l'issue de chaque relation amoureuse, quelque temps
pour réfléchir au cadeau que la vie vous a fait, avant de
repartir vers de nouvelles aventures. C'est lorsqu'on
éprouve de la gratitude que l'on est prêt à tourner la page.

Même un divorce peut nous apporter le don du discernement, si nous prenons le temps de pardonner ses
erreurs à notre partenaire et d'expier les nôtres. Notre
prochaine histoire d'amour pourra alors nous rapprocher
du bonheur ultime. À force de rechercher systématiquement les bienfaits que chaque relation nous procure, nous
parviendrons à réaliser un jour tous nos rêves.

Cynthia divorça quatre fois avant de trouver l'âme sœur.
Elle avait pourtant cru voir celle-ci dans chacun de ses

époux. En fait, elle aspirait si fort à trouver l'homme de sa vie que, chaque fois qu'elle tombait amoureuse, elle tenait pour acquis qu'elle l'avait enfin rencontré. Elle finit par comprendre qu'aimer ne suffisait pas et que, avant de décider qu'un homme était sa moitié, elle devait prendre le temps de le connaître mieux. Elle est aujourd'hui mariée à son âme sœur et nage dans le bonheur.

En somme, chaque liaison menée dans le respect des cinq étapes décrites auparavant permet d'affiner sa capacité d'attirer le bon partenaire. En s'attachant à faire fonctionner une relation à chaque stade de son évolution, et, en cas d'échec, à rompre sans rancœur ni culpabilité, on ouvre la voie pour une grande histoire d'amour.

Prendre conscience du potentiel d'une relation

Attention : le fait de comprendre que les hommes et les femmes pensent différemment et éprouvent des sentiments différents ne garantit pas que toutes vos relations atteindront la cinquième étape. Mais cela vous permettra d'évaluer correctement les chances de chacune. Trop souvent, nous rejetons l'autre non pas parce que nous avons découvert qu'il ne nous convenait pas, mais parce que nous pensons qu'il possède des défauts insupportables. Si vous abordez la rupture sur un mode plus aimant, sans chercher à établir de torts, vous vous donnerez les moyens de vous tourner vers des partenaires de plus en plus proches de votre idéal. Sachez donc reconnaître le potentiel de toute relation.

Nous rejetons l'autre non pas parce que nous avons découvert qu'il ne nous convenait pas, mais parce que nous pensons – à tort – qu'il affiche des défauts insupportables.

Il arrive aussi que, même quand nous comprenons mieux nos différences, nous sabotions à notre insu le rapport de séduction en inversant les rôles. Pour qu'un amour s'épanouisse, il s'avère en effet crucial que l'homme conserve toujours le rôle du chasseur et la femme celui de la proie. C'est lorsqu'un homme a l'impression de courtiser sa partenaire avec succès et que celle-ci pense qu'il pourrait se révéler l'homme de sa vie que leur passion potentielle pourra se développer le plus naturellement. Nous explorerons cette répartition des rôles plus pleinement dans le chapitre 11.

11

La dynamique du désir masculin et féminin

Bien des femmes suivent à tort le conseil suivant : si vous voulez qu'une personne s'intéresse à vous, manifestez-lui votre propre intérêt. Cette tactique fonctionne pour les hommes soucieux d'attirer le regard d'une femme, mais pas dans l'autre sens. Quand une femme semble réellement intéressée par lui, un homme tend plutôt en effet à partager son intérêt passionné... pour lui ! Si elle l'écoute attentivement, il parlera plus et si elle cherche à satisfaire ses moindres désirs, il s'empressera de lui faire savoir ce qu'elle pourrait accomplir de plus pour lui.

L'individu que nous venons de décrire n'est pas irrécupérable ; il vient simplement de Mars. Il ne concentre pas son attention sur les mêmes sujets que sa compagne. Il ne s'agit pas ici de décider laquelle, de l'approche masculine ou de son pendant féminin, surpasse l'autre, mais de prendre conscience de certaines divergences. Rappelez-vous que c'est lorsqu'elle voit ses besoins satisfaits qu'une femme sera la plus heureuse, tandis qu'un homme trouve avant tout son bonheur dans sa capacité à combler sa compagne. Cette différence fondamentale explique une bonne part des questions que les hommes comme les femmes se posent dans le cadre d'une relation de couple.

L'homme se perçoit en quelque sorte comme un génie qui sort de sa lampe magique pour exaucer tous les vœux de celle qu'il aime. S'il a l'impression qu'il ne réussira pas à la rendre heureuse, il se retranche dans sa cachette. Son instinct le pousse à se préoccuper surtout du succès de ses attentions. C'est dans le sourire de sa dulcinée qu'il puise sa joie.

Si en revanche il constate que celle-ci s'est donné pour mission de lui plaire, il se concentrera lui aussi sur tout ce qui pourra *le* rendre heureux. Il réfléchira automatiquement à ce qu'il désire, le lui fera clairement savoir et lui fournira mille occasions de satisfaire ses besoins. Et si elle se montre disposée à le choyer, il se laissera volontiers adorer, accueillant passivement tout ce qu'elle voudra bien lui offrir.

Si un homme constate que sa compagne s'est donné pour mission de lui plaire, lui aussi se concentrera sur la meilleure manière dont elle peut le satisfaire.

Une femme ne peut trouver son bonheur dans une telle situation. Or, dès qu'elle n'est manifestement pas heureuse, elle perd automatiquement de son attrait aux yeux de son partenaire. Autant dire que quelques modifications dans son approche des relations amoureuses s'imposent. Il s'agit pour elle d'apprendre à créer les conditions idéales pour que l'intérêt de l'aimé aille s'accroissant. Car même l'homme de votre vie finira par se détourner de vous si vous ne lui donnez pas l'occasion de laisser son amour se développer. Ses sentiments s'émousseront peu à peu, et même s'il ne rompt pas, son œil se remettra à rôder en quête d'une partenaire plus réceptive. Cette réaction ne reflète en rien la personnalité de l'homme en cause ou l'intérêt réel que présente sa compagne : il découle de la façon dont elle réagit à ses marques d'affection.

Intérêt actif et intérêt réceptif

L'attention que l'on porte à l'autre se manifeste de deux manières principales : le mode actif et le mode réceptif. Un intérêt actif est ce qu'on éprouve quand on vise un objectif : il donne la motivation requise pour agir afin de l'atteindre. Ce type d'intérêt se nourrit de réussite et naît d'un mélange de désir et de confiance en soi. Il cherche à servir, tandis que l'autre forme d'intérêt, de type réceptif, aspire à être servi. Ce deuxième type d'intérêt est celui que l'on ressent quand nous considérons objectivement la valeur de ce qu'on nous offre. Il vise à créer des occasions de recevoir, se nourrit du soutien qu'on vous apporte et naît d'un mélange de préférence et de sentiment de votre propre valeur.

Ces deux types d'intérêt agissent réciproquement l'un sur l'autre. Quand un homme porte un intérêt très actif à une dame, ce sentiment éveille généralement en retour un intérêt réceptif chez elle. De même, l'intérêt réceptif manifesté par une femme suscitera le plus souvent l'intérêt actif de son compagnon.

> **L'intérêt réceptif qu'une femme témoigne à un homme éveille en lui un intérêt actif.**

Prenons un exemple simple : un homme demande à une femme son numéro de téléphone. Il vise un objectif précis et éprouve de ce fait un intérêt actif. Son interlocutrice se penche alors sur cette requête. Il s'agit là d'un intérêt réceptif dépourvu de but défini et vierge de motivation cachée. Elle se demande seulement si elle souhaite reparler à cet homme. Elle analyse les sentiments que sa requête éveille en elle, après quoi elle décide d'y accéder ou de la rejeter.

L'assurance qui donne à un homme le courage de solliciter le numéro d'une femme tout en sachant qu'elle risque de refuser procure à celle-ci le sentiment réconfortant d'être désirable. Et quand elle donne une suite favorable à sa requête, la confiance en lui-même de son partenaire s'accroît. Tout comme l'intérêt actif qu'il a témoigné a rassuré madame sur son pouvoir de séduction, l'intérêt réceptif manifesté en retour déclenche chez monsieur un sursaut d'assurance.

Une femme se sent particulièrement appréciée quand un homme se montre assez désireux de faire plus ample connaissance avec elle pour accepter le risque d'essuyer une rebuffade.

Il arrive d'ailleurs qu'une femme se mette à s'intéresser à un homme uniquement parce que lui a fait l'effort de lui demander son numéro de téléphone. Là encore, on voit un intérêt actif engendrer un intérêt réceptif. Et même si maintes femmes n'hésitent plus à distribuer d'elles-mêmes leurs coordonnées, elles apprécient beaucoup, qu'on les leur demande. Ce qui revient à dire qu'elles se nourrissent de l'intérêt actif témoigné par leurs soupirants.

De la même façon, un homme s'épanouit sous l'intérêt réceptif de sa compagne. Dès qu'elle répond à ses attentions, il lui semble que la connexion qui les unit se renforce. Ce qui stimule automatiquement son intérêt et l'incite à vouloir mieux la connaître. En somme, l'intérêt réceptif qu'une femme manifeste figure le terreau fertile au sein duquel l'intérêt masculin peut germer.

Quand une femme répond aux attentions d'un homme, il semble à ce dernier que la connexion qui les unit se renforce.

Il est essentiel de savoir distinguer ces deux types d'intérêt, car ils expliquent aux femmes ce qui séduit le mieux un homme et révèlent à leurs compagnons le b.a-ba de la conquête féminine.

Allumer les feux de l'amour

On pourrait comparer l'intérêt réceptif d'une femme au petit bois nécessaire à l'allumage des feux de l'amour, tandis que l'intérêt actif de l'homme évoquerait plutôt l'allumette. Il ne sert à rien d'enflammer cette allumette si votre compagne ne fournit pas le petit bois grâce auquel la chaleur pourra s'accumuler, afin que les bûches plus grosses prennent feu à leur tour.

> **Une femme fournit le petit-bois qui permettra aux flammes de l'amour de grandir jusqu'à embraser les plus grosses bûches.**

Si une femme ne répond pas aux attentions de son compagnon, le feu ne pourra donc pas prendre. Ce qui signifie, en pratique, que quand vous vous montrez plus encline à donner qu'à recevoir et vous préoccupez plus de combler l'autre que de vos propres aspirations, vous ne verrez *pas* l'intérêt qu'il vous porte s'épanouir.

Cette vérité fondamentale va à l'encontre de ce que beaucoup de femmes pensent. Nombre de nos compagnes tiennent en effet pour acquis – à tort – que si elles s'évertuent à satisfaire l'aimé, il sera comblé et de plus en plus amoureux. Certes, il sera sans nul doute ravi, mais cela ne stimulera pas nécessairement l'intérêt qu'il vous porte.

Quand une femme courtise ouvertement un homme, celui-ci s'en trouve flatté et cela éveillera probablement chez lui une forme d'intérêt réceptif, mais rien de plus. Il se laissera porter par les événements aussi longtemps que cela lui conviendra, mais cela lui inspirera rarement l'envie d'une relation plus sérieuse.

La passion d'un homme s'accroît avant tout quand il se sent vraiment bien en présence d'une femme. N'oubliez pas qu'il vient de Mars ; il aime sentir qu'il réussit. Voilà pourquoi, lorsqu'un homme éprouve un intérêt actif, cela

l'incite à donner le meilleur de lui-même. Ainsi
votre ami se sentent bien auprès de vous il faut l
des occasions de réussir à réellement combler v

> **C'est quand un homme apprécie vraiment ce qu'il ressent auprès d'une femme qu'il en vient à l'aimer plus.**

Pour comprendre ce processus, mettez-vous un instant dans la peau d'un homme qui a travaillé vraiment dur, aidé une foule de personnes et qui a fait fortune. Sa richesse le rend fort heureux. Imaginez à présent un homme qui ne travaille pas dur, qui n'aide personne mais qui, lui aussi, gagne beaucoup d'argent. Celui-ci sera moins heureux. Le premier tire en effet un bonheur accru des rudes efforts fournis et de l'aide apportée à autrui.

Peu importe ce qu'un homme reçoit : il l'appréciera mieux s'il a dû se dépenser pour l'obtenir et s'il a réussi de haute lutte. Or, plus un homme est content de lui, plus cela lui donne envie d'aimer et plus il sera attiré par une personne auprès de qui il se sent bien.

Donner et recevoir un massage

L'exemple du massage illustre clairement la distinction entre intérêt actif et intérêt réceptif. Quand Philip masse le cou de Marie, il prend un intérêt actif au fait de dénouer les muscles de son amie. Voici quelques-uns des sentiments et des pensées qui traversent alors son esprit :

Je me demande ce qu'elle préfère ?
Quelle tactique pourrais-je utiliser pour lui faire vraiment du bien ?
Je crois que je vais essayer de me montrer un petit peu plus doux.
Je suis sûr qu'elle adore cette longue caresse.

213

. présent, je vais laisser mes mains descendre le long de son dos.

Voilà qui va être très relaxant.

Oh, c'est tendu, là !

Il va falloir continuer cette manipulation un peu long-temps.

Oh, bien ! Cette tension s'est dénouée.

Je crois qu'elle se sent beaucoup mieux, à présent.

Je me demande si je peux faire quelque chose d'autre pour elle.

Je crois qu'elle a bien aimé ce massage.

Chacune de ces pensées reflète l'intérêt actif de Philip en la matière. Si ses efforts sont couronnés de succès, il se sentira encore plus proche de Marie et de plus en plus enclin à mieux la connaître.

Pendant que Philip s'active à aider Marie à se détendre, celle-ci réagit tout naturellement par un intérêt réceptif. Voici quelques-uns des sentiments et des pensées qui traversent alors son esprit :

Je rêve d'un massage.

Ah, que c'est agréable.

J'adore quand il me touche de cette façon.

Mmm, cela fait du bien...

Quelle bonne idée il a eue : je peux enfin me détendre.

Je me demande ce qu'il va faire ensuite.

Oh, c'était parfait.

Je me sens beaucoup mieux.

Je me demande quelles autres choses il réussit aussi bien...

Ces diverses réflexions expriment son intérêt réceptif. Se rappeler ce qu'elle ressent pendant qu'on lui administre un massage peut aider une femme à retrouver le genre de pensées qui la rendent la plus intéressante aux yeux d'un homme. Beaucoup de nos compagnes s'étonnent d'apprendre que cet intérêt en retour constitue le plus beau cadeau qu'elles puissent offrir, tout comme s'intéresser activement à elles est le plus beau cadeau que lui puisse leur faire.

La valeur d'une femme

Les femmes qui ne comprennent pas les hommes croient souvent qu'elles doivent « faire quelque chose » pour gagner leur amour et leur attention. Elles ne comprennent pas la valeur intrinsèque de leur réceptivité à ce que leur partenaire peut leur offrir. Elles ignorent que se montrer ouvertes et accueillir ce qu'un homme « fait » pour elles est déjà lui rendre la pareille.

Une femme s'épanouit lorsqu'un homme « fait des choses » pour elle. C'est quand il lui montre un intérêt actif qu'elle s'intéresse le plus à lui. Et comme elle-même réagit ainsi, elle en déduit à tort qu'il en fera autant ; mais ce n'est pas le cas.

La plupart des femmes ne sont pas conscientes de leur valeur aux yeux masculins. Un homme s'épanouit quand une femme s'ouvre à lui et accueille ses efforts pour l'intéresser, l'impressionner et la combler. Sa seule réceptivité constitue un cadeau ; il lui est reconnaissant de l'occasion qu'elle lui donne d'apprendre à la connaître, d'établir des liens avec elle et de baigner dans son regard. Sans femme à choyer, un homme devient un « chômeur de l'amour ». Il a besoin de ce travail. Il a besoin d'avoir la possibilité de mener à bien une relation. Cela donne une impulsion énorme au contentement qu'il retire de son existence.

Désir et tension dynamique

Le désir, l'intérêt et la passion au sein d'une relation amoureuse résultent d'une tension dynamique. Cette tension naît ou s'accentue lorsqu'un homme donne et qu'une femme reçoit avec gratitude. Quand un homme s'évertue à plaire et y réussit, à un certain niveau, il attend quelque chose en retour. Cette anticipation suscite en lui excitation, intérêt et enthousiasme. Et, de façon quasi automatique, cela l'incite à resserrer les liens qui l'unissent à sa partenaire.

Beaucoup de femmes dissipent sans le savoir cette tension en retournant trop rapidement les cadeaux qu'elles reçoivent. Au lieu d'accueillir les attentions de son partenaire et de laisser celui-ci savourer son succès, une Vénusienne tend trop souvent à tourner casaque et troquer sa réceptivité contre une attitude d'intérêt actif, afin de pouvoir à son tour se montrer généreuse. Elle commence à calculer comment elle va lui retourner ses faveurs. Et ce revirement émousse à terme la passion de son compagnon.

Il est difficile pour une femme qui ignore ce qu'elle représente aux yeux de son soupirant de se montrer réceptive à son intérêt actif. Au lieu de se borner à accueillir ce qu'il lui offre, il lui semble qu'elle doit sans tarder lui rendre la pareille. Elle ne comprend pas que sa seule réceptivité constitue déjà un cadeau. Autant dire que non seulement il n'est pas nécessaire de donner quelque chose en retour, mais que cela peut même empêcher l'intérêt de votre partenaire de s'accroître.

Nombre de femmes croient à tort que pour mériter d'obtenir ce qu'elles désirent vraiment, elles doivent toujours rendre ce qu'elles reçoivent.

Cette tendance à retourner les faveurs est tellement instinctive que bien des femmes n'en sont même pas conscientes. Après tout, sur leur planète, les bonnes manières exigent que l'on retourne immédiatement toute faveur. Reprenons l'exemple du massage pour explorer quelques-uns des sentiments et des pensées qu'une femme peut éprouver lorsqu'elle est incapable de se placer en position purement réceptive. Comme vous le verrez, elle commence par éprouver les mêmes qu'une femme réceptive, mais, très vite, ils laissent la place à ceux exprimant un intérêt actif. Voici quelques exemples :

Je rêve d'un massage, mais qu'attendra-t-il de moi en retour ? Je me demande ce qu'il aimerait que je lui fasse. Ah, comme c'est agréable. Je devrais le masser à mon tour. Je me demande quelle tactique je devrais employer avec lui.

J'adore qu'il me touche de cette façon. Je me demande ce que lui aime. Je devrais le masser ainsi....

Mmm, c'est délicieux. J'ai honte de ne rien faire pour lui en retour. Que pourrais-je essayer ?

Ne t'arrête pas ; c'est bon... Mais je ne devrais pas me montrer aussi égoïste. Que pourrais-je faire pour qu'il se sente bien auprès de moi ? C'est tout de même lui qui subit le plus de tensions.

C'est vraiment agréable ; je peux me détendre. Non, en fait, je n'arrive pas à simplement me détendre. Je devrais faire quelque chose pour que lui aussi se sente mieux. Il a eu une longue journée et il n'a vraiment pas besoin de ces efforts supplémentaires.

Je me demande ce qu'il va faire après. Et je me demande ce que je devrais lui donner en retour pour qu'il continue à m'aimer.

Oh, c'était parfait. Je n'ai rien fait pour mériter cela. Que faire pour qu'il pense que je suis la femme de sa vie ?

Je me sens tellement mieux, mais comment lui rendre la pareille ?

Je me demande quelles autres choses il fait aussi bien. Et je me demande pourquoi il est avec moi. Je ferais mieux de lui rendre la pareille.

Dans chacun de ces exemples, la femme commence par se montrer réceptive, puis laisse des interrogations sur la façon dont elle pourrait le satisfaire, envahir son esprit. Au lieu de se détendre et d'accueillir le massage que son compagnon lui prodigue, elle passe d'un intérêt réceptif à un intérêt actif. Ce qui paraît très aimant, mais peut en réalité empêcher un homme de voir son intérêt pour une femme se développer pleinement. Cela risque de dissiper la tension dynamique qui incite celui-ci à la désirer de plus en plus.

Le pouvoir de l'attitude

L'intérêt qu'un homme porte à une femme ne peut se développer que tant qu'il demeure actif. Il tend en revanche à décliner s'il ne constitue qu'une réponse à l'intérêt que sa partenaire lui témoigne.

Quand un homme vous manifeste un intérêt actif, il vous donne la possibilité d'explorer vos réactions instinctives et authentiques à ses attentions. C'est cette sincérité même qui vous rendra attirante aux yeux des hommes qui vous conviennent. Comprendre cela est la meilleure chance d'évaluer le potentiel d'une histoire d'amour tout en passant un excellent moment !

Rappelons que si une femme entreprend de courtiser un homme, cela éveille en lui un intérêt réceptif. Et, même s'il apprécie l'intérêt, la chaleur et l'affection qu'elle manifeste à son égard, cela ne fait pas grandir sa passion pour elle. Un intérêt réceptif n'incite pas un homme à donner le meilleur de lui-même. Et, tôt ou tard, il se tournera vers une autre personne qui, elle, lui semblera susceptible de lui permettre de s'accomplir activement.

Exemples d'intérêt actif et d'intérêt réceptif

Quand un homme s'intéresse à une femme, il réfléchit sans cesse aux choses qu'il pourrait faire pour l'impressionner. Et lorsque celle-ci se montre réceptive à ses attentions, elle lui insuffle l'assurance qui le mettra à même de prendre les risques nécessaires pour l'épater. Plus il lui faudra s'exposer pour atteindre son objectif, plus il s'attachera à sa compagne. En clair : l'intérêt réceptif d'une femme renforce la passion d'un homme.

Si vous commencez à vous demander s'il est suffisamment accroché, et que vous tentez de l'impressionner dans l'espoir de renverser la vapeur, cela peut saboter le potentiel d'un rendez-vous amoureux. Et au lieu de stimuler l'intérêt de votre soupirant, vous risquez de l'émousser. Vous obtiendrez en fait l'effet inverse de celui que vous recherchez. Car si vous commettez l'erreur de vous mettre en avant, il réagira automatiquement en se détendant et en vous laissant prendre tous les risques.

Bien sûr, les hommes aiment ne pas avoir à s'exposer, ils apprécient qu'on les choie et ils adorent qu'une femme leur témoigne un intérêt actif, mais cela ne les pousse pas à tomber plus profondément amoureux d'elle. L'intérêt d'un homme se développe quand il accomplit des choses pour gagner l'affection de sa compagne, et il se renforcera à chaque fois qu'il se demandera comment la conquérir.

Pour mieux comprendre en pratique le sens d'un intérêt actif et d'un intérêt réceptif, nous allons prendre quelques exemples. À mesure que vous lirez le tableau comparatif qui suit, cette distinction se dessinera plus clairement à vos yeux. Il se peut cependant qu'il vous faille le relire à plusieurs reprises avant de tout saisir et d'apprendre à percevoir d'instinct à quel type d'intérêt vous êtes confronté.

Nous commencerons par des exemples de pensées et de sentiments banals qu'un homme pourra éprouver suivant qu'il témoigne un intérêt actif ou réceptif. Nous nous pencherons par la suite sur les pensées et sentiments féminins.

Il éprouve un intérêt actif	Il éprouve un intérêt réceptif
Je me demande si elle pourrait s'intéresser à moi. En tout cas, je la trouve intéressante.	Je me demande si j'apprécierais de passer plus de temps avec elle. Elle, en tout cas, semble intéressée par moi. Ce pourrait être amusant.
Je me demande si elle m'apprécie. Moi, je l'apprécie vraiment. Voyons, comment devrais-je l'aborder ?	Je me demande si j'aimerais mieux la connaître. Je ne sais pas, mais comme elle semble m'apprécier, nous verrons bien.
Je me demande ce que j'ai à lui offrir. Je pense que je pourrais la rendre vraiment heureuse.	Je me demande ce qu'elle a à m'offrir. Elle est très belle ; cela vaut peut-être le coup de creuser la question.
Je me demande si je suis assez bien pour elle. Oh, après tout, qui ne tente rien n'a rien. Je pense que je pourrais la rendre heureuse.	Je me demande si elle est assez bien pour moi. Certes, je la trouve attirante et je pense qu'elle pourrait me rendre très heureux. On ne sait jamais.
Je me demande comment faire connaissance avec elle. Comment l'aborder ? Que lui dire ? OK, je vais me borner à me présenter et à me montrer amical.	Je me demande si je ne devrais pas lui faciliter la tâche, puisqu'elle semble si désireuse de faire vraiment connaissance avec moi. Il est évident qu'elle flirte. Il n'y a pas de mal à se montrer amical.

Je me demande si elle accepterait de sortir avec moi. En tout cas elle mérite que je tente ma chance. Je vais lui demander son numéro. Pas question de la laisser disparaître de mon existence sans avoir au moins tenté de l'aborder.

Je me demande comment je pourrais la rendre heureuse. Je vais l'inviter dans mon restaurant favori ; j'espère qu'elle l'aimera.

Je me demande ce qu'elle aimerait faire. Je vais regarder dans le journal ce qui se joue la semaine prochaine.

Je me demande ce qu'elle pense de moi. J'espère que je lui ai fait bonne impression. Voyons, que pourrais-je tenter pour améliorer son opinion de moi ?

Je me demande comment l'impressionner. Dressons un plan de bataille. D'abord, nous irons dîner, puis au cinéma. Je vais lui faire passer une très bonne soirée.

Je me demande quand tenter de l'embrasser. Je ne veux pas lui paraître trop pressé. Rappelle-toi, mon garçon, vas-y doucement. Elle paraît m'apprécier elle aussi. Allons, c'est maintenant ou jamais !

Je me demande si j'aimerais sortir avec elle. À l'évidence, elle s'intéresse à moi. Je devrais peut-être prendre son numéro de téléphone, au cas où j'aurais envie de l'appeler.

Je parie qu'elle pourrait me rendre heureux. Je ne vais tout de même pas refuser une telle offre.

Je me demande ce que j'ai envie de faire. Au fond, peu importe. Je vais attendre et lui poser la question : moi, tout me va.

Je me demande quels sentiments elle m'inspire. Je ne suis pas sûr de vouloir l'appeler. Je verrai plus tard.

Je me demande comment se déroulera cette soirée. Elle était assez sensationnelle, l'autre soir. Voyons, qu'ai-je envie de faire ? Je vais certainement passer un excellent moment.

Je me demande si elle a envie de m'embrasser. J'espère que c'est le cas. Je suis sûr qu'elle embrasse très bien.

Les exemples ci-dessus montrent clairement que lorsqu'un homme éprouve un intérêt actif, il tend à se comporter de manière beaucoup plus masculine, directive et active. De telles qualités le rendent encore plus attirant pour sa partenaire. Un intérêt réceptif, en revanche, quoique tout à fait acceptable, ne rend pas un homme irrésistible aux yeux de sa compagne. Comme nous le verrons dans le tableau suivant, c'est en revanche un intérêt réceptif qui rend une femme la plus séduisante pour son soupirant.

Elle éprouve un intérêt actif	Elle éprouve un intérêt réceptif
Je me demande s'il pourrait s'intéresser à moi. Que pourrais-je faire ? Comment me comporter avec lui ?	Je me demande s'il m'intéresse. Il semble pourtant intéressant. Je pense que j'aimerais le connaître un peu mieux.
Je me demande s'il m'apprécie. Comment pourrais-je faire en sorte de le rencontrer ? Je suis sûre que je pourrais le captiver.	Je me demande si je veux faire sa connaissance. Il paraît intéressant. Je devrais lui consacrer un peu de temps.
Je me demande ce que j'ai à lui offrir. Je suis sûre que je pourrais lui apporter une aide précieuse. Il a besoin de moi.	Je me demande ce qu'il peut m'apporter. Il est adorable. J'ai assez envie de creuser la question.
Je me demande si je suis assez bien pour lui. Je suis sûre que je pourrais vraiment le rendre heureux ; peut-être qu'alors, il s'éprendrait de moi.	Je me demande s'il est assez bien pour moi. Je l'apprécie et il semble réellement désireux de passer du temps avec moi. Peut-être est-il l'homme de ma vie.
Comment pourrais-je le rencontrer ? Comment attirer son attention ? Que pourrais-je lui demander ? Je vais lui faire un compliment puis lui poser une question.	Je me demande comment je pourrais lui faciliter la tâche, puisqu'il semble si désireux de me rencontrer. Je l'apprécie vraiment. Je vais jeter quelques coups d'œil de

son côté, afin de lui laisser deviner qu'il ne m'est pas indifférent.

Je me demande s'il va m'inviter à sortir. Il en vaut la peine et je n'ai pas l'intention de le laisser s'échapper. Je vais me procurer son numéro. Je suis sûre que nous irions très bien ensemble.

Je me demande si j'ai envie de sortir avec lui. Il paraît intéressant. Je devrais peut-être accepter de lui donner mon numéro ; s'il ne me le demande pas, je prendrai l'initiative de le lui donner au cas où il aurait envie de m'appeler.

Je me demande comment je pourrais le rendre heureux. J'ai une bonne idée pour capter son attention.

Je me demande s'il pourrait me rendre heureuse. Peut-être est-il l'homme de ma vie ; voilà qui est excitant.

Je me demande ce qu'il aimerait faire. Je regarderai dans le journal ce que je pourrais lui proposer.

Je me demande ce que je pense du programme qu'il propose. Cela s'annonce plutôt amusant.

Je me demande ce qu'il pense de moi. J'espère qu'il apprécie mon allure. Pourvu que j'aie dit ce qu'il fallait.

Je me demande ce que je pense de lui. Il paraît vraiment intéressant. J'apprécie de le connaître mieux.

Je me demande comment je pourrais l'impressionner ? Voyons, que pourrais-je porter ? Je me demande comment je devrais réagir quand il...

Je me demande quel effet il produira sur moi, ce soir. J'espère qu'il me plaira. Voyons, que pourrais-je porter ? Dans quelle tenue me sens-je le mieux ?

Je me demande si je devrais prendre l'initiative de l'embrasser. Je veux être sûre que je l'attire.

Je me demande s'il a envie de m'embrasser ; j'espère que oui. Je me demande comment ce sera.

Les choses sont claires : c'est quand une femme manifeste un intérêt réceptif que ses qualités féminines sont le mieux mises en valeur. Il n'y a rien de mal à éprouver un intérêt actif pour un homme, mais rappelez-vous que vous lui paraîtrez plus attirante à long terme et que vous vous sentirez mieux dans le cadre de vos relations amoureuses si vous apprenez à adopter une attitude d'intérêt réceptif.

Les femmes donnent ce qu'elles-mêmes attendent

Quand un homme reçoit des attentions d'une femme, cela le dispose à en recevoir plus encore ; lorsque, en revanche, une femme reçoit les attentions de son partenaire, cela la dispose à en donner plus. Une femme qui ne comprend pas cette distinction fondamentale se comportera automatiquement comme elle souhaiterait que l'autre se comporte avec elle, persuadée que cela stimulera au mieux son intérêt.

Si un homme écoute attentivement ses propos, elle lui vouera sans nul doute un intérêt accru. S'il prend bonne note de ses désirs et se démène pour les satisfaire, elle craquera complètement pour lui. Voilà pourquoi elle croira à tort subjuguer son partenaire en lui rendant la pareille. Elle se laissera alors envahir par son intérêt actif et accomplira pour lui ce qu'elle aimerait qu'il fasse pour elle. Et elle pense suivre la bonne voie. Quand monsieur ne réagit pas comme elle-même le ferait en pareil cas, elle en déduit à tort que quelque chose cloche.

Une femme donne ce qu'elle aimerait qu'on lui donne, persuadée que cela stimulera l'intérêt de son compagnon.

Le problème est que, même si un homme se laisse emporter par ce déluge d'attentions et qu'il apprécie énormément sa compagne, cela s'arrête là. Il aime les sentiments qu'elle éveille en lui et par conséquent il l'aime bien aussi. Mais ce n'est que quand une femme lui permet de donner le meilleur de lui-même qu'il apprécie réellement ce qu'il ressent et trouve la motivation pour faire plus ample connaissance avec elle. Alors, son intérêt devient actif.

Si une femme concentre ses efforts pour se montrer de plus en plus réceptive aux avances de son compagnon, elle se procure la clé qui permettra à leur histoire de s'épanouir. Non seulement, elle offre à son soupirant la possibilité de vivre pleinement ses sentiments pour elle, mais en plus elle l'aide à donner le meilleur de lui-même. De la même façon, un homme qui témoigne à sa compagne un intérêt actif l'aide à découvrir ses sentiments réels à son égard et aussi à exprimer le meilleur d'elle-même.

12

Les hommes courtisent
et les femmes flirtent

Afin de maintenir l'attirance mutuelle indispensable pour qu'un couple progresse au fil des cinq étapes du processus amoureux, les hommes et les femmes doivent conserver des rôles complémentaires. L'homme sera d'autant plus attirant qu'il accomplira de petites choses avec un air d'assurance et de conviction ; sa compagne, elle, devra accueillir ses attentions avec une attitude réceptive, mais pas totalement convaincue. Elle montrera qu'elle est libre et en aucun cas désespérée ou encline à s'accrocher. Loin de lui donner l'impression qu'elle est conquise, elle lui fera comprendre qu'elle accepte volontiers de découvrir si elle l'apprécie vraiment.

> **Pour parcourir avec succès les cinq étapes du processus amoureux, les hommes et les femmes doivent conserver des rôles complémentaires.**

Pour qu'une relation naisse, la femme doit veiller à ne pas courtiser son partenaire, mais à accueillir favorablement ses avances. Ses encouragements s'expriment à travers le flirt. Quand une femme flirte avec un homme, c'est pour elle une façon de lui laisser deviner qu'il pourrait peut-être se révéler capable de la rendre heureuse, peut-être se révéler l'homme merveilleux qu'elle attend depuis toujours, celui qui pourrait combler ses besoins.

Une femme flirte un peu comme elle fait les boutiques. Lors d'un après-midi de shopping, elle s'amuse à regarder ce qui lui plaît et ne lui plaît pas. Elle ne cherche pas à s'affirmer aux yeux de la vendeuse. Elle se sent libre d'essayer divers vêtements et n'hésitera pas à repartir sans avoir rien acheté. Elle ne se prive pas de regarder ce que les autres magasins proposent et, si elle le souhaite, de revenir plus tard. Adoptez une attitude identique en matière de flirt. Celui-ci doit dégager une énergie qui dit : « Je regarde et j'aime bien ce que je vois. Peut-être es-tu celui qui me rendra heureuse. »

Pour un homme, courtiser une femme ressemble plutôt à un entretien d'embauche. Bien sûr, vous éprouvez sans doute l'envie de jauger l'ambiance qui prévaut dans l'entreprise, mais vous cherchez avant tout à impressionner votre interlocuteur afin qu'il vous engage. De la même façon, un homme qui courtise une femme lui présentera d'instinct son côté le plus charmant. Faire la cour dégage une énergie qui dit : « Je pourrais être celui qui te rendra heureuse. Regarde-moi, regarde ce que j'ai fait et ce que je peux faire. » Quand il la courtise et qu'elle accueille ses avances de façon réceptive, ludique et approbatrice, leur attirance mutuelle pourra se développer.

Répondre en flirtant aux avances d'un homme se révèle très productif car celui-ci est toujours désireux de s'attribuer la responsabilité de la joie de sa compagne. Il voit là un hommage à sa capacité à la rendre heureuse. Réussir à la conquérir l'amuse tout autant que cela réjouit sa partenaire de sentir qu'un être qui lui plaît cherche à lui faire plaisir.

Quand une femme réagit en flirtant, cela plaît énormément aux hommes car ils voient là un hommage à leur capacité à la rendre heureuse.

Même si presque tout ce qu'une femme accomplit sur le mode réceptif s'assimile à du flirt, voici douze exemples de signaux clairs qui permettront à un homme de saisir qu'elle est disposée à répondre favorablement à ses attentions.

Douze techniques féminines de flirt

1. Elle se contente de sourire et de croiser le regard de l'autre pendant trois à cinq secondes, comme pour lui dire : « Je pourrais m'intéresser à toi », avant de détourner les yeux.

2. Elle bat des cils comme pour dire : « Eh bien, j'attends un homme comme toi. »

3. Elle incline la tête de côté comme pour dire : « Je me demande si tu es le genre d'homme qui me convient. »

4. Elle se lève et passe devant l'homme qui l'intéresse, comme pour lui dire : « Si tu ne m'as pas encore remarquée, voici l'occasion. À toi de m'aborder, à présent. »

5. Elle capte son regard, puis, au bout de trois à cinq secondes, détourne le sien afin de l'inviter à la contempler. Quelque dix secondes plus tard, elle repose les yeux sur lui avec un sourire qui lui dit : « Si tu es intéressé, viens te présenter. Je ne mords pas. »

6. Elle le heurte comme par inadvertance et s'excuse d'un petit « Oh ! », qui signifie : « Oh, je n'avais pas l'intention de vous toucher... Mais cela m'a bien plu. »

7. L'air de rien, elle effleure sa main en lui parlant, comme pour lui faire comprendre combien elle apprécie qu'il se montre aussi compréhensif et attentif. Alors, elle lui adresse un simple sourire comme pour lui dire : « J'aime le contact de ta peau » ou haussera des sourcils émerveillés : « C'est vraiment agréable. »

8. Elle pose brièvement la main sur sa jambe au-dessus du genou ou sur son épaule en guise de ponctuation, afin de lui faire comprendre qu'elle se sent en sécurité, en terrain familier et bien auprès de lui. Lorsqu'elle retire sa main, elle marque une pause comme pour reprendre son souffle parce que la délicieuse étincelle survenue entre eux lui a momentanément fait oublier ce qu'elle était en train de dire.

9. Il arrive aussi qu'elle argumente amicalement ou même mette son opinion en doute d'une façon qui signifie : « Peu m'importe que nous ne soyons pas toujours d'accord ; je t'apprécie quand même. Cette discussion me stimule. »

10. Elle lui demande de porter quelque chose pour elle ou sollicite son aide. Et, pendant qu'il s'exécute, elle expire profondément comme pour dire : « Comme c'est agréable de pouvoir se détendre et laisser quelqu'un d'autre s'occuper de moi. Quel plaisir ! »

11. Elle le questionne, puis s'émerveille, rieuse, de sa réponse brillante, comme pour lui dire : « J'aime ta façon de penser et tu m'aides beaucoup. »

12. À l'issue de leur rendez-vous, elle le regarde droit dans les yeux, la tête légèrement inclinée sur le côté, sourit puis relève un peu le menton, comme pour dire : « J'ai vraiment passé une bonne soirée et si tu as envie de m'embrasser, je suis d'accord. À toi de jouer. »

Ces petites expressions donneront à un homme l'occasion d'évaluer la réceptivité de sa partenaire à son égard. Ce sont elles qui l'aimantent : il a besoin de recevoir l'assurance claire que, s'il poursuit ses avances, il progressera dans le cœur de sa compagne. En l'absence de tels signaux, son attirance diminuera parce qu'il pensera ne pas pouvoir réussir.

Comment les hommes courtisent les femmes

Quand un homme courtise une femme, il lui exprime son appétit de découvrir si elle est la femme de sa vie. Ses yeux, sa voix, son intention, son intérêt et même ses mains affirment avec confiance : « Je m'intéresse à toi et je me fais fort de te rendre heureuse. C'est peut-être moi, cet homme formidable que tu attends depuis toujours. Je pourrais combler tes besoins, te proposer des activités qui te rempliraient réellement de bonheur, te passionner et aussi te faire rire. » Ce genre de flirt se révèle très stimulant pour une femme : elle apprécie d'avoir de temps à autre l'occasion de se détendre en présence d'une personne qui tient suffisamment à elle pour prendre en charge son bonheur et pour l'emmener là où elle souhaite aller.

Une femme apprécie tout particulièrement qu'un homme prenne le risque de l'impressionner, au lieu d'attendre qu'elle-même fasse quelque chose pour le séduire.

Quand vous rencontrez une femme, vous devez veiller à nouer une connexion avec elle avant de passer aux actes. Montrez-lui d'abord votre intérêt autrement que par des mots et attendez d'obtenir d'elle une réponse sans ambiguïté pour l'aborder. Si vous ne parvenez pas à capter son attention, demandez par exemple à un serveur de lui apporter un petit cadeau ou un petit mot. Laissez-la le lire hors de votre présence. Et si, peu à peu, elle se met à vous sourire et à flirter avec vous, vous pourrez passer à la vitesse supérieure.

Une autre tactique consiste à faire la connaissance d'une de ses amies – cela vous paraîtra beaucoup plus facile que de vous présenter à la dame de vos pensées –, que vous interrogerez à son sujet. Cette amie ne manquera pas de lui parler de vous. Si à ce moment, elle regarde dans votre direction, c'est qu'elle a décidé de flirter. Vous pouvez vous approcher et vous présenter.

La meilleure entrée en matière est la plus facile

Beaucoup d'hommes paniquent à la perspective d'aborder une femme qui leur plaît. Les entrées en matière les plus simples sont les meilleures. Bornez-vous à vous présenter : « Bonjour, je m'appelle John, et vous ? » Une fois qu'elle aura répondu, tenez-vous prêt à lui poser quelques questions ou à émettre quelques commentaires sur ce qui se passe autour de vous ou sur le temps. Le fait que vous ayez franchi ce pas est plus important que ce que vous racontez. Et même si ce que vous dites manque de cohérence, elle sera impressionnée que vous ayez pris le risque de la courtiser.

Pour inciter une Vénusienne à parler, la meilleure question à poser est la suivante : « D'où venez-vous ? », tandis que celle qui rendra un Martien le plus loquace est plutôt : « Que faites-vous ? » Les hommes adorent parler de leur travail ou de leurs activités ; les femmes, elles, préfèrent évoquer leur cadre de vie et leurs relations.

Même quand vous ne vous sentez aucune prédisposition pour le bavardage, vous pourrez tout de même obtenir des succès non négligeables en demeurant présent, en regardant dans sa direction et en lui posant des questions. Sachez en outre que les femmes se feront en général un plaisir de compenser vos déficiences dans ce domaine.

Pourquoi les hommes restent muets

Il est parfaitement normal pour un homme de ne pas trouver sa langue lorsqu'il rencontre pour la première fois une femme. Voici un autre exemple des différences entre hommes et femmes : les premiers tendent à n'utiliser qu'une partie de leur cerveau à la fois, tandis que leurs compagnes en utilisent plusieurs simultanément. Il se révèle de ce fait relativement facile pour une femme de parler même quand elle éprouve des sentiments puissants. En revanche, plus un homme est la proie de sentiments violents, moins il est capable de penser et de parler. C'est pourquoi, quand un homme voit une femme qui lui plaît, il a beaucoup de mal à imaginer comment l'aborder avant son départ, et lorsqu'il lui est enfin présenté, il ne trouve plus ses mots. Certains voient en outre leur nervosité s'aggraver encore à la simple perspective de ne pas savoir quoi dire.

Beaucoup d'hommes s'avouent soulagés de découvrir que tant de leurs congénères rencontrent les mêmes problèmes qu'eux, mais surtout que leurs compagnes y sont habituées et ne leur en tiennent pas rigueur. Au contraire, elles jugent que cette faiblesse rend un homme plus adorable et charmant : elles sont d'autant plus flattées qu'il ait trouvé le courage de surmonter son angoisse pour se lancer. Si bien que plus un homme bafouillera, plus son interlocutrice aura l'impression qu'il la complimente. Plus il se montrera disposé à braver le ridicule, plus il lui semblera qu'il tient à elle, ce qui constitue un grand hommage.

Une femme est impressionnée quand un homme essaie de la rencontrer alors même qu'il ne maîtrise pas complètement l'art de parler aux dames. Si vous ignorez vraiment quoi lui dire ou lui demander, contentez-vous de vous tenir devant elle le visage légèrement baissé et incliné sur le côté, un petit sourire aux lèvres : cela suffira parfois pour qu'une femme tombe amoureuse de vous. Émue, elle pensera : « Il est absolument charmant. Nul besoin pour lui d'une conversation brillante ou de remarques spirituelles pour gagner le cœur d'une femme. Il lui suffit de prendre le risque de la rencontrer et de savoir l'écouter. »

Il n'en demeure pas moins que l'art de complimenter le sexe opposé représente un élément important du parcours amoureux. Nous explorerons plus en détail dans le chapitre 13 comment exprimer notre attirance pour notre partenaire.

13

La reconnaissance pour l'homme, l'adoration pour la femme

Prodiguer des compliments constitue la meilleure façon de communiquer notre désir et de laisser celui-ci grandir. Un homme attiré par une femme pourra le lui faire savoir en la complimentant. Il arrive cependant souvent qu'un homme commette l'erreur de prodiguer les louanges que lui-même souhaiterait recevoir, au lieu de s'y prendre à la manière vénusienne. De la même façon, beaucoup de femmes ignorent l'art de féliciter un homme avec succès. La règle de base est que les hommes veulent qu'on les prenne en considération, tandis que les femmes désirent qu'on les adore.

Sur Mars, le plus grand hommage réside dans l'appréciation des résultats des décisions et des actions d'un individu. Voilà pourquoi, lors d'un rendez-vous, les hommes aiment tant que leur compagne évoque le moment délicieux qu'elle passe, le dîner succulent qu'elle vient de déguster ou la qualité du film qu'ils ont vu. Il perçoit cela comme un succès pour lui.

> **Sur Mars, le plus grand hommage réside dans l'appréciation des résultats d'une décision ou d'une action d'un individu.**

Lorsqu'une femme déclare : « Ce film était vraiment super », il est aussi fier que s'il en avait lui-même rédigé le scénario, l'avait mis en scène et comme s'il en avait même tenu le rôle principal. Puisqu'il a su fournir un film qui a plu à sa partenaire, il en conclut que lui aussi lui a plu.

De la même façon, l'enthousiasme avec lequel une femme s'extasiera sur le contenu de son assiette dans un restaurant que lui a choisi le transportera de joie. Il est aussi heureux que s'il avait passé la journée à confectionner ce repas et qu'elle l'ait apprécié. C'est lorsque sa compagne répond de façon positive à ses suggestions en laissant de côté ce qui lui plaît moins qu'un homme se sentira le plus apprécié.

Quand une femme dit : « Je passe vraiment une soirée formidable. Je me sens bien. L'air est pur, le ciel dégagé et les étoiles magnifiques. Quant à la lune qui se reflète dans la rivière, quel spectacle romantique... », elle propulse son soupirant au septième ciel. Il se rengorge d'avoir su lui procurer un tel divertissement. Il lui semble que c'est lui qui a fait se lever la lune – il est tellement romantique – et que c'est à lui qu'on doit l'air cristallin et le ciel étoilé. La fierté qu'il en retire ne fait qu'accroître son affection pour sa compagne.

Prodiguer des compliments sur Vénus

Sur Vénus, on apprécie tout particulièrement les compliments personnalisés. Bien sûr, toute félicitation est la bienvenue, mais celles qui plaisent le plus aux femmes sont les plus personnelles et les plus directes. Ne sachant pas cela d'instinct, bien des hommes laissent échapper une bonne occasion de renforcer leurs liens avec une femme en la complimentant de manière plus directe. Ce n'est pas parce que vous appréciez que l'on reconnaisse ce que vous faites, que vous devez en déduire que votre partenaire réagira de manière similaire. Cela vous priverait d'une chance de la voir s'abandonner à l'attirance que vous exercez sur elle.

Au lieu de vous préoccuper de ce qu'une femme accomplit ou de ce qu'elle vous fait ressentir, efforcez-vous de trouver des adjectifs et des substantifs dotés d'une connotation positive pour la décrire. Vous pouvez bien entendu parler de ses activités, mais n'oubliez jamais d'inclure dans vos propos une déclaration la concernant. C'est de cette manière qu'elle sentira le mieux votre affection.

C'est la façon dont un homme la voit et la compliment qui rassure le plus une femme sur son pouvoir de séduction. Elle sera donc davantage attirée par ceux qui savent prodiguer des compliments personnalisés. Monsieur, en revanche, préfère les compliments plus axés sur les réactions de l'autre aux gestes qu'il a accomplis, à ses idées, à ses décisions. Étudions un peu ces différences.

Compliments indirects (pour faire plaisir aux hommes)	Compliments directs (pour faire plaisir aux femmes)
Je passe un moment merveilleux.	Tu es réellement merveilleuse.
Je me suis bien amusée.	Tu es tellement amusante.
Ce film était super.	Tu as bon goût en matière de cinéma.
Ce restaurant est excellent.	Tu es une cuisinière hors pair.
Cet orchestre est fantastique.	Tu danses merveilleusement bien.
Quelle soirée parfaite !	Ton sourire est parfait.
J'aime vraiment bavarder avec toi.	Tu racontes des choses vraiment intéressantes.
J'adore passer du temps avec toi.	J'adore ta compagnie.

J'ai passé une soirée délicieuse.	Tu es vraiment délicieuse.
Cela faisait longtemps que je n'avais pas passé un aussi bon moment.	Quel bonheur de t'avoir rencontrée.
Cela paraît vraiment logique.	Tu es douée.
Incroyable : et cela ne t'a pris que vingt minutes.	Incroyable : tu es d'une efficacité redoutable.
Seigneur, je suis impressionnée.	Seigneur, tu es impressionnante.
C'est un travail fantastique.	Tu as accompli un travail fantastique.
Je n'aurais jamais pensé à faire cela.	Tu es vraiment géniale.
C'était vraiment une bonne idée d'aller voir ce film *ou* je suis vraiment contente que nous soyons allés voir ce film.	Tu sais choisir de bons films.

Quand une femme s'adresse à un homme sur le mode indirect conseillé ci-dessus, cela l'encourage à continuer à la courtiser et renforce sa confiance en ses pouvoirs de séduction. Il perçoit cela comme une réussite personnelle, qui accroît son intérêt pour sa partenaire. En évitant les compliments directs, elle maintient une distance entre eux, qu'il pourra franchir pour la poursuivre de ses assiduités.

Quand un homme adopte un style de compliments plus direct comme indiqué *supra*, il assure sa dulcinée qu'il la chérit et la respecte. Cela permet à notre Vénusienne de mieux se plonger dans ses sentiments et dans ceux que cet homme lui inspire. Ce qui l'aide à ouvrir son cœur afin de se montrer plus réceptive et de mieux répondre aux avances de son soupirant. Chaque fois qu'elle se montre ravie de ses compliments, il sent qu'il progresse dans la conquête de l'aimée.

Les femmes adorent
les compliments personnels

Un homme tirera fierté de ce que sa partenaire admire sa voiture, sa chaîne stéréo ou son équipe de football favorite, mais une femme ne se sentira réellement complimentée que quand il lui semble qu'on la distingue et qu'on l'adore personnellement.

Elle ne pourra commencer à éprouver des sentiments plus profonds pour son partenaire que s'il apprend à lui adresser des compliments plus personnels, c'est-à-dire des observations positives de ce qu'il remarque à son sujet. En introduire plus de trois dans le courant d'une conversation constitue un signe clair de son attirance et de son intention de continuer à la courtiser.

Un homme qui glisse au moins trois compliments personnels dans une conversation indique clairement qu'il courtise son interlocutrice.

Si les femmes apprécient tous les compliments sincères, elles sont plus touchées lorsqu'elles devinent que leur compagnon a réfléchi à ce qu'il lui dit. Si vous consacrez quelques instants à l'étude du compliment le plus adapté à la situation, vous permettrez à celui-ci de mûrir. Il exprimera mieux le meilleur de vous-même et stimulera le meilleur de votre dulcinée. Plus vous userez d'un adjectif précis, plus elle se sentira distinguée. Voici quelques exemples de compliments simples et d'autres plus fouillés.

Compliments simples	Compliments plus fouillés
C'est une jolie toile.	Tu es une artiste très douée.
Tu es fort élégante, ce soir.	Tu es absolument magnifique, ce soir.
Tu chantes bien.	Tu chantes merveilleusement bien.

Tu as une jolie voix.	Tu as une voix divine.
Tu as un beau visage.	Tu as un visage d'ange.
Tu as un joli sourire.	Quel sourire ravageur !
Tu es bien jolie.	Tu es splendide.
Quelle élégance !	Tu éclipses toutes les autres femmes.
Tu as bon goût.	Ton goût est sans défaut.
Tu as de jolis yeux.	Tu as un regard à damner un saint.
Voilà une bien jolie robe.	Cette robe te va à ravir.

Il est bien entendu des circonstances dans lesquelles un compliment simple se révèle plus adapté, mais sachez que plus vos louanges seront fouillées, plus votre interlocutrice se fera réceptive à vos attentions.

Pour améliorer les compliments destinés à une femme

Les compliments les plus ordinaires peuvent être améliorés par l'adjonction de ces petits mots : *tellement, vraiment, très, toujours* et *si*. Grâce à eux, un homme pourra sans difficulté harmoniser ses propos avec le degré d'attirance, d'intérêt, d'enthousiasme, de familiarité et de fierté qu'il éprouve. Voyons un peu l'effet que produisent ces adverbes sur le compliment de base « Tu es jolie ».

1. Tu es *tellement* jolie. (attirance)
2. Tu es *vraiment* jolie. (intérêt)
3. Tu es *très* jolie. (enthousiasme)
4. Tu es *toujours* jolie. (familiarité)
5. Tu arbores une *si* jolie tenue. (fierté)

Pour insuffler plus de pouvoir à un compliment, vous pouvez répéter ces mots voire les combiner entre eux :

1. Tu es *tellement*, *tellement* jolie.
2. Tu es *vraiment très* jolie.
3. Tu es *très*, *très* jolie.
4. Tu es *toujours* si jolie.
5. Tu arbores *vraiment* une *si* jolie tenue.

Pour améliorer les compliments destinés à un homme

Les femmes peuvent elles aussi recourir à ces mots pour donner plus de pouvoir aux compliments indirects qu'elles adressent à un homme. Appliquons-les à la phrase la plus simple que tout Martien apprécie d'entendre : « Je suis contente que nous ayons fait cela. »

1. Je suis *tellement* contente que nous ayons fait cela.
2. Je suis *vraiment* contente que nous ayons fait cela.
3. Je suis *très* contente que nous ayons fait cela.
4. Je suis *toujours* contente de faire cela.
5. Je suis *si* contente ; j'ai passé un moment *vraiment* délicieux.
6. Je suis *très*, *très* heureuse que nous ayons fait cela.

Une femme pourra également complimenter un homme de façon indirecte en appréciant ce qu'il a fait pour elle. Chaque fois qu'elle lui dit combien elle a aimé le film, la pièce, le concert, les mets, les décorations, le service, le temps, etc., il prend cela comme un compliment puisqu'il est persuadé d'avoir créé le tout. De la même façon, quand il lui offre des fleurs et qu'elle les juge sublimes, il nage dans le bonheur.

Au début d'une relation amoureuse, la meilleure façon de communiquer votre réceptivité à votre compagnon est de veiller à prendre en compte et à apprécier ce qu'il vous apporte.

Quand une femme s'extasie sur les fleurs qu'un homme lui offre, il en retire plus qu'un simple compliment. Car lorsqu'elle dit : « J'adore ces fleurs », cela lui donne un aperçu de l'impression qu'il éprouverait s'il était aimé de sa compagne. Ce qui lui donne la liberté de se rapprocher ou de s'éloigner d'elle.

Voyons un peu comment une femme peut enjoliver le simple compliment : « J'adore ces fleurs. »

1. Ces fleurs sont *tellement* belles. Je les adore.
2. Ces fleurs sont *vraiment* belles. Je les adore.
3. Ces fleurs sont *très* belles. Je les adore.
4. Tes fleurs sont *toujours tellement* belles. Je les adore.
5. Ces fleurs sont *si* belles. Je les adore.
6. Ces fleurs sont *très* belles et je les adore *vraiment*.
7. Les fleurs sont *tellement* belles. J'adore *vraiment* cela.
8. Ces fleurs sont un *si* joli cadeau. Je les aime *beaucoup*.

Les meilleurs compliments sur Vénus

Les femmes apprécient tout particulièrement les compliments qui visent une chose dans laquelle elles se sont beaucoup investies. Par exemple, elles se donnent généralement beaucoup de mal pour choisir les lunettes de soleil qui mettent le mieux leur visage en valeur. Si vous remarquez les lunettes de votre partenaire, que vous les trouvez sincèrement jolies, vous marquerez beaucoup de points en la félicitant sur son choix.

En vous attachant à un petit détail, vous lui permettez de se sentir mieux aimée. Sachez toutefois que tous les compliments personnels ne conviennent pas. Au début, limitez-vous à des sujets sans équivoque. Plus tard, à mesure que vous progresserez sur le parcours du Tendre, vous pourrez vous montrer plus audacieux.

Attention : sur Vénus, on adore les compliments personnels, mais à condition qu'ils soient exprimés sur un ton amical et détaché, et qu'ils ne masquent nul sentiment violent, attente ou exigence sous-jacente. L'idéal consiste à les prononcer sur un mode aussi banal que si vous disiez : « Comme il fait beau, aujourd'hui », « Je suis vraiment content qu'il ne pleuve plus » ou encore « Quelle chance que les élections soient passées. Je n'en pouvais plus des discours des hommes politiques. »

Les compliments les plus appréciés sont ceux qui permettent à une femme de sentir que son soupirant a remarqué un détail de sa personne ou une chose à laquelle elle a consacré beaucoup de temps, de réflexion, d'énergie ou de créativité. Voici quelques exemples :

QUELQUE CHOSE DE SPÉCIAL DANS SON ÊTRE : J'aime vraiment ton sourire, ton visage, tes yeux bleus (ou de toute autre couleur), ton accent, la couleur de tes cheveux, la texture soyeuse de tes cheveux, ta chevelure brillante, tes mains, tes dents nacrées, ton bronzage, ta peau veloutée, etc.

UNE CHOSE À LAQUELLE ELLE A CONSACRÉ BEAUCOUP DE TEMPS : Cela me plaît vraiment que tu t'investisses dans ce groupe ; c'est fantastique que tu t'engages pour cette cause ; tu donnes vraiment généreusement de ton temps pour aider les autres, etc.

UNE CHOSE À LAQUELLE ELLE A CONSACRÉ BEAUCOUP DE RÉFLEXION : J'aime beaucoup la façon dont tu te coiffes ; j'adore la façon dont tu as décoré ton appartement ; tu as vraiment un goût très sûr pour marier les couleurs, etc.

UNE CHOSE À LAQUELLE ELLE A CONSACRÉ BEAUCOUP D'ÉNERGIE : Ce chapeau te va à ravir ; tu es vraiment une redoutable joueuse de tennis ; quelle forme ! ; tu respires la santé ; cette veste met ton teint en valeur, etc.

UNE CHOSE À LAQUELLE ELLE A CONSACRÉ BEAUCOUP DE CRÉATIVITÉ : Tu es une danseuse hors pair ; tu as vraiment le sens du rythme ; comme tu écris bien ; tu sais vraiment t'habiller, etc.

UNE CHOSE DONT ELLE EST FIÈRE OU UN DOMAINE DANS LEQUEL ELLE SE SENT COMPÉTENTE : Tu as un réel talent ; tu t'y entends pour organiser les choses ; tu te donnes vraiment à fond dans ton travail ; tu es vraiment une bonne mère ; que feraient-ils sans toi, etc.

Complétez votre compliment par une question

Une fois que vous avez adressé un compliment personnel, il est en général bon d'enchaîner avec une question. En effet, c'est en la faisant parler qu'un homme parviendra le mieux à connaître sa compagne. Plus il l'amènera à exposer ses idées, plus il lui offrira d'occasions de découvrir combien elle se sent attirée par lui. Une question posée à la suite d'un compliment aide également une femme à ouvrir son cœur. Et comme elle gagne en réceptivité, elle peut commencer à se livrer à travers ses réponses. Voici quelques exemples :

« J'aime vraiment tes cheveux roux. Ils te valent beaucoup de compliments ? »

« Quel joli collier. Tu le possèdes depuis longtemps ? » ou « Où l'as-tu acheté ? »

« J'adore votre accent. De quel pays venez-vous ? » ou « Depuis combien de temps vivez-vous ici ? »

« Tu es sublime, ce soir. Tu viens juste d'arriver ? »

« Je ne me lasse pas de ton sourire. Tu as passé une bonne journée ? »

« Tu as vraiment des yeux superbes. Ils te viennent de ta mère ou de ton père ? »

« Je vous ai aperçue de l'autre bout de la pièce et cela m'a donné envie de faire votre connaissance. Vous êtes de la région ? »

« Tu es vraiment géniale. Comment sais-tu cela ? » ou « Quelles études as-tu faites (fais-tu) pour savoir cela ? »

« J'adore tes lunettes de soleil ; tu es si élégante. Où les as-tu trouvées ? »

« Tu respires la santé et la forme. Combien de fois par semaine fais-tu du sport ? »

« J'aime beaucoup tes boucles d'oreilles. De quelle boutique viennent-elles ? »

« Tu as des chaussures sublimes, qui vont très bien avec ta tenue. Sont-elles confortables ? »

« Tu as un bronzage impressionnant. D'où reviens-tu ? »

Dans chacun de ces exemples, la question qui suit le compliment indique clairement que la destinataire intéresse grandement son soupirant. Si elle accueille bien ces propos, elle nourrira son envie de la courtiser plus avant. Quand un homme sait combiner les compliments et les questions, il rassure sa partenaire pour que celle-ci puisse continuer à s'ouvrir à lui. Et, de son côté, en reconnaissant la compétence de son compagnon et sa capacité à la rendre heureuse, elle lui insuffle la confiance en lui nécessaire pour poursuivre sa cour.

Cette compréhension accrue de la façon dont nous pouvons exprimer notre désir aux personnes du sexe opposé nous permettra de nous comporter envers elles de manière à les inciter à donner le meilleur d'elles-mêmes. Ce qui rend le processus amoureux beaucoup plus gratifiant. En effet, limiter au maximum les motifs de frustration, de déception, d'inquiétude ou d'embarras dans le cadre d'un rendez-vous romantique rend plus apte à évaluer objectivement le potentiel d'une histoire. Voilà comment une série d'expériences amoureuses positives pose les bases solides qui nous aideront à reconnaître le partenaire qui nous conviendra.

14

Les hommes paradent
et les femmes se livrent

Le reproche le plus fréquent que les femmes adressent aux hommes concerne leur propension à parler d'eux-mêmes. Soit monsieur s'étend sans fin sur son travail, ses activités et ses projets, soit, quand par hasard il donne à sa compagne l'occasion de s'exprimer, il s'empresse de reprendre la parole pour lui expliquer ce qu'elle devrait faire ou ne pas faire. Il est persuadé qu'il l'impressionne ainsi par son expertise et sa compétence, alors qu'en réalité il douche sérieusement son intérêt puisqu'elle se sent ignorée, tenue à l'écart ou tout simplement dépourvue d'importance à ses yeux. Elle risque d'en conclure à tort : « Encore un homme qui ne pense qu'à lui. » À mesure que nous étudierons plus en profondeur la psychologie masculine, nous verrons les failles d'une telle interprétation et ce qu'une femme peut faire pour tenter un véritable dialogue.

Quand j'évoque devant des hommes ce reproche féminin, ils tombent généralement des nues et demandent : « Si elle n'aime pas que je parle de moi, pourquoi me pose-t-elle tant de questions ? Dès qu'une pause survient dans nos conversations, elle se remet à me questionner. Pourquoi faut-il que nous parlions sans cesse, d'ailleurs ? Moi, j'aime bien simplement passer du temps auprès d'elle, regarder un film, rouler en voiture, écouter de la musique ou faire n'importe quelle autre activité en sa compagnie. Je n'éprouve pas le besoin de parler tout le temps. Mais je pensais qu'elle souhaitait que je me montre plus loquace. Les femmes ne se plaignent-elles pas toujours du caractère trop taciturne des hommes et de leur incapacité à communiquer ? »

Comme la plupart des problèmes que nous étudions ensemble, ces deux-là se dissipent dès qu'on comprend mieux l'approche différente des hommes et des femmes à l'égard des rendez-vous amoureux et des relations de couple. Afin de parvenir à mieux nous comprendre, imaginons une fois de plus que les hommes viennent de Mars et que les femmes viennent de Vénus ; remontons le temps et observons la vie sur ces deux planètes avant que nous ne nous installions ensemble sur la Terre.

La vie sur Mars

La vie des Martiens tourne avant tout autour de leur travail. Ils mesurent leur valeur personnelle en fonction de leurs résultats et leurs réussites. Chacun d'eux sait d'instinct que son succès repose sur trois éléments : sa compétence, sa capacité de faire savoir aux autres combien il est compétent et les occasions de le prouver. Tout dans son existence vise à accéder à une efficacité accrue, à faire reconnaître sa compétence et à rendre service. Les murs de Mars sont couverts de panneaux d'affichage consacrés à ce que les natifs de cette planète savent faire, promettent de faire ou ont déjà accompli. Autant dire que les Martiens sont friands de publicité et de marketing.

La vie d'un homme est axée sur le souci de gagner en efficacité, de faire savoir combien il est compétent et de se rendre indispensable.

Lors des cérémonies qui se tiennent sur Mars, un militaire revêtira son uniforme, qui indique à tous son statut, ses compétences et ses actions à venir. Il épingle ensuite sur sa poitrine ses médailles et autres récompenses, afin d'informer son entourage de ses prouesses passées. Nous ne décrivons pas là un homme égocentrique, mais une personne très fière de ce qu'elle est et de ce qu'elle a accompli. Voici un homme qui a risqué sa vie pour la sauvegarde de son pays. Ses vêtements reflètent ce courage.

Un homme d'affaires adoptera un comportement similaire. Dans les grandes occasions, il démontre sa compétence en conduisant une belle voiture ou en arborant un costume sur mesure accompagné de chaussures bien cirées. La signification de tout cela ? Il indique par là qu'il a réussi, que d'autres ont reconnu sa compétence et généreusement récompensé celle-ci. Si la société lui a fait confiance, vous pouvez aussi la lui accorder. Voilà un homme capable de prendre en charge son propre bien-être, mais aussi celui d'autrui. Sur Mars, tous les corps de métier trouvent des moyens d'exprimer leur expertise et de se faire de la publicité.

Tous les hommes ne s'y prennent pas de la même façon, mais tous cherchent à se vendre. Selon leur personnalité, ils recourront à des méthodes et à des accoutrements différents pour exprimer leur compétence, leur valeur et leur succès, mais en définitive, qu'ils portent un smoking avec des souliers vernis ou un jean avec des tennis blanches, ils indiquent sans détour qu'ils ont réussi et projettent de réussir encore davantage.

Dès qu'un homme a l'impression qu'il a quelque chose à offrir ou un service à proposer, il utilisera toutes les occasions pour parader ou afficher ses compétences. Ainsi, quand il sort avec une femme, son objectif principal est de lui faire savoir qu'il est peut-être l'homme de sa vie, qu'il incarne celui qui pourrait la rendre heureuse. Il possède tout ce qu'elle recherche. Il dissertera donc sur le sujet, dans le but de l'en convaincre. En clair, il utilisera la communication comme un moyen de mettre ses capacités en valeur.

Un homme utilise la communication comme un moyen de mettre en avant ses compétences.

Les hommes ne devinent pas d'instinct combien leur partenaire se décourage lorsqu'ils monopolisent la conversation en parlant d'eux. Elle en déduit en effet qu'il ne s'intéresse qu'à lui-même. Il ne comprend pas qu'elle préférerait que, au lieu de parler de lui, il lui pose des questions et semble désireux de mieux la connaître. À ses yeux de Vénusienne, s'il s'intéressait vraiment à elle, il lui accorderait tout son intérêt et prendrait le temps de l'interroger, d'écouter ses réponses et d'exprimer son attention.

Une femme préfère qu'un homme, plutôt que de parler de lui, lui pose des questions et se montre désireux de mieux la connaître.

Pour un homme, les premiers rendez-vous avec une femme ressemblent à des entretiens d'embauche. Soucieux de vendre à sa compagne l'idée qu'il lui conviendrait à merveille, il déploie tous ses atouts pour la conquérir. Nul ne lui a jamais expliqué que cette tactique ne fonctionne pas avec les natives de Vénus, ni qu'il augmenterait notablement ses chances de succès s'il incitait plutôt sa compagne à parler d'elle, de ses sentiments, de ce qu'elle aime ou de sa vie.

Séduire une femme ressemble
à un entretien d'embauche

Sur Mars, il serait aussi ridicule que déplacé de se mettre à interroger son recruteur lors d'un entretien d'embauche. On apprend d'ailleurs à celui-ci à se méfier des candidats trop agressifs, qui cherchent à renverser la situation et à prendre le contrôle de l'entretien en posant mille questions sur l'entreprise.

Un Martien qui a bien réussi serait fort surpris de voir une personne venue solliciter un emploi se mettre à l'interroger sur ses sentiments, ses objectifs et ses projets. Un employeur souhaite en priorité savoir si le candidat qui se trouve en face de lui possède les qualifications requises pour le poste. Savoir qui embauche constitue un élément important de l'équation.

De ce fait, aux yeux d'un homme, multiplier les questions lors d'un rendez-vous amoureux paraît aussi inconcevable que de s'enquérir, au gré d'un entretien d'embauche au sein d'une entreprise florissante, des projets d'avenir de sa direction ou de la manière dont elle s'est créée. Son interlocuteur se sentirait insulté et, en plus, notre homme perdrait toute chance de se voir proposer un contrat.

Pendant ses premiers rendez-vous avec une femme, un homme lui présente en quelque sorte son CV : « Me voilà, voici ce que j'ai fait et ce dont je suis capable. N'hésite pas à m'interroger. » C'est sa façon de se dévoiler et se livrer. Il parle de lui afin d'apprendre à mieux connaître sa compagne. Il lui ouvre son cœur et s'attend à ce qu'elle lui rende la pareille. Malheureusement, elle ne le perçoit pas ainsi : il lui semble plutôt qu'il ne s'intéresse pas à elle et n'a guère envie de faire plus ample connaissance avec elle... Et elle attend pour réviser son opinion qu'il lui témoigne un minimum d'attention en lui posant quelques questions.

Pour un homme, les premiers rendez-vous avec une femme lui servent en quelque sorte à présenter son CV : « Me voilà, voici mon parcours et mes compétences. N'hésite pas à m'interroger. »

Un Martien ne sollicite un emploi que s'il souhaite vraiment l'obtenir. Et il ne se donne pas la peine de prouver sa valeur à n'importe qui. Il ne voit rien d'amusant dans le fait de se dévoiler, de risquer de se voir rejeter. S'il invite une femme à sortir et passe la soirée à parler de lui, cela signifie que, au fond, elle compte beaucoup pour lui, suffisamment pour qu'il désire l'impressionner et prenne le risque d'échouer. Comprendre cette divergence de perspectives met une femme à même d'interpréter correctement l'égocentrisme apparent de son compagnon et d'admettre qu'il s'agit plutôt d'un compliment que d'une insulte. Sans doute n'est-ce pas exactement ce que vous espérez, mais au moins, cela révèle qu'il désire réellement vous conquérir.

Comment un homme pourrait-il concevoir qu'un outil aussi utile sur sa planète que la publicité puisse se révéler tellement contre-productif dans ses rapports avec les femmes ? Il ignore combien les usages en vigueur sur Vénus diffèrent de ceux de Mars.

La vie sur Vénus

Les Vénusiennes utilisent d'autres moyens pour montrer l'importance qu'une personne revêt à leurs yeux. Si la vie des Martiens tourne autour de leur travail, la leur est axée sur les relations humaines. Leur système de valeurs repose sur l'amour, sur la communication et sur l'intimité. Bien entendu, les femmes aussi travaillent dur et possèdent mille autres centres d'intérêt, mais ce sont leurs rapports avec les gens qui leur procurent leurs plus grandes joies et, *a contrario*, leurs plus grands chagrins.

Toute Vénusienne sait que son accès au bonheur repose sur trois éléments : donner de l'amour, entretenir des relations empreintes d'amour et recevoir de l'amour. Ses décisions, uniformément convergentes, visent à favoriser l'éclosion de relations amoureuses ou amicales.

Sur Vénus, il est plus important de démontrer son potentiel affectif ses talents dans le domaine professionnel. Voilà pourquoi, lorsqu'une femme sort avec un homme, elle se laisse plus aisément intéresser et impressionner par sa capacité à entamer une relation avec elle que par ses compétences. Ce qui ne signifie toutefois pas qu'un homme n'ait pas l'usage, pour la séduire, de quelque savoir-faire.

Les hommes pleins d'assurance et de compétence sont en effet très attirants aux yeux féminins, mais seul l'art de développer ces talents dans le cadre d'une relation amoureuse les séduira. Quand une femme converse, elle aspire à partager avec son interlocuteur ses idées et ses sentiments. Vous produirez donc la meilleure impression possible si vous veillez à lui poser des questions et à l'écouter. Pour atteindre le cœur d'une femme, il faut découvrir ses pensées et ses sensations.

> **Les femmes adorent les hommes pleins d'assurance et de compétence, mais c'est leur capacité à poser des questions et à écouter qui fera grandir l'intérêt qu'elles leur portent.**

Sur Vénus, on manifeste la considération et l'attention qu'on porte aux autres en leur posant des questions et en veillant à ne pas monopoliser la conversation. Quand deux femmes bavardent, l'une d'elles commence par poser des questions et écouter avec intérêt les réponses de son interlocutrice puis, au bout d'un certain temps, elles intervertissent les rôles. Ainsi pourrait s'énoncer la règle non écrite du partage sur Vénus.

Même si l'une de ces femmes s'exprime très longuement, son amie ne s'en offusque pas car elle sait d'instinct qu'elle lui laissera tôt ou tard l'occasion de parler à son tour. L'échange de rôles se produit lorsque celle qui s'épanchait commence à poser des questions. Celle qui s'est jusque-là contentée d'écouter peut alors s'exprimer. Ce système ne fonctionne toutefois que parce que les deux Vénusiennes le maîtrisent.

Avec un Martien, les choses ne se passent pas toujours aussi bien. Le début de la conversation reste identique : la femme pose des questions et son partenaire lui répond. Seulement, il ignore qu'après un certain laps de temps, il est supposé adopter le rôle du questionneur. Et lorsqu'elle paraît réellement captivée par son discours, il ne comprend pas qu'il doit y voir un signe que le moment est venu pour lui de manifester son intérêt en posant des questions.

Quand une femme multiplie les questions, cela signifie, en langage vénusien, que le moment est venu pour vous de cesser de parler pour la questionner à votre tour.

Malheureusement, un homme qui tient les rênes de la conversation pense se comporter au mieux et ne conçoit pas un instant que sa compagne attend en fait qu'il se décide à lui témoigner un peu d'intérêt. Certains verront dans ce distinguo beaucoup de bruit pour rien ; sachez cependant que c'est en posant des questions à une femme et en écoutant ses réponses que l'on conquiert son cœur. Cet ajustement minime peut bouleverser totalement vos rapports avec le beau sexe.

Ce qu'une femme peut faire

Mes patientes me demandent souvent comment réagir lorsque leur partenaire s'obstine à parler de lui. La réponse est simple, mais la plupart des femmes n'envisagent même pas cette solution car, sur Vénus, l'attitude que je recommande témoigne d'une extrême grossièreté. Mais, parfois, quand on se trouve avec un Martien, mieux vaut adopter les coutumes martiennes et oser l'interrompre.

> **Quand un homme parle trop, osez ce que ferait un Martien à votre place : interrompez-le tout simplement.**

Une tactique plus douce consiste simplement à cesser d'interroger votre compagnon pour vous contenter de participer à la conversation. N'attendez pas qu'il vous questionne ou qu'il vous invite à donner votre opinion ; écoutez-le quelques instants ou quelques minutes, puis intervenez.

Cela peut paraître simple, mais un tel changement d'attitude se révèle très délicat pour certaines. Il existe en effet quatre raisons principales pour lesquelles une femme pose des questions au lieu de participer à la conversation : elle pense que c'est poli, elle croit que cela accroîtra l'intérêt que son partenaire lui porte, elle-même préfère qu'on la questionne et enfin, ses tentatives pour interrompre d'autres hommes n'ont guère été couronnées de succès. Penchons-nous sur ces quatre croyances.

1. Il est poli d'écouter

Sur Vénus, interrompre autrui est fort grossier. Une Vénusienne désireuse de s'épancher commence par poser des questions pour montrer l'intérêt qu'elle porte à son interlocuteur(rice) et attend que vienne son tour de prendre la parole. Sur Mars, les choses se déroulent bien différemment. Un Martien s'attend à ce que vous participiez à la conversation ; il le souhaite même vivement. Une interruption amicale ne le dérange pas du tout. Il trouve même que cela facilite la discussion. Savoir vous immiscer dans la conversation vous rendra en outre plus attirante à ses yeux.

2. Son intérêt pour vous croîtra

Lorsqu'une femme se contente d'écouter poliment son partenaire et de lui poser des questions, elle pense que, au bout d'un certain temps, l'intérêt qu'il lui porte ira croissant. Mais en réalité, c'est l'intérêt qu'il porte à sa propre personne qui grandira. Beaucoup de femmes savent déjà que les hommes tendent à ne jamais faire plus d'une chose à la fois, mais elles ne comprennent pas que, tant qu'elles continueront à le questionner, leur compagnon continuera à parler. Puisqu'elle concentre toute son attention pour lui, il en fait autant ; si elle se met en quatre pour lui plaire, il se préoccupera plus encore de son propre bien-être ; et si elle se penche sur ses désirs, il deviendra plus conscient encore de ceux-ci. Il ne devinera même pas qu'elle se sent négligée. Et, puisqu'elle persiste à l'interroger, il en déduira qu'elle n'a rien à dire.

Bien sûr, s'il sent que vous appréciez vraiment ce qu'il raconte, cela stimulera son intérêt à votre égard, mais pour que celui-ci perdure, il vous faudra lui ménager des occasions de mieux vous connaître. Pour que l'attrait que vous lui inspirez dépasse la simple attirance physique, vous devrez lui ouvrir votre cœur. Si, en revanche, vous vous bornez à le questionner sur ses goûts, sur son existence, etc., il s'intéressera de plus en plus à lui-même et de moins en moins à vous...

Quand un homme parle, il tend à devenir plus intéressé par ce qu'il raconte que par son interlocuteur.

Bien des femmes commettent pourtant l'erreur de penser qu'elles retiendront mieux l'attention de leur partenaire en lui posant des questions sur lui, tout simplement parce que quand un homme leur pose mille questions sur leur propre compte, il prend une place accrue dans leur cœur. Les hommes ne réagissent pas ainsi. Leur affection ne pourra grandir que s'ils connaissent mieux leur compagne. Si vous laissez votre partenaire monopoliser la conversation, il se concentrera de plus en plus sur ce qu'il raconte et de moins en moins sur vous.

3. C'est plus agréable quand il demande

Cela n'a rien de romantique pour une femme de devoir se battre pour glisser un mot dans la discussion. Même si cela paraît difficile à comprendre pour un homme, c'est pourtant la réalité.

Une femme se sentira plus aimée si vous lui témoignez votre intérêt en lui posant des questions. Si elle doit vous couper la parole pour s'exprimer, il lui semblera ne pas compter à vos yeux. Et, peu importe ce qu'elle pourra apprendre sur les Martiens et leur planète d'origine, elle conservera le sentiment que si vous vous intéressiez vraiment à elle, vous lui poseriez des questions. Lorsque vous vous y décidez, cela la rassure : elle est bien unique et digne d'amour. Elle voit là une preuve d'affection et cela lui paraît beaucoup plus romantique que d'avoir à vous interrompre.

Dans un monde idéal, chaque homme lirait ce livre une cinquantaine de fois et se rappellerait d'interroger sa compagne, mais nous ne vivons pas dans ce monde. Tant que cela ne sera pas le cas, les femmes auront avantage à découvrir l'art d'interrompre poliment l'autre. Pour y parvenir, rappelez-vous que ce n'est pas par manque d'intérêt que votre partenaire s'abstient de vous questionner : c'est parce qu'il vient de Mars et donc ne devine pas d'instinct le chemin qu'il parcourrait dans votre cœur s'il vous manifestait son intérêt par des questions. Il croit sincèrement se montrer beaucoup plus attentionné en répondant aux vôtres.

4. Les interruptions n'ont pas fonctionné dans le passé

Une autre raison pour laquelle les femmes rechignent à interrompre leur interlocuteur est que, quand elles se décident enfin à le faire, elles sont en général en colère. Voilà un homme qu'elles écoutent attentivement depuis un bon moment et qui ne paraît même pas se préoccuper de ce qu'elles pensent ! Elles se sentent ignorées ou exclues et, par suite, humiliées ou offensées. Si bien que, lorsqu'elles trouvent enfin le courage de lui couper la parole, elles le font sur un ton qui indique clairement que leur interlocuteur a commis une bourde grave.

Lui ne comprend pas ce qui se passe et juge cette réaction injuste, puisqu'il attend en toute innocence qu'elle se décide à participer à la discussion. Il a l'impression qu'on l'agresse et qu'on lui reproche une faute qu'il n'a pas commise. Ce qui peut le conduire à se placer sur la défensive et à fermer les écoutilles. Une femme qui a déjà vécu une telle mésaventure redoutera tout naturellement de tenter à nouveau l'expérience. Mais, mieux comprendre la psychologie masculine lui apprendra à interrompre un homme sans le blesser.

Le premier pas

La première étape de cet apprentissage consiste à toujours vous rappeler que les hommes et les femmes considèrent le processus amoureux d'un œil bien différent. Un homme manifeste automatiquement son intérêt en paradant et, s'il ne prend pas le temps d'écouter, c'est probablement qu'il est trop occupé à s'efforcer de briller à vos yeux. Cela signifie que vous l'intéressez et qu'il se montrera très réceptif à toute intervention de votre part. Même s'il semble souhaiter n'entendre que le son de sa propre voix, il attend en réalité que vous participiez à la conversation. Voilà un élément difficile à intégrer pour une femme car, sur sa planète, on témoigne son intérêt en posant des questions.

Les femmes ne sont pas seules à mal interpréter la situation : les hommes aussi se méprennent sur les réactions de leurs compagnes. Quand sa partenaire ne participe pas à la conversation, un homme en déduit que soit elle n'a rien à dire, soit il n'a pas encore réussi à se faire accepter d'elle, ce qui l'incite à redoubler d'efforts... et à continuer à parler. Dans les deux cas, son interlocutrice se sent négligée et cet égocentrisme apparent l'agace. Sans même le savoir, il en vient peu à peu à la dégoûter de lui au point qu'elle n'éprouve même plus l'envie de lui parler.

Comprendre ce qui est le plus naturel pour les deux sexes et interpréter correctement les signaux émis par chacun nous permettra de nous détendre lors de nos rendez-vous amoureux. En général, un homme éprouve un grand soulagement si sa compagne participe à la conversation ou même s'empare des rênes de celle-ci. Libéré d'un grand poids, il ose alors se détendre et céder à son désir de mieux connaître la femme assise près de lui. C'est quand elle s'ouvre et se livre à lui qu'il est le plus heureux, tandis que les femmes apprécient de mener une discussion dès lors que leur interlocuteur semble se passionner pour ce qu'elles racontent.

Ce qui signifie que, ces malentendus mis à part, nous sommes vraiment faits les uns pour les autres ! Les hommes aiment écouter et les femmes adorent parler. En clair, si vous parvenez à interpréter correctement le comportement de votre partenaire, vous pourrez vous livrer à votre penchant préféré, et lui ou elle aussi. Dans le cas contraire, madame se forcera à écouter alors qu'elle brûle de s'exprimer et monsieur continuera à disserter alors qu'il préférerait écouter sa compagne et apprendre à la connaître. Un rendez-vous amoureux n'a donc pas besoin d'évoquer une lutte de pouvoir : il peut se révéler amusant et facile. Il suffit de savoir décrypter les réactions de chacun.

Quelques trucs pour interrompre un homme sans vous départir de votre grâce

Même une femme consciente de tout cela aura du mal, au début, à interrompre son partenaire. N'oublions pas que l'attitude normale sur sa propre planète consiste à écouter et à attendre que l'autre vous pose des questions ; lui couper la parole ne lui paraît donc pas naturel, voire grossier. Dites-vous que vous acquérez un savoir nouveau. Toute activité inconnue, qu'il s'agisse d'apprendre une langue étrangère, de lancer un ballon, de faire du patin à roulettes, de conduire une voiture, de taper à la machine ou de skier, semble au premier abord présenter des difficultés insurmontables. Pourtant, il suffit d'un peu de pratique pour que ces gestes qui vous paraissaient tellement difficiles se muent en automatismes. Toutes ces activités ne nous sont pas réellement naturelles, mais cela devient pour nous une seconde nature. Et comme quelques cours facilitent grandement ce processus, voici donc quelques conseils pour apprendre à interrompre votre partenaire sans vous départir de votre grâce féminine.

1. Ne dites pas : « Puis-je dire quelque chose ? »

Une telle phrase manque d'assurance. De plus, cette question brutale rompra le fil de la discussion. Votre partenaire s'attend à ce que vous participiez à la conversation sans en briser le rythme – n'oubliez pas qu'il pense que si vous ne parlez pas, c'est parce que vous n'avez rien à dire pour le moment (tout comme vous vous figurez qu'il ne sollicite pas votre avis parce que celui-ci ne l'intéresse pas).

Pour établir avec lui des rapports harmonieux, tenez pour acquis qu'il *a envie* d'entendre ce que vous avez à dire. Ce postulat se révèle le plus souvent exact et même si vous ne lui inspiriez pas grand intérêt jusqu'alors, vous vous apprêtez à lui donner l'occasion de voir celui-ci se développer. Lorsque deux hommes discutent entre eux, ils ne perdent pas de temps à se demander comment inviter l'autre à prendre une part active à la conversation. Il va de soi que chacun peut prendre la parole quand il le souhaite ou dès que son interlocuteur marque une pause.

De ce fait, au lieu de demander la permission de parler, une femme pourra entamer son intervention par une phrase du type : « Cela me rappelle la fois où... » ou tout bonnement par : « Je pense que... » ou encore « J'aime... » et embrayer sur ce qu'elle désire raconter. Ces déclarations simplissimes fonctionnent particulièrement bien. Employez le moins de mots possibles et parlez-lui !

2. Ne dites pas : « *Est-ce que tu comptes reprendre ton souffle un jour ?* »

Là, le message est clair pour l'interlocuteur le plus obtus : il a fait quelque chose de mal. En réagissant ainsi, vous risquez de le blesser, surtout s'il s'évertue à vous conquérir. Dites plutôt : « C'est intéressant. Je pense que... »

Dès qu'une femme déclare à un homme « C'est très intéressant », il en déduit qu'elle l'a entendu et se montre tout disposé à se détendre et à l'écouter son tour. Une interruption élégante de ce type permet à votre interlocuteur de sauver la face et évite de souligner que vous jugez qu'il a monopolisé la conversation un peu trop longtemps.

3. Ne dites pas : « *Est-ce qu'il t'arrive de te préoccuper de ce que je pense ?* »

Voilà qui exprime un mélange peu engageant d'insécurité et de ressentiment. Vous ne vous montrez pas sous votre jour le plus aimable. Adoptez donc un ton plus léger. S'il vous semble que votre soupirant ne prend pas votre point de vue en compte, intervenez sur le mode plaisant avec une phrase du style : « Oooh (comme si vous cherchiez à apaiser un cheval rétif), tout doux ! Je pense que... »

Les hommes apprécient une telle fermeté, pourvu qu'elle s'exprime sur un ton amusé et clairement exempt de douleur ou de rancœur.

4. Ne dites pas : « *Tu ne comprends pas... J'ai la sensation que...* »

Il s'agit sans doute du commentaire le plus déplaisant qu'une femme puisse adresser à un homme ; pourtant cette réaction lui vient instinctivement. Elle ne cherche nullement à offenser l'autre puisque, sur Vénus nul ne se formaliserait d'une telle remarque. Une Vénusienne répliquera quelque chose comme : « Je suis désolée (sur le ton qu'elle emploierait pour s'excuser d'avoir bousculé un inconnu dans la rue), raconte-moi de nouveau ton histoire. » À l'inverse, un Martien se sentira agressé et se placera sur la défensive. S'il ne la comprend pas, comme elle l'affirme, cela indique qu'elle le juge incompétent, une insulte grave sur Mars. Se plaçant sur la défensive, votre partenaire s'empressera de vous expliquer que, si, il comprend très bien. Et, malheureusement, plus il tient à vous, plus il cherchera à se justifier et moins il vous écoutera. Il possède à présent un nouvel objectif : vous convaincre qu'il vous comprend, si bien que, une fois de plus, il parle et vous ne pouvez pas en placer une.

Pour éviter un tel malentendu, apprenez à exprimer vos sentiments en des termes différents. Au lieu de dire « Tu ne comprends pas », optez pour un « Je vais t'expliquer cela d'une autre façon. » Cette petite modification fera toute la différence. Grâce à elle, vous disposerez de toute l'attention de votre compagnon car s'il a bien saisi qu'il vous semblait qu'il ne vous comprenait pas, il n'éprouve pas pour autant le besoin de se justifier et se montre donc prêt à vous écouter.

Pour comprendre cette distinction, je suggère aux femmes de s'exercer à prononcer à voix haute ces deux phrases. Essayez d'imaginer ce que votre partenaire ressentira si vous lui dites « Tu ne comprends pas », puis, réfléchissez à ses réactions à la formulation suggérée ci-dessus : « Je vais t'expliquer cela d'une autre façon. » Ces deux locutions expriment un message identique, mais dans le premier cas, votre partenaire le percevra comme une attaque, tandis que dans le second, il s'agit d'une intervention anodine telle que « Pourrais-tu me passer le beurre, s'il te plaît ? »

5. Ne dites pas : « Excuse-moi. Ça t'ennuie si je dis quelque chose ? »

Une telle approche vous présente comme une petite chose faible et mollassonne. Elle implique en outre une connotation négative inutile, puisqu'elle laisse supposer que l'autre ne vous permet pas de vous exprimer.

C'est le type de remarque qu'on pourrait attendre d'une personne qui, ayant écouté la conversation d'inconnus, souhaite s'immiscer dedans pour émettre une suggestion. Elle sous-entend qu'il ne souhaite pas que vous parliez, alors qu'il n'attend que cela ! Efforcez-vous plutôt de vous imposer avec grâce, comme une personne qui ne doute pas que son intervention soit bien accueillie : « C'est exact, je pense que... » ou « Je n'avais jamais considéré les choses sous cet angle ; je pensais que... »

6. Ne dites pas : « Est-ce que mon opinion t'intéresse ? »

Cela sonne comme une critique qui risque de le détourner de vous. Il *aimerait* savoir ce que vous pensez ; il attend simplement que vous interveniez quand vous aurez quelque chose à dire.

Déclarez plutôt : « C'est très intéressant. Je pense que... » Développez ensuite votre opinion. Souligner le bien-fondé des propos de votre interlocuteur avant d'exposer votre propre point de vue stimulera son intérêt pour ce dernier. C'est évident pour un homme, mais pas pour une femme. N'oublions pas que nos compagnes croient que, si elles nous écoutent avec attention et nous posent des questions, nous finirons par nous interrompre pour leur rendre la pareille.

Trop de femmes commettent l'erreur de penser qu'un homme qui ne les questionne pas ne se préoccupe guère d'elle. La réalité est tout autre. Du moment que votre partenaire vous parle, c'est qu'il souhaite vous conquérir et si vous intervenez avec grâce, cela stimulera son intérêt pour vous et pour votre opinion. Plus vous participerez à la conversation, plus sa curiosité grandira.

7. Ne dites pas : « Parlons plutôt de... »

Il s'agit là d'une excellente tactique pour changer de sujet de conversation, mais elle se révèle beaucoup moins efficace s'agissant d'inciter un homme à cesser de parler : le plus souvent, il suivra votre directive... mais continuera à disserter sur le nouveau sujet.

Lorsque vous voulez imprimer un tour nouveau à la conversation, ayez la générosité de faire sentir à votre partenaire que vous avez apprécié ses propos. Un homme aime savoir qu'il a au moins apporté une contribution utile, sinon intéressante, à une discussion. Vous pourrez par exemple lui dire : « Hum, je n'aurais jamais pensé à ça », puis bifurquer vers un nouveau sujet. Inutile de préciser « Maintenant, parlons de... »

8. Ne dites pas : « Je ne suis pas d'accord. Je pense que... »

Il arrive qu'une femme ait l'impression que la seule manière de se faire entendre consiste à exprimer sans ambages son désaccord. C'est votre droit le plus strict de ne pas partager l'opinion de votre partenaire, mais n'utilisez pas cela comme un moyen de le faire taire. Montrez-vous plus diplomate : « J'ai une autre interprétation... » ou « Mon point de vue est un peu différent... »

Intrigué par ces affirmations moins agressives, votre partenaire se montrera tout disposé à écouter votre approche. C'est un peu comme si vous lui disiez : « Je trouve ton opinion passionnante, mais j'ai d'autres éléments à apporter au débat. » De ce fait, au lieu de le pousser à camper sur ses positions pour défendre son point de vue, vous lui donnerez envie de découvrir une autre approche.

Les hommes apprécient grandement une femme capable de donner son avis sans perdre de sa douceur. Ne vous sentez surtout pas tenue d'opiner à tout ce qu'il dit, juste pour paraître douce et gentille. C'est le meilleur moyen de doucher l'intérêt d'un homme.

9. Ne dites pas : « *Tu veux savoir ce que je pense ?* » ni « *Tu veux savoir ce que je ressens ?* »

Ce type de remarque dénote une estime de soi bien basse. En croyant lui montrer votre considération, vous apparaîtrez aux yeux d'un Martien comme un être tellement dépourvu de confiance en lui qu'il en est presque insignifiant. Il se révélera très difficile pour un homme de respecter une femme qui ne se respecte pas elle-même.

Mieux vaut dans ce cas vous contenter d'un banal : « Je pense que... » ou « Il me semble que... » La meilleure technique pour interrompre l'autre consiste toujours à plonger tout droit dans la conversation comme si c'était sans conteste à vous de parler et que vous n'aviez nullement l'impression que votre interlocuteur vous a jusqu'à présent négligée.

10. Ne dites pas : « *Puis-je te poser une question ?* »

N'attendez jamais que votre interlocuteur vous accorde l'autorisation d'exprimer votre opinion. D'abord cela vous placera en position de faiblesse et d'infériorité, mais en outre cela ne l'incitera pas à vous écouter avec attention.

Il arrive fréquemment qu'une femme dise : « Puis-je te poser une question ? L'autre jour il m'est arrivé... », puis raconte ce qu'elle avait envie de raconter. Une telle approche se révèle extrêmement frustrante pour un homme car, tout en vous écoutant, il s'efforcera de deviner quelle est votre question et de préparer une réponse intelligente à celle-ci. Bref, quand vous avez envie de parler, ne présentez surtout pas cela comme une question.

Interrompez plutôt le flot du récit de votre partenaire avec un commentaire tel que : « C'est logique. Cela me rappelle une aventure qui m'est arrivée autrefois... » C'est beaucoup plus élégant et cela lui donnera davantage envie de vous écouter. Les hommes adorent que l'on reconnaisse la justesse de leur raisonnement ; cela les met dans les meilleures dispositions possibles pour se pencher sur ce que vous-même avez à dire. Rappelez-vous que chaque fois que vous posez une question à un homme, il passe en mode de parole et de résolution des problèmes. En clair, si vous vous voulez qu'il vous écoute, ne lui posez pas de question.

Interrompre ainsi votre partenaire sans le blesser vous donnera l'occasion de vous faire entendre ; de plus, les hommes aiment cela. Ils voient là un signe que vous avez confiance en vous, que vous savez qu'il aime vous écouter, que vous acceptez sa façon de parler lorsqu'il en a envie, que vous sentez que des liens s'établissent entre vous, que vous désirez participer à la conversation, que vous vous montrez réceptive à ses propos et que vous réagissez en conséquence.

Je vous suggère à présent de relire les exemples donnés ci-dessus, afin de voir combien il est facile pour un Martien de déduire à tort que vous êtes une personne fermée, réticente, pleine de ressentiment, critique, peu sûre d'elle, dépourvue d'intérêt ou de valeur, peu réactive et peu encline à accorder sa confiance. Bien sûr, ces qualificatifs ne vous correspondent pas du tout, mais essayez de comprendre pourquoi vous pouvez apparaître sous ce jour peu flatteur à un œil martien non prévenu.

Les hommes n'aiment pas qu'on les interroge

La plupart des femmes tombent des nues quand elles apprennent que les hommes n'aiment pas qu'on les questionne. Ce n'est pas qu'il faille s'abstenir de toute question, mais simplement, un homme préfère qu'une femme mène une discussion. Comme nous l'avons vu, lorsqu'il répond patiemment à ses questions, il n'imagine pas un instant qu'elle se sent délaissée ; au contraire, il lui semble qu'il fait de son mieux pour entretenir la conversation. Elle lui pose des questions et il lui répond : que pourrait-il faire de plus pour lui plaire ?

Quand une femme multiplie les questions, elle tient pour acquis qu'elle témoigne tendresse et soutien à son partenaire. Se comporter ainsi lui semble la meilleure façon de montrer combien elle sait se montrer aimante. C'est aussi pour elle une façon d'évaluer la capacité d'un homme à vivre une relation de couple. Mais, si celui-ci ne comprend pas les usages vénusiens et ne se met pas à lui poser des questions en retour, elle risque de se désintéresser de lui avant même de le connaître.

En somme, tout comme un homme peut décourager à son insu une femme en ne lui posant pas de questions, celle-ci risque d'obtenir le même résultat si elle l'interroge trop. On entend d'ailleurs souvent des hommes se plaindre de femmes trop inquisitrices. Même si vous attiriez vraiment votre soupirant, son agacement peut suffire à le dégoûter de votre personne. Parfois, il ne devinera même pas pourquoi vous lui plaisez moins...

Il arrive aussi qu'il ne s'agisse pas d'agacement. Un autre facteur intervient en effet : lorsqu'une femme commence à s'ouvrir à un homme, elle prend tout naturellement l'habitude de lui raconter les événements et les soucis de sa journée. Or, dès qu'elle évoque un problème, un homme en conclut à tort qu'elle lui demande comment régler celui-ci. Si bien que même quand elle ne lui demande pas son avis, il peut croire le contraire et s'empresser de le lui donner. Ce qui n'est pas le but recherché.

> **Quand une femme parle de ses problèmes, un homme en déduit à tort qu'elle lui demande comment les régler.**

Comprenez donc que ce n'est pas tant le fait de le questionner qui refroidit votre partenaire, que la façon dont vous réagissez à ses réponses. S'il lui semble que vous appréciez sa réaction, son intérêt pour vous croîtra ; si en revanche il devine que vous la jugez insuffisante, il en éprouvera de l'agacement.

Au vu de tous ces malentendus, on peut s'émerveiller que des hommes et des femmes parviennent tout de même à se rencontrer et à demeurer en couple. Et on ne s'étonnera plus que tant d'histoires d'amour s'achèvent par un divorce. Car tant que nous ne comprenons pas nos différences, les plus petites frictions peuvent grandir jusqu'à provoquer d'énormes tensions et une séparation.

Lorsque, en revanche, un jeune couple apprend à maîtriser ces préceptes de base de la communication, les bienfaits, l'intimité et le bonheur que leur relation leur procurera les encouragera à progresser au fil des cinq étapes du processus amoureux. Cela garantira en outre que leur amour continue à s'accroître leur vie durant. Dans le chapitre 15, nous étudierons quelques moyens simples pour mettre en application nos nouvelles connaissances relatives aux divergences de modes de pensée et de communication entre hommes et femmes.

15

Pourquoi les hommes n'appellent pas

Il arrive fréquemment qu'un homme demande à une femme son numéro de téléphone ou l'invite à sortir, puis ne la rappelle jamais. Ce qui laisse l'intéressée perplexe. Elle se demande pourquoi il réagit ainsi. « Est-ce que j'ai dit ou fait quelque chose qui lui a déplu ? s'interroge-t-elle. A-t-il quelqu'un d'autre dans sa vie ? Aurai-je un jour de ses nouvelles ? Dois-je accepter les invitations d'autres hommes ? Comment m'assurer qu'il ne téléphonera pas pendant que je prends ma douche ? » Rien n'agace plus une femme qu'un homme qui ne rappelle pas ; or, la plupart des hommes ne conçoivent même pas qu'elle tienne tant à recevoir un coup de téléphone.

> **Même s'il a passé une soirée agréable, un homme ne rappelle pas nécessairement.**

Il existe une explication à sa conduite, laquelle rassurera grandement ses conquêtes. Celles-ci apprécieront en effet de comprendre enfin les hommes et de détenir les clés de certaines attitudes martiennes au premier abord très déroutantes. Une fois que vous saisissez que les hommes ne considèrent pas du même œil que vous le processus de séduction, vous saurez interpréter plus justement leurs gestes, mais aussi réagir d'une manière appropriée.

Prenons par exemple le cas d'un homme qui a vraiment apprécié sa soirée avec vous, mais qui n'appelle pas le lendemain. Vous en déduirez que vous ne lui plaisez pas. Or, cela découle en réalité le plus souvent du fait qu'il suit ses propres pulsions, bien distinctes des vôtres.

Pourquoi les femmes apprécient un coup de fil

Une femme attend un appel parce que, sur Vénus, on veille à assurer ses proches de ses sentiments, afin de leur montrer la place qu'ils occupent dans notre cœur. Elle se satisfera en général d'un coup de téléphone amical et chaleureux, au cours duquel son soupirant lui redira combien leur tête-à-tête fut délicieux. Les Vénusiennes se téléphonent presque toujours lorsqu'elles viennent de passer un bon moment ensemble.

> **Cela va de soi sur Vénus, mais un homme a besoin d'apprendre à téléphoner pour rassurer sa partenaire.**

D'un point de vue féminin, garder le contact est un moyen de témoigner son attention. Quand deux amies qui ne se sont pas vues depuis plusieurs mois ou plusieurs années se retrouvent, l'un de leurs premiers soucis sera de s'excuser l'une auprès de l'autre d'avoir laissé le quotidien les éloigner. On n'observe jamais de pareille scène entre deux hommes. Deux copains qui se retrouvent après une longue éclipse sont simplement ravis de se revoir. Il ne leur viendrait pas à l'idée de s'excuser de la distance qui s'est établie entre eux. D'ailleurs, il leur semble que leur dernière conversation date d'hier. En revanche, nos deux copines éprouveront le besoin de faire de nouveau connaissance avant de se sentir aussi proches l'une de l'autre que par le passé.

Le même principe s'applique au sein des couples

mariés. Un homme qui regagne le bercail après une semaine d'absence n'aura de cesse de faire l'amour à sa femme, mais celle-ci ne verra pas toujours les choses du même œil. Elle brûle de s'exclamer : « Comment peux-tu vouloir faire des galipettes à peine arrivé ? Voici une semaine que nous ne nous sommes pour ainsi dire pas parlé ! Tu ne veux même pas savoir comment je vais ? » Il lui faut une brève phase de réadaptation avant d'aspirer de nouveau à des rapports intimes.

Comme nous l'avons déjà vu, un homme ne comprend pas d'instinct les usages vénusiens. Dans bien des cas, ceux-ci le laissent même carrément perplexe. Il suit son instinct, lequel lui souffle qu'en s'abstenant de téléphoner, il augmente les chances de succès de leur histoire. Il pense qu'il vaut mieux attendre un peu avant de donner signe de vie pour ne pas paraître désespéré ou envahissant. Il lui semble que s'il manifeste un intérêt trop intense, sa dulcinée risque de le juger moins attirant.

La sagesse commande d'attendre qu'il vous rappelle

Sur Mars, la vie tourne autour du travail : séduire une femme s'assimile à un entretien d'embauche. Toute personne qui a déjà postulé pour un emploi sait que la pire chose à faire consiste à rappeler juste après l'entretien pour savoir si sa candidature a été retenue. Il vaut beaucoup mieux attendre patiemment que votre employeur potentiel vous téléphone pour vous faire connaître sa décision. Si l'on se montre trop anxieux, on affaiblit sa position.

L'instinct d'un homme le pousse à ne pas manifester son enthousiasme, car il lui semble qu'admettre un intérêt trop vif affaiblira sa position.

Un homme sait donc d'instinct qu'il ne doit pas montrer combien il tient à une personne ni combien il a besoin d'elle. Les Martiens se targuent d'être confiants, indépendants et autonomes. Ces préceptes fonctionnent à merveille dans le monde du travail, mais pas du tout dans le domaine des relations intimes avec les Vénusiennes. Car lorsqu'il finit par rappeler une femme qui se demande depuis plusieurs jours si et quand il va téléphoner, celle-ci se montre au mieux agacée. Le ton qu'elle adopte pour lui répondre laisse d'ailleurs clairement transparaître son courroux. Leur relation s'engage alors dans une spirale d'échec.

Comment les femmes réagissent
lorsqu'un homme ne rappelle pas

Voici quelques commentaires banals émis par des femmes à propos d'hommes qui avaient tardé à les rappeler après un rendez-vous.

– Quand je l'ai rappelé, il n'a même pas paru gêné de son silence. Je n'en croyais pas mes oreilles !
– Je n'arrive pas croire que, quand il a fini par rappeler, il ne s'est même pas excusé.
– Il s'est comporté comme si très peu de temps s'était écoulé depuis notre rendez-vous.
– Quel manque de sensibilité ! Il s'est conduit comme si tout allait bien.
– Je n'arrive pas à croire qu'il ait osé m'appeler au bout de plusieurs mois comme si de rien n'était.
– Je l'ai rappelé le lendemain matin et il m'a demandé pourquoi je lui téléphonais. Cela m'a mise dans une telle fureur que je ne lui ai plus jamais adressé la parole.
– Quand il m'a finalement rappelée, au bout d'une semaine, j'étais tellement blessée que je n'ai pas pu

m'empêcher de lui dire ce que je ressentais. Mais il n'a absolument pas compris.

— Il s'est excusé de ne pas m'avoir appelée plutôt, mais il n'en pensait manifestement pas un mot. Et quand je me suis montrée distante, il ne m'a même pas demandé ce que je ressentais.

— Comme je n'arrivais pas à croire qu'il ne me rappelle pas, j'ai pris mon téléphone pour lui dire qu'il devrait prendre le temps de me connaître.

Chacun de ces exemples met en scène une femme qu'un comportement martien typique fait sortir de ses gonds. Un homme qui ne comprend pas combien les femmes réagissent différemment de lui persistera donc à saboter sans le savoir tout espoir de relation constructive en s'abstenant de rappeler après un rendez-vous, tandis qu'une femme en fera autant en se montrant glaciale lorsque son soupirant se décide enfin à lui téléphoner.

Car lorsque cet homme finit par se manifester, si son interlocutrice n'adopte pas une attitude carrément hostile, il sentira du moins une certaine réticence. Il ne reconnaît pas la créature éclatante, chaleureuse, accueillante et pleine d'assurance qu'il a rencontrée. À sa place se tient un être distant et peu enclin à lui accorder sa confiance... deux caractéristiques qui font détaler les hommes.

Et, alors qu'ils auraient pu partager une agréable conversation empreinte de chaleur, tous deux voient leur attirance mutuelle diminuer à cause de cette réaction féminine. L'homme déplore la dérive inquisitoriale de sa partenaire et considère qu'elle lui réserve un traitement injuste ; elle trouve au contraire qu'il la néglige et la maltraite.

Lorsqu'un homme rappelle et se trouve confronté à une attitude empreinte de rejet ou de défiance, cela ne contribue pas l'encourager. Or, de la même façon que sa compagne espère un appel qui la rassurerait, lui attend qu'elle l'encourage à croire qu'il pourrait lui plaire.

> **Une femme désire que son soupirant l'appelle pour la rassurer, tandis que celui-ci espère qu'elle lui laissera deviner par ses gestes encourageants qu'il pourrait réussir à lui plaire.**

On comprend donc sans peine que la méconnaissance des besoins émotionnels divergents des hommes et des femmes puisse se traduire par une propension à décourager sans le savoir les membres du sexe opposé.

Quand un homme se montre trop demandeur

La vérité se révèle complexe, car si un homme se montre trop empressé auprès d'une femme, cela ne la séduit en général guère. Et s'il rappelle le lendemain parce que lui éprouve le besoin d'être rassuré, bien des femmes se détacheront de lui. De fait, un homme qui a confiance en lui est beaucoup plus attirant ; la plupart d'entre nous le savent d'instinct. Mais nous ne comprenons pas toujours pour autant combien nous pourrions faire progresser notre cause auprès de la dame de nos pensées en lui téléphonant le lendemain d'un rendez-vous pour lui redire quelle bonne soirée nous avons passée. Rien ne lui procurera un plus grand plaisir que de deviner que son soupirant l'apprécie vraiment et qu'il aspire à la revoir. Une telle confiance en lui le rend effectivement plus attirant et lui permet aussi de rassurer sa compagne comme elle a besoin et comme elle aime l'être.

> **La plupart des hommes ne devinent pas combien une femme apprécie qu'on la rappelle au lendemain d'un rendez-vous.**

Dès lors qu'un homme commence à comprendre que les femmes viennent de Vénus, cette réalité lui devient plus intelligible. Une fois qu'il a découvert que cette tactique fonctionne, il ne se privera pas de l'employer. Mais rares sont les hommes qui imaginent même quel cadeau ils feraient à leur compagne en lui adressant un tel message rassurant après un rendez-vous. Quand il lui fournit les garanties auxquelles elle aspire, un homme met une femme à même de profiter en toute liberté de leurs rapports, au lieu de se demander sans cesse si tout se déroule bien.

Trois bonnes raisons
pour qu'un homme rappelle

1. Rappelez-la pour discuter de votre rendez-vous, même si vous n'avez pas grand-chose à en dire

Comme un rendez-vous inspire peu de réflexions à l'homme moyen, celui-ci ne voit guère l'intérêt de rappeler sa partenaire. Il lui paraît un brin stupide de téléphoner quand on n'a rien à dire. Erreur : vous devez la rappeler même si vous ne vous sentez pas d'humeur causante et vous demandez ce que vous pourrez lui raconter. Au pire, vous vous contenterez de lui poser des questions.

Donnez à une femme la possibilité de commenter votre rendez-vous. L'entendre évoquer votre soirée vous rappellera comment celle-ci s'est déroulée et ce que vous avez ressenti. Vous découvrirez peut-être alors que vous avez mille choses à dire. Demandez-lui ce qu'elle a apprécié du film ou du dîner. En la laissant s'exprimer ainsi, vous lui donnerez la possibilité de mieux vous apprécier. Sachez en outre qu'écouter ses commentaires sur votre sortie vous rapportera plus de points dans son cœur que le rendez-vous lui-même. Si vous veillez à la rappeler avant qu'elle ne le fasse, vous marquerez encore des points supplémentaires.

Si vous tombez sur son répondeur, remerciez-la de la bonne soirée passée à son bras et demandez-lui de vous rappeler en lui indiquant vos plages horaires de plus grande disponibilité.

2. Rappelez-la pour savoir si elle vous attire plus désormais, ou moins

Les hommes sous-estiment couramment l'attirance qu'une femme leur inspire. Voilà pourquoi il s'avère utile de sortir une seconde fois avec une femme, juste pour voir comment votre intérêt évolue. Si vous n'avez aucune intention de la réinviter, prenez au moins la peine de l'appeler et de bavarder avec elle, afin d'évaluer vos sentiments. Il arrivera que sa seule réaction lors de votre appel suffise à réveiller votre ardeur et fasse renaître des sentiments que vous croyiez éteints. Rappelons que ce n'est pas parce qu'on téléphone à une femme qu'on est tenu de l'inviter à nouveau à sortir. Il n'y a aucun mal à ne pas être sûr de soi. Et si elle commet le faux pas de vous demander si vous comptez la revoir, bornez-vous à expliquer que vous êtes très occupé cette semaine.

Les jugements à l'emporte-pièce que nous tendons à rendre à l'issue d'un premier rendez-vous ne se révèlent pas toujours exacts et méritent un second avis. En général, si l'attirance mutuelle persiste au-delà du premier rendez-vous, il ne se révélera pas seulement amusant mais bon pour vous de continuer dans cette voie. N'oubliez pas que vous pouvez sortir trois ou quatre fois avec une femme sans pour autant la mener en bateau. Ce ne sera le cas que si vous êtes d'ores et déjà certain qu'elle ne vous convient pas et que vous vous comportiez néanmoins comme si elle demeurait en lice.

Comme on l'a vu, quand on doute de ses sentiments, il faut absolument poursuivre la relation jusqu'à ce que votre attirance se dissipe ou grandisse. Car dès que vous menez une relation à son terme, vous accroissez votre capacité à déceler les bons partenaires et à vous intéresser à eux. Cet exercice se révèle fort utile pour ceux et celles qui s'éprennent encore et toujours de personnes qui les déçoivent. Chaque fois que vous vous abandonnez à vos sentiments puis que, après avoir fait plus ample connaissance, l'histoire tourne court, vous vous préparez sans le savoir à rencontrer l'homme ou la femme de votre vie.

3. Appelez par courtoisie et pour exprimer vos bonnes manières

Même si vous n'êtes pas sûr de souhaiter poursuivre une relation avec une femme, il demeure primordial de la rappeler pour lui faire savoir que vous avez passé une agréable soirée en sa compagnie. Sur sa planète, cela révèle juste une bonne éducation ; cela ne s'assimile pas à une demande en mariage. Elle appréciera votre geste et son prochain soupirant aussi.

De la même façon qu'un homme aime qu'une femme l'encourage en lui disant qu'elle a passé un bon moment avec lui, celle-ci a besoin que son partenaire la rassure sur son droit à être aimée. En l'appelant et en vantant les mérites de votre soirée, vous l'aidez à se sentir bien dans sa peau. En outre, chaque fois que vous accomplissez un effort pour respecter les besoins d'une femme, cela vous rend plus attirant aux yeux de toutes ses consœurs.

Et même si vous ne l'invitez pas à sortir, dès que vous prenez le numéro de téléphone d'une femme, appelez-la. Sinon, vous passerez pour un de ces blaireaux qui ternissent le blason de la gent masculine. Ne lui demandez donc son numéro que si vous comptez vous en servir.

Lorsqu'un homme demande à une femme son numéro de téléphone, il doit l'appeler au moins une fois.

Pourtant, il arrive fréquemment qu'un homme s'abstienne de rappeler une partenaire qu'il n'envisage pas de continuer à fréquenter parce qu'il juge un brin présomptueux ou grossier de lui téléphoner pour la rejeter. Il lui semble que son appel serait forcément insultant. Et il se flatte de ne pas avoir l'arrogance de tenir pour acquis qu'elle l'a apprécié et qu'elle aurait souhaité le revoir.

Beaucoup d'hommes envisagent leurs rapports avec les femmes comme l'achat d'une maison. Quand on cherche la maison de ses rêves, on en visite plusieurs, mais on n'est pas tenu de rappeler si l'on n'est pas intéressé. Si vous ne faites pas d'offre, l'agent immobilier comprendra que la maison ne vous plaît pas. Et il ne se préoccupera pas de ce que vous pensez vraiment d'elle que si vous retournez la voir à plusieurs reprises et émettez une offre.

En revanche, tout homme qui a entretenu une relation sérieuse avec une femme ressent généralement le besoin de mettre un terme officiel à leur histoire par un coup de téléphone. Mais si, à l'instar de beaucoup de ses congénères, il ignore comment le faire élégamment, il s'abstiendra tout de même d'appeler.

Certains pensent aussi que leur silence épargne à leur compagne de s'entendre directement rejeter. Un de mes amis le découvrit à ses dépends lorsque, revoyant une femme avec qui il était sorti à plusieurs reprises quelques années plus tôt, il constata qu'elle lui en voulait encore d'avoir disparu sans explication...

Il arrive souvent qu'un homme pense que ne pas rappeler constitue un moyen élégant de clore une relation.

Les hommes tendent à donner ce qu'eux-mêmes aimeraient recevoir : si une femme ne souhaite plus sortir avec eux, ils préfèrent qu'elle s'abstienne de les appeler pour le leur annoncer. Ils tiennent donc pour acquis que ces dames réagissent de façon identique. Si un homme appelle plusieurs fois et que son amie se révèle toujours occupée ou qu'il apprend qu'elle en fréquente un autre, il renoncera et il ne lui viendra pas à l'idée de se plaindre de son silence à ses amis. Pourtant, si vous ne rappelez pas votre partenaire, elle y verra une preuve de négligence et de manque de respect, surtout si vous aviez promis de le faire ou n'avez pas clairement mis un terme à votre histoire lors de votre dernière rencontre.

Voilà ce qui ennuie les femmes : s'il passe une soirée merveilleuse, il ne rappelle pas ; s'il n'est pas sûr de ses sentiments, il ne rappelle pas ; et s'il souhaite mettre un terme à l'expérience, il ne rappelle pas non plus. Rien d'étonnant à ce que leurs rapports avec les hommes les emplissent de frustrations et de déceptions.

Parmi les autres raisons susceptibles de dissuader un homme de rappeler figure son souci de ne pas brûler ses vaisseaux. Il imagine à tort que s'il ne repousse pas officiellement une femme, elle acceptera de sortir à nouveau avec lui s'il change d'avis par la suite. Un homme qui doute de ses sentiments préférera ne rien dire que l'on puisse utiliser contre lui. En effet, il sait d'expérience que les femmes se souviennent de tout. Malheureusement pour lui, il ne comprend pas qu'un homme qui ne rappelle pas marque durablement leur mémoire.

Certains hommes tergiversent avant de rappeler quand ils doutent de leurs sentiments, mais ne veulent pas non plus brûler leurs vaisseaux.

De ce fait, un homme qui ignore ce qu'il souhaite réellement tendra à laisser traîner les choses. Il veut réfléchir avant de s'engager. Pas question de mener une femme en bateau ni de la décevoir. Dommage qu'en gardant le silence, il obtienne précisément les effets qu'il désire éviter et la bouleverse encore plus. Un simple coup de fil reconnaissant que vous vous souvenez de votre partenaire fera toute la différence.

Il arrive aussi qu'un homme sache clairement qu'il ne souhaite pas revoir une femme, mais n'ait pas pour autant envie de la rejeter ou de la blesser. Les hommes aiment faire plaisir aux femmes, pas les décevoir. Et la plupart d'entre eux ne savent pas comment s'y prendre pour rappeler et déclarer en substance : « J'ai passé une excellente soirée, merci et bonne chance. » Un homme se sent mal à l'aise à la perspective de souhaiter un avenir heureux à une femme ou de lui annoncer qu'il ne désire pas sortir de nouveau avec elle, à plus forte raison si elle s'enquiert de ses motivations.

> **Cela met un homme mal à l'aise de rappeler juste pour dire : « Merci pour cette bonne soirée et bonne chance ! »**

La simple pensée qu'elle risque de demander : « Pourquoi n'as-tu pas envie de mieux me connaître ? » l'emplit d'angoisse. Comment doit-il gérer une question de ce type ? Il sait d'instinct qu'il serait déplacé d'énumérer les raisons pour lesquelles on n'apprécie pas une personne. Si sa compagne éprouve vraiment le besoin de le savoir, laissez un ami l'en informer ; ce n'est pas à vous de le faire, surtout si vous n'avez plus envie de la fréquenter.

Les hommes ignorent en général que, lorsque leur partenaire les interroge ainsi, ils peuvent demeurer polis et répondre quelque chose comme : « Je ne crois pas que je sois la bonne personne pour toi » et s'en tenir à cette affirmation, si d'aventure elle insiste. Voilà qui est courtois et suffisant. Si vous ne trouvez rien d'aimable à dire, mieux vaut vous taire. Si vous privilégez une sincérité totale, évitez les explications ampoulées. Un banal : « Je ne crois pas que le courant passe suffisamment entre nous » justifie amplement qu'on veuille mettre un terme à une liaison.

C'est une réalité : soit la présence de l'autre provoque en vous des étincelles, soit ce n'est pas le cas et vous ne verrez pas l'intérêt de continuer à le fréquenter. Cela n'a rien à voir avec sa personne. Certains adorent les mangues et d'autres les détestent : le fait que vous appréciiez ce fruit est sans rapport aucun avec sa valeur gustative intrinsèque ; cela dépend de vous. Ajoutons que ne pas aimer les mangues ne signifie ni que ce fruit est mauvais ni que vos papilles manquent de finesse.

Pendant la première étape du processus amoureux (l'attirance), si vous ne souhaitez pas continuer à courtiser une femme, la méthode la plus facile et souvent la plus appropriée pour l'en informer est de la rappeler à un moment ou vous savez qu'elle se trouve à son travail et de laisser un message sur son répondeur. Il s'agit d'une excellente solution : la plupart des femmes apprécieront grandement d'avoir reçu cet appel au lieu de se voir ignorées et de se demander si vous allez téléphoner.

Au cours de l'étape numéro deux (l'incertitude), alors que vous n'êtes pas sûr de souhaiter que votre histoire continue, il demeure acceptable d'y mettre un terme par un message téléphonique. Dans ce cas de figure, expliquez tout simplement la vérité, que vous avez passé d'excellents moments avec votre compagne et que vous la rappellerez peut-être dans quelques semaines.

Si en revanche vous avez franchi le seuil de la troisième étape, et donc entamé un duo exclusif, cela n'est plus envisageable ; il vous faut désormais rompre face à face. Même si cela se révèle douloureux ou difficile, vous devez lui donner la possibilité de réagir à vos propos et d'exprimer ses sentiments. Elle le mérite et elle appréciera cette considération.

Dix façons polies de rappeler

Même quand un homme éprouve l'envie de rappeler sa partenaire, il arrive qu'il ne le fasse pas parce qu'il ne sait pas quoi lui dire. Que vous soyez sûr d'être intéressé ou non, voici quelques manières polies de dire la vérité tout en conservant une attitude positive.

1. Laissons le temps accomplir son œuvre

« Cela m'a fait vraiment plaisir de te rencontrer. J'ai passé un moment très agréable avec toi, l'autre soir. À bientôt. »

Voilà qui fera comprendre à votre interlocutrice que vous n'envisagez pas de la courtiser pour le moment, mais que vous n'écartez pas non plus totalement cette éventualité.

2. Bonne chance

« Merci beaucoup d'être sorti avec moi. Je suis ravi de t'avoir connue et j'ai passé un excellent moment. Bonne chance et j'espère que ton projet professionnel (ou autre) se concrétisera. »

Voici une manière empreinte de délicatesse et de considération de lui faire comprendre que vous ne comptez pas la courtiser. Il évite en outre de mettre trop brutalement les points sur les i, ce qui gêne souvent un homme. Cette approche vous réserve également la possibilité de la rappeler ultérieurement, si vous éprouvez l'envie de sortir de nouveau avec elle.

Au lieu de vous contenter d'un simple « Bonne chance pour l'avenir », personnalisez votre déclaration en lui adressant par exemple tous vos vœux pour un voyage qu'elle envisage, pour le dénouement d'une situation familiale ou pour un défi professionnel. Voici quelques exemples supplémentaires :

« Bonne chance ; j'espère que ta boutique prospérera. »

« Bonne chance ; j'espère que tu feras bon voyage pour rendre visite à ton frère. »

« Bonne chance ; j'espère que tu réussiras à résoudre tes problèmes de copropriété. »

« Bonne chance ; pense à boire beaucoup d'eau pour soigner ton rhume. »

« Bonne chance et passe d'excellentes vacances. »

« Bonne chance ; j'espère que tu retrouveras les clés de ton garage. »

3. Plus tard, peut-être

« J'ai passé une excellente soirée, hier. En ce moment, j'ai un boulot monstrueux (ou un emploi du temps très chargé) qui monopolise toute mon attention. Je ne t'appellerai donc probablement pas avant quelques semaines, mais je me fais une joie de te revoir. »

Quand votre travail ne vous laisse pas le temps où l'énergie nécessaires pour mener à bien une vie amoureuse digne de ce nom, votre partenaire appréciera que vous lui passiez un coup de fil amical pour l'en informer. N'oubliez pas qu'elle ignore pourquoi vous ne la rappelez pas et qu'elle sera sensible au fait que vous la rassuriez en lui expliquant que tout va bien.

4. Pas libre

« Je suis vraiment content d'avoir fait ta connaissance. Mais il faut que tu saches que je ne suis pas libre et que je ne te rappellerai donc pas. Merci encore pour cette excellente soirée ; j'ai vraiment beaucoup apprécié ta compagnie. »

Ne recourez jamais à cette approche si elle ne se réfère pas à une situation réelle ou avec une femme avec qui vous êtes sorti moins de trois fois. Évitez en outre absolument ce genre de commentaire au lendemain d'un rendez-vous. Cela risque de choquer votre partenaire d'entendre que vous avez décidé de lui préférer une autre femme après avoir passé une soirée avec elle. Même si cela arrive fréquemment, cela lui paraîtra un brin léger et lui donnera l'impression que vous vous êtes moqué d'elle.

Même si votre religion était faite dès votre retour chez vous, accordez-vous toujours quelques jours de réflexion. Et, pendant cet intervalle, appelez votre partenaire simplement pour la remercier de la soirée passée auprès d'elle. Lorsque, au bout de quelques jours ou d'une semaine, vous aurez définitivement arrêté votre décision, téléphonez-lui pour l'en informer.

Veillez en revanche à ne jamais expliquer pourquoi vous avez choisi l'autre femme. Il est extrêmement blessant pour une personne d'entendre en quoi une concurrente se révèle plus désirable. Limitez-vous à annoncer votre décision. Si votre interlocutrice cherche à en savoir plus, déclarez seulement que vous sentez au fond de votre cœur que vous n'êtes pas le partenaire qui lui convient.

Épargnez-lui bien entendu toute description dithyrambique de sa rivale et tout commentaire tel que « Elle est parfaite pour moi », « Elle est tellement belle » ou « Elle est absolument merveilleuse ». Dispensez-vous aussi d'établir des comparaisons entre elles deux : « Elle a plus de temps à me consacrer », « Elle est toujours de bonne humeur », etc. Ce genre de vérité brutale et blessante s'avère difficile à digérer. Et même si elle affirme vouloir connaître vos véritables motivations, de telles explications demeurent aussi déplacées qu'inutiles.

5. Pas prêt

« Merci pour cette merveilleuse soirée. Elle m'a malheureusement fait comprendre que je ne suis pas encore complètement remis de ma dernière histoire et donc pas prêt à rechercher une nouvelle partenaire. J'espère que tu ne m'en voudras pas si je te rappelle dans quelques mois mais, pour l'instant je ne me sens pas disponible. »

Cette explication se révèlera particulièrement utile pour qui s'efforce de déterminer s'il souhaite entamer un duo exclusif avec l'autre. Rappelons que, une fois que l'on a décidé de tenter l'expérience, il faut absolument jouer le jeu afin de voir si la situation vous plaît. Il est en effet extrêmement difficile de déterminer si l'on souhaite se consacrer entièrement à une femme tant que l'on continue à en fréquenter d'autres.

Une fois que vous aurez décidé que vous souhaitez vivre une véritable histoire de couple, il est important de jouer le jeu afin de voir si vous appréciez une telle situation.

6. Pas disponible

« J'ai vraiment passé un bon moment avec toi, mais j'ai réalisé que je n'étais pas vraiment disponible pour le moment. J'ai besoin de prendre un peu de recul pour me retrouver ; donc je ne t'appellerai plus pendant un certain temps. »

Il n'y a aucun mal à se rendre compte qu'on n'est momentanément pas disposé à fréquenter de façon suivie le sexe opposé. Mais si tel est le cas, veillez à le faire savoir à votre conquête, sans quoi elle se demandera ce qui cloche.

7. Prêt à tourner la page

« J'ai vraiment apprécié les moments passés auprès de toi, mais je crois que je suis prêt à entamer un nouveau chapitre de mon existence. Je tenais à te dire que cela ne résulte nullement de quelque chose que tu as dit ou fait. J'ai juste besoin de prendre un nouveau départ. Merci pour tout ; j'espère que tu trouveras très vite l'homme de ta vie. »

Il arrive que l'on ne soit tout simplement pas prêt à vivre une relation de couple. Dans ce cas, si excellents que soient vos rapports avec votre partenaire, vous pourrez éprouver le besoin de tourner la page. Mais il faut absolument en aviser celle-ci.

8. Mauvais timing

« J'ai vraiment apprécié notre soirée, mais je crois que le timing n'est pas bon puisque tu es en train de rompre avec quelqu'un. Je te rappellerai dans quelques mois. J'espère que tout ira bien pour toi. »

« Merci pour cette excellente soirée, mais elle m'a fait prendre conscience que ma précédente histoire n'était pas totalement close. Il serait injuste de ma part de t'imposer cela. Je t'appellerai peut-être dans quelques mois quand j'aurai réglé cette affaire. »

Il ne s'agit pas de dédaigner les amourettes « pour se consoler », mais de souligner que celles-ci impliquent qu'aucun des deux partenaires n'espère les voir se concrétiser par une relation de couple exclusive. Rappelez-vous toujours qu'une personne qui vient de rompre cherche dans une certaine mesure à combler un vide. Son discernement se révèle en général minime : un homme assoiffé ou affamé se montre rarement regardant quant au contenu de son verre ou de son assiette, mais une fois rassasié, il se montrera de nouveau plus difficile.

9. Pas sûr

« J'ai passé un excellent moment, l'autre soir, mais je ne suis pas sûr de vouloir entamer une relation en ce moment. Mieux vaut donc que je m'abstienne de t'appeler pendant quelque temps. »

Lorsque vous pénétrez dans la deuxième étape du processus amoureux et que l'incertitude vous envahit, la considération et les bonnes manières vous imposent d'en avertir votre partenaire. Même si c'est votre droit le plus strict que d'éprouver des doutes, cela ne vous autorise pas pour autant à ignorer votre amie et à mener votre vie sans tenir compte d'elle.

Si elle s'avise de vous bombarder de questions : « Qu'est-ce que tu ressens mon égard ? Ai-je fait quelque chose de mal ? Y a-t-il un problème ? », ne vous sentez pas obligé de lui fournir des réponses détaillées. Répliquez plutôt par d'autres questions. Incitez-la à parler. L'écouter exprimer ses sentiments vous aidera à traverser plus rapidement cette phase d'incertitude.

Si elle vous demande : « Quels sont tes sentiments à mon égard ? », répondez simplement : « Je t'aime beaucoup », puis demandez-lui : « Qu'est-ce que toi, tu ressens à mon égard ? » et écoutez sa réponse.

Si elle vous demande : « Y a-t-il une autre femme dans ta vie ? », contentez-vous de répondre : « Eh bien, comme je te l'ai dit, je ne sais pas où j'en suis en ce moment. » Demandez-lui alors si elle a quelqu'un d'autre.

Si elle vous demande : « Ai-je fait quelque chose de mal ou qui t'a déplu ? », répondez simplement : « Je ne sais pas », puis demandez-lui si elle a quelque chose à vous reprocher.

Si elle vous demande : « Existe-t-il un problème dont j'ignore l'existence ? », répondez : « Je n'en sais rien ; et de ton côté, y a-t-il un problème dont tu ne m'aies jamais parlé ? »

N'oubliez pas que, pendant cette deuxième étape, vous ne serez pas toujours conscient que le moment est venu de réfléchir à votre existence. Variez les expériences ; ne brûlez pas vos cartouches, mais n'essayez pas non plus de toujours ménager la chèvre et le chou. Prenez tout le recul dont vous aurez besoin avant de décider si vous souhaitez progresser jusqu'à la troisième étape – l'exclusivité –, ou regagner la première, au cours de laquelle on s'abandonne à ses désirs.

10. Pas faits l'un pour l'autre

« Je crois que nous ne sommes pas faits l'un pour l'autre, mais je souhaitais quand même te rappeler pour te remercier et pour te souhaiter tout le bonheur du monde. »

Pendant les premières étapes du processus amoureux, les hommes comme les femmes doivent se sentir libres de multiplier les expériences et de tourner la page dès qu'ils le souhaitent. Vous n'avez pas entamé de relation exclusive et n'êtes donc pas en droit d'escompter que l'autre continue nécessairement à vous voir. Quand l'un des partenaires tient manifestement cet élément pour acquis, cela tend à refroidir l'autre.

Les deux phases initiales du parcours du Tendre constituent une période d'expérimentation. Vous n'êtes soumis à aucune obligation et ne devez éprouver aucune culpabilité si vous souhaitez passer à autre chose. Parfois, la meilleure manière de procéder consiste à dire tout simplement : « Je ne pense pas que nous soyons faits l'un pour l'autre », avant de tourner la page.

Cette dixième méthode s'applique toutefois mieux aux personnes qui ont déjà atteint la troisième étape et qui aspirent à rompre. Vous avez pris le temps d'apprendre à connaître l'autre et à présent, il vous semble que cette personne ne vous convient pas.

Chacune des dix approches exposées ci-dessus vous aidera à passer d'une histoire à l'autre jusqu'à rencontrer l'homme ou la femme de votre vie. Une femme peut également recourir à ces tactiques pour refuser poliment les avances ou les invitations d'un homme. Rien ne lui interdit toutefois de se borner à déclarer : « Je ne souhaite pas avoir ce genre de relation avec toi ; je préfère que nous restions simplement amis. » Un homme n'a pas besoin d'explication plus précise.

> **Pour repousser un soupirant, une femme pourra se contenter de déclarer : « Je ne souhaite pas avoir ce genre de relation avec toi. Je préfère que nous restions simplement amis. »**

Cette approche se révèle d'autant plus adaptée que, dans la plupart des cas, les femmes – à l'inverse des hommes – ne verraient aucun inconvénient à nouer des liens d'amitié avec le soupirant qu'elles viennent de rejeter. De toute façon, cette explication garantit qu'il cessera de vous poursuivre de ses assiduités.

Les avantages de la page tournée

Appeler pour mettre un terme à une relation sentimentale n'est pas seulement affaire de bonnes manières ; vous en retirerez d'autres bienfaits. En effet, la façon dont nous clôturons une histoire détermine largement le type de personne qui nous attirera la prochaine fois.

S'il nous faut faire taire nos sentiments pour mettre fin à une relation ou si cela nous inspire de la culpabilité, nous tendrons à répéter sans fin les mêmes schémas. Tandis que quand nous terminons une histoire sur une note amicale, nous nous rapprochons un peu du partenaire idéal.

Si vous ne savez pas rompre sans difficulté au cours des deux premières étapes, il se révélera beaucoup plus difficile pour vous de progresser vers les suivantes. La phase d'attirance doit être consacrée à la découverte de ce que vous aimez et de ce que vous n'aimez pas, afin de mieux cerner vos aspirations et désirs. En sachant dire non à une personne simplement parce qu'elle n'est pas le partenaire qui vous convient, vous réaffirmez votre intention de trouver un jour l'homme ou la femme de votre vie.

De tels refus nous aident aussi à affiner notre capacité à succomber aux charmes de partenaires avec qui nous pourrions souhaiter vivre une histoire au long cours. Ce principe s'applique aussi bien aux hommes qu'aux femmes. Le simple fait de refuser une relation qui ne vous convient pas développe le flair qui vous fera un jour tomber sur la bonne personne.

16

Appeler ou ne pas appeler

Les femmes modernes recherchent un nouveau type de relations amoureuses, différentes de celles qu'entretenaient leurs parents. Elles aspirent à une communication intime doublée d'un romantisme durable. Ce qui exige clairement de nouveaux outils. Aujourd'hui, une femme doit non seulement se montrer douce et féminine, mais aussi décidée.

Beaucoup d'entre elles ont appris à faire preuve de ténacité dans le monde professionnel, mais demeurent pourtant célibataires car elles n'ont pas encore compris qu'elles devaient cumuler féminité *et* assurance. L'absence de modèle ne facilite pas les choses. Soit elles ont été élevées par un père autoritaire et une mère docile, soit, à l'inverse, par une mère dominatrice et un père passif.

La plupart des femmes n'ont pas encore appris l'art de se montrer à la fois féminines et décidées.

À la génération de nos parents, il était carrément inenvisageable qu'une femme appelle un homme ; un véritable tabou. Pas question de se montrer sous un jour aussi agressif et dépourvu de féminité. Les mères mettaient leurs filles en garde : ne sois pas trop disponible, accommodante ou trop facile, sinon les hommes ne te respecteront jamais.

Eh bien, ces dames n'avaient rien inventé ; c'était vrai alors et ça l'est toujours.

Dès qu'une femme montre plus d'intérêt pour un homme que lui-même ne lui en témoigne, il se dépensera moins pour la courtiser. Pourquoi en effet risquer un échec alors qu'elle semble disposée à faire tous les efforts ? Voilà qui incite automatiquement un homme à se détendre et à adopter une attitude plus passive. Au lieu de se demander ce que sa dulcinée souhaite, il se préoccupera de plus en plus de ses propres désirs. Un revirement extrêmement déroutant pour une femme : pourquoi les manières décidées qui fonctionnent si bien dans le cadre professionnel se retournent contre elle dans ses rapports avec les hommes ?

Quand une femme fait des efforts pour plaire à un homme, celui-ci adopte en retour un comportement plus passif.

Ces femmes ignorent tout simplement qu'un homme doit avoir l'impression de les conquérir pour découvrir si elles lui plaisent vraiment. Bien sur, il arrive que de telles amazones remportent des succès amoureux, mais le plus souvent, leur attitude n'engendre pas les résultats escomptés. Car une fois que madame a entraîné son soupirant jusqu'à l'autel et qu'elle aspire à se détendre à son tour, lui se désintéressera d'elle.

Il arrive cependant qu'un retour à ce comportement plus « féminin » ravive chez son partenaire le désir de la courtiser et de la choyer enfin. Mais les choses n'évoluent pas toujours ainsi, loin s'en faut.

Ces mécanismes jouent à tous les niveaux du parcours amoureux. Ainsi, on voit fréquemment un homme afficher un sursaut d'intérêt pour sa partenaire lorsque celle-ci décide de rompre avec lui. Ce qui agace souverainement l'intéressée, car elle ne devine pas en quoi elle a contribué à saboter initialement leur relation. Elle croit à tort que cet homme ne lui convient pas puisqu'il la désire davantage dès lors qu'elle fait preuve d'un plus grand respect d'elle-même en cessant de le poursuivre de ses assiduités. En réalité, ce regain d'intérêt constitue un signe encourageant.

Il arrive souvent que l'intérêt d'un homme se réveille lorsque sa partenaire décide de le quitter.

Une graine ne pousse que si on lui fournit l'environnement adapté à sa croissance. De la même façon, l'attirance et l'intérêt qu'un homme éprouve pour une femme ne peuvent pas se développer lorsqu'elle se montre trop décidée et agressive. En abandonnant ses efforts pour le séduire, elle lui donne l'occasion de découvrir en lui-même le désir de la courtiser. En fait, pendant les premiers temps qui suivent leur rencontre, l'intérêt d'un homme pour sa compagne ressemble à la flamme tremblotante d'une bougie : il suffit d'un excès de zèle de la part de notre Vénusienne pour étouffer la mèche.

Respecter les cinq étapes du processus amoureux vous évitera de prendre des risques inutiles. Vous vous assurerez ainsi, avant d'épouser votre partenaire, qu'il vous connaît à fond, vous apprécie, vous aime *et* demeure attiré par vous. Son intérêt persiste sans qu'il vous soit besoin de jouer un rôle ou de vous faire passer pour meilleur(e) que vous n'êtes en réalité.

Cela dit, il existe tout de même des moyens pour une femme d'appeler un homme sans grever le potentiel de leur histoire. Le fait d'appeler ou de ne pas appeler, en particulier au cours des deux premières étapes du parcours amoureux, peut littéralement déterminer l'avenir d'une relation. Mieux comprendre les modes de pensée et les sentiments divergents des hommes et des femmes permettra à ces dernières de découvrir de nouvelles manières de se montrer simultanément décidées *et* féminines.

Les options dont une femme dispose

Lorsqu'un homme attend plus longtemps pour la rappeler qu'elle ne le juge souhaitable, une femme lui en voudra généralement pour deux raisons. En premier lieu, elle ne comprend pas qu'il vient de Mars et donc ne connaît pas les usages vénusiens. En second lieu, elle attend depuis plusieurs jours son coup de fil, avec un sentiment grandissant d'impuissance. Elle aimerait l'appeler mais elle se retient de le faire.

Tout son entourage lui recommande de s'abstenir d'appeler et une partie d'elle-même rechigne instinctivement à s'y abaisser, mais dans le même temps, une autre partie de son être rêve de décrocher le téléphone. Elle préférerait nettement que l'initiative de cet appel vienne de lui. Si c'est lui qui téléphone, en effet, elle se sentira choyée, tandis que si elle doit se charger de téléphoner et poser des questions pour se voir rassurée, cela restera quoiqu'il advienne moins agréable.

Mais la situation n'est pas sans espoir. Une meilleure compréhension de la psychologie masculine ouvre de nouvelles options.

Option n° 1 : Remplir vos journées

La première solution consiste à remplir votre vie d'activités et d'amitiés de manière à éviter de faire le pied de grue devant votre téléphone. Il n'est pas de plus grande erreur que de mettre votre vie en suspens pour un homme. En effet, nous sommes toujours plus attirés et intrigués par une femme dotée d'une vie bien remplie, dans laquelle elle jongle pour nous ménager une place. Vous le séduirez moins s'il sent que vous attendez qu'il remplisse votre existence et votre emploi du temps.

Dans une certaine mesure, une femme devrait considérer ses histoires romantiques comme un dessert exceptionnel, ses relations avec ses amis et sa famille figurant l'essentiel du repas. Si vous attendez avec anxiété qu'un soupirant vous appelle, cela signifie qu'il vous faut renforcer vos rapports avec vos proches.

Trop compter sur un homme finit toujours par saper une relation. Nul Martien ne peut satisfaire tous les besoins d'une Vénusienne. Certains s'en croient capables, mais ils se leurrent et c'est une grossière erreur d'en attendre autant d'eux. La pression que cela fait peser sur eux les incitera tôt ou tard à prendre le large.

Option n° 2 : L'appeler

La seconde solution qui s'offre à vous est de lui téléphoner. Les femmes qui ont connu des échecs avec cette approche rechignent souvent à l'employer ; d'autres continuent à y recourir, même si cela ne favorise pas l'histoire en cours. Elles en concluent simplement que celle-ci n'aurait pas fonctionné de toute façon et tournent la page. Si on comprend mieux les réactions masculines, il devient possible d'avoir une agréable conversation téléphonique, laquelle vous rassurera autant que vous l'espérez et facilitera l'épanouissement de votre relation. Pour appeler un homme après un rendez-vous, mieux vaut toutefois suivre les lignes de conduite énumérées ci-après.

Sept recommandations si vous rappelez un homme après un rendez-vous

1. N'appelez pas si vous êtes fâchée contre lui

C'est en général une erreur de téléphoner à un homme pour lui reprocher son silence. Bien des femmes n'hésitent pas à s'étendre sur leur ressentiment. Si leur partenaire ne comprend pas, c'est l'échec assuré. Une telle initiative empêche malheureusement l'épanouissement et le développement naturels d'une histoire d'amour.

> **C'est une erreur que d'appeler un homme pour lui reprocher de ne pas l'avoir fait.**

Abstenez-vous absolument de téléphoner à un homme quand vous êtes en colère. Mieux vaut évacuer vos sentiments auprès d'une amie. Après quoi, vous vous sentirez probablement beaucoup mieux, à plus forte raison si vous vous remémorez que les hommes viennent de Mars et obéissent donc à des règles différentes. N'oubliez jamais que quand un homme n'appelle pas, c'est parce que ses instincts diffèrent des vôtres.

2. Ne lui posez pas de questions

On trouve tout autant d'hommes qui se plaignent de ce que les femmes veulent discuter de leur histoire que de femmes qui déplorent que leur compagnon ne les rappelle pas.

Tant qu'un homme n'est pas prêt à s'engager, il rechigne généralement à parler de sa relation ou à la définir plus précisément. Il aspire avant tout à profiter de l'instant présent et à voir où cela le mènera. Il préfère laisser leur histoire se développer toute seule, telle une plante. On ne déterre pas tous les jours une graine pour vérifier si elle germe !

> **Les femmes se plaignent de ce que les hommes ne les rappellent pas, mais ceux-ci se plaignent de leur insistance à discuter de leur relation.**

Il existe tout de même un moyen pour une femme d'obtenir le soutien dont elle a besoin : au lieu d'appeler en sollicitant ce soutien, essayez d'offrir à votre partenaire ce dont lui peut avoir besoin. De la même façon qu'une femme apprécie grandement qu'un homme l'appelle afin de lui témoigner son intérêt et la rassurer quant à la soirée qu'ils ont passée ensemble, un homme adore qu'on l'encourage par des messages lui indiquant qu'il a réussi à faire le bonheur de sa partenaire.

Ne téléphonez donc pas pour poser des questions, mais plutôt pour partager vos sentiments positifs ou votre bien-être. Si votre interlocuteur n'a pas l'impression que vous cherchez à l'obliger à émettre des commentaires rassurants, la joie que votre attitude positive suscitera en lui suffira à vous rassurer. Voici quelques exemples de questions à ne jamais poser.

Cinq questions à ne jamais poser à un homme après un premier rendez-vous

Tu vois quelqu'un d'autre ?

Cette phrase laisse sous-entendre qu'il n'a plus le droit de fréquenter d'autres femmes. Or, pendant la phase d'attirance, il demeure tout à fait admissible de voir d'autres partenaires potentielles. S'il le fait et que vous l'obligiez à vous mentir, cela ne pourra que l'empêcher de se découvrir à terme de réels sentiments à votre égard. De telles pressions s'avèrent déplacées pendant la première étape du processus amoureux.

Tu as envie de me revoir ?

Voilà qui est un peu trop direct. Vous risquez de passer pour une femme exigeante, voire « collante ». Votre interlocuteur se sent happé vers une relation à laquelle il ne se sent pas nécessairement prêt. Rappelez-vous que vous vivez seulement la première étape du parcours du Tendre. Ce n'est que dans sa troisième étape qu'on doit penser à s'engager et à un possible avenir commun.

Tu as passé une bonne soirée ? Tu m'as trouvée sympa ? (sous-entendu : *tu veux qu'on se revoie ?*)

Dire cela affaiblira votre position puisque cela indique que vous manquez de confiance en vous et que vous espérez avoir plu à l'autre. Il percevra aussi une certaine obligation sous-jacente : si vous lui avez plu, il devrait à présent s'efforcer de vous faire plaisir... Or, à ce stade, un homme a besoin de sentir clairement que rien ne le contraint à poursuivre une relation.

Tu es très pris cette semaine ? ou *Que fais-tu le week-end prochain ?*

Que voulez-vous qu'il vous réponde ? « Oui, je dispose de beaucoup de temps : ma vie est un désert et je n'ai pas d'amis. » Vous le trouveriez alors peu aimable et guère désirable – et vous vous sentiriez bien cruelle.

Pendant la première étape, toute remarque laissant supposer que vous envisagez de faire votre vie avec lui risque de le faire détaler. Ce type de question se révèle tout aussi prématurée que si vous lui demandiez s'il souhaite bientôt se marier et fonder une famille ! Il vous fera savoir tout cela quand il s'y sentira prêt.

Quand veux-tu que nous nous revoyions ?

Trop direct, là encore. Pourquoi ne pas lui demander carrément de sortir son agenda pour fixer une date, tant que vous y êtes ?

3. *Émettez des remarques positives*

Au lieu de poser des questions, faites des remarques positives, quand vous appelez un homme. Ne lui demandez pas ce qu'il ressent : dites-lui plutôt ce que vous-mêmes ressentez. Ne lui demandez pas s'il a passé une bonne soirée : signalez-lui que vous-même avez passé un excellent moment. Et, encore une fois, réfrénez vos questions.

Abusez en revanche des commentaires informatifs, qui présentent pour immense avantage de ne requérir aucune réponse exprimant les sentiments ou les intentions de votre partenaire. Voici quelques exemples :

Quelques commentaires que les hommes adorent entendre

« J'ai adoré ce film ; il était vraiment génial ! La scène où... »

« J'ai passé une soirée fabuleuse, mercredi. Ce restaurant sert réellement une cuisine délicieuse. »

« J'ai adoré le spectacle que nous avons vu l'autre soir ; d'ailleurs, j'ai acheté le CD. Quelle mise en scène incroyable ! Ma chanson favorite est... »

« Je me suis amusée comme une folle à la fête foraine. Quand je pense que je n'étais encore jamais montée sur la grande roue ! J'ai raconté à ma sœur notre aventure sur... »

« Je n'arrête pas de repenser au potage que nous avons dégusté l'autre soir. Je me demande ce qu'il contenait. Peut-être des aubergines rôties, de l'ail... »

« J'adore la cuisine chinoise ; c'était vraiment une excellente idée de commander le dîner chez un traiteur oriental. Cela m'a fait tellement plaisir... »

« Merci encore de m'avoir aidée à assembler les étagères de mon garage. Elles sont vraiment très pratiques. J'ai commencé à ranger dessus mes vieux disques... »

« Tu as vraiment bien fait de me suggérer cet arrêt chez le glacier, l'autre jour. Le parfum de ce sorbet... »

« J'ai repensé à ce que tu m'as raconté hier soir. Tu as raison, je crois que je vais... »

« J'ai réellement passé une soirée fabuleuse, hier. »

Il n'existe pas de chemin plus sûr pour gagner le cœur d'un homme que de lui exprimer votre appréciation des choses qu'il vous a apportées et de le complimenter à leur sujet. Un homme qui voit ses gestes ou ses cadeaux recevoir un accueil positif devient plus enclin à s'éprendre d'une femme. Voilà le mécanisme qui fait grandir son affection pour vous.

4. Parlez de ce que vous avez fait, pas de lui

Dites : « J'ai vraiment apprécié le film que nous avons vu ensemble. Il était génial... » (Puis expliquez ce qui vous a tant plus dans sa mise en scène, son décor, etc.).

Il entendra que vous avez apprécié ledit film et en déduira qu'il est agréable de faire des choses avez vous, qu'il vous aime bien. De tels propos lui vont droit au cœur.

Ne dites surtout pas, en revanche : « J'ai vraiment aimé passer la soirée avec toi » car cela sous-entend : « Et toi, tu as apprécié notre soirée ? As-tu envie de me revoir ? » Votre partenaire risque alors de se sentir tenu de passer du temps avec vous. Et au lieu de se réjouir de son succès auprès de vous, il devra se surveiller afin d'éviter de vous décevoir.

Les hommes aiment réussir. Quand un homme sent qu'il parvient à combler une femme, cela rend celle-ci plus attirante à ses yeux.

Si vous discutez du film vu en sa compagnie, il se sentira libre de renforcer ses liens avec vous sans concevoir l'impression qu'il s'engage nécessairement par là à passer plus de temps avec vous. Quand vous dites que vous avez apprécié un film, il peut acquiescer. Lorsque, en revanche, vous annoncez que vous l'avez apprécié, lui, vous le placez dans une situation plus délicate. Pour établir un contact avec vous, il devra soit s'en tirer par une pirouette en admettant sur le mode arrogant que, oui, beaucoup de femmes l'apprécient, soit répondre que lui aussi vous aime bien. Ce qui peut lui sembler un peu prématuré à ce stade de votre relation. Moins il se sentira contraint de passer du temps avec vous, mieux il pourra s'ouvrir à son désir de le faire.

5. *Passez sous silence ce qui vous a déplu*

Dans la première étape du parcours amoureux, contentez-vous de dévoiler les aspects positifs de votre personnalité. Lorsque vous évoquez un rendez-vous passé, exprimez vos réactions positives et gardez pour vous ce qui vous a moins plu. Sinon, votre soupirant risque d'en déduire que vous êtes difficile à contenter. Or, l'attirance qu'un homme éprouve pour une femme grandit quand il sent qu'il pourrait la rendre heureuse.

Un homme sent naître un lien affectif qui l'unit à sa compagne au fur et à mesure qu'il réussit à la rendre heureuse.

Les femmes ignorent souvent tout de ce volet de la sensibilité martienne. Si bien qu'au sortir d'une séance où ils ont vu un navet, elle songera : « Eh bien, tout n'est pas perdu : nous pourrons au moins nous émerveiller de la nullité de ce film. » Elle aura envie de parler du film, qu'il soit bon ou mauvais.

Les Vénusiennes voient en effet leurs liens affectifs se resserrer dès qu'elles se sentent écoutées et comprises. Elles apprécieront de ce fait de disséquer en détail une mésaventure survenue au cours d'un rendez-vous, sans même deviner les sentiments que leur attitude éveille chez leur partenaire.

6. Ne lui donnez aucun conseil ; au contraire, demandez-lui son avis

Même si vous pensez que votre partenaire tirerait grand profit de vos conseils dans tel ou tel domaine, veillez à ne jamais lui donner un avis qu'il n'ait pas sollicité. Et, même quand il vous demande de l'aider, montrez-vous prudente à l'extrême. Les hommes aiment en effet sentir qu'ils pourraient guider leur compagne grâce à leur expertise. Ils ont besoin de penser qu'ils ont quelque chose à lui offrir. Lorsqu'une femme apporte plus à son partenaire que lui ne pense pouvoir lui apporter, cela produit sur lui un peu le même effet que si elle le courtisait.

Les hommes n'apprécient guère non plus que leur compagne citent un expert autre qu'eux. C'est là effectivement une des méthodes employées par les femmes pour dispenser leurs conseils : elles évoquent d'autres avis ou d'autres experts à l'appui de leurs dires. Voilà qui peut refroidir un homme en un éclair. S'il vous a demandé votre avis, tout va bien, mais une femme qui prend sur elle d'invoquer une autre source alors qu'on ne lui a rien demandé, commet une bourde encore plus grave que si elle prodiguait un conseil direct.

Les femmes et les hommes obéissent à des motivations différentes lorsqu'ils s'engagent plus avant dans une relation amoureuse. Un homme verra son intérêt croître s'il lui semble qu'il a quelque chose à offrir. S'il se sent bien dans sa peau et dans son travail, il aura envie de faire partager ce bien-être à sa partenaire.

Voilà pourquoi vous ne devez en revanche jamais hésiter à solliciter son avis sur quelque point que ce soit. Cela ne fera que stimuler son intérêt à votre égard. Vous lui permettrez de se sentir plus utile et donc plus fier de lui, ce qui ne peut que l'inciter à vous apprécier davantage. Plus une femme s'intéresse à ce qu'un homme peut lui apporter, plus lui-même verra la passion qu'elle lui inspire grandir.

Attention : répondre de manière appropriée à ces conseils se révèle également primordial. Si vous n'êtes pas d'accord avec lui ou goûtez fort peu la solution qu'il vous propose, veillez à toujours lui donner la possibilité de sauver la face. Il doit au moins sentir que vous avez apprécié ses tentatives pour vous aider. Un autre homme comprendrait cela d'instinct, mais pas une femme.

Autant dire qu'une Vénusienne qui ne comprend pas les différences entre les sexes en viendra souvent à refroidir un Martien en lui indiquant ce qui ne lui plaît pas dans le conseil qu'il vient de lui donner. Si elle ne souhaite pas suivre cet avis, elle jugera poli de lui expliquer en détail pourquoi. Mais lui ressortira de cette conversation frustré, avec l'impression d'avoir perdu son temps.

Si vous n'êtes pas d'accord avec ses conseils, voici quelques méthodes pour lui permettre de sauver la face. Il s'agit du type de commentaire qu'un autre homme lui adresserait pour lui témoigner son respect :

« C'est une bonne idée. Je n'y aurais jamais pensé. Merci, cela m'aide beaucoup. »

« C'est très intéressant. Merci, cela va m'aider à décider comment agir. »

« Je n'avais absolument pas considéré les choses sous cet angle-là. Merci. »

« Voilà qui va beaucoup m'aider. Je n'avais pas réalisé

que... Je commence à entrevoir une solution, à présent. »

« Excellente remarque ; je commence à deviner ce que je dois faire. »

« Évidemment ! Je suis bien contente d'en avoir discuté avec toi. Entendre d'autres points de vue aide vraiment à se forger une idée plus claire de la situation. Merci. »

7. *Ne lui proposez pas votre aide ; sollicitez la sienne*

Plus un homme réussira à soutenir sa compagne, plus celle-ci lui paraîtra attirante. Une femme verra aussi grandir la place que son partenaire occupe dans son cœur quand il lui viendra en aide. Malheureusement, elle tend souvent à en conclure qu'épauler à son tour son compagnon accroîtra sa séduction aux yeux de ce dernier. Ce qui est faux.

Certes, un homme appréciera le concours d'une femme s'il l'a sollicité, mais vos propositions d'aide se retourneront le plus souvent contre vous en lui donnant l'impression que vous cherchez à le materner ou à l'étouffer. Un homme qui a besoin d'aide sait généralement requérir celle-ci. Une femme qui offre d'elle-même la sienne risque de paraître par trop désireuse de gagner son affection, à moins que Monsieur ne perçoive carrément sa proposition comme une insulte.

Sur Mars, on ne propose pas son aide à qui ne la demande pas. Suggérer à un homme de l'aider à transporter un carton sous-entend que vous ne le croyez pas assez musclé pour s'en tirer tout seul. De la même façon, lui proposer de le conseiller pour résoudre un problème laisse supposer que vous ne le croyez pas suffisamment compétent pour se débrouiller tout seul. Les hommes rechignent souvent à accepter le concours d'autrui parce qu'ils apprécient toute occasion de donner la preuve de leur autonomie. S'ils n'arrivent pas à trouver seuls la clé du problème, il devient tout à fait acceptable de solliciter une aide et ils n'hésiteront pas à le faire.

> **Quand on propose à un homme de l'aider à régler un problème, cela sous-entend qu'on ne le croit pas doué de la compétence suffisante pour le résoudre seul.**

Veillez donc, lors de vos conversations avec les hommes face à face comme au téléphone, à ne jamais proposer vos conseils ni même suggérer que votre héros pourrait se faire assister. Rien ne l'agace plus. Il brûlera de vous rétorquer qu'il n'est pas stupide et qu'il sait fort bien qu'il peut obtenir de l'aide en cas de besoin.

Je me rappelle un jour où j'essayais en vain de réparer un lavabo. Devinant ma frustration, ma femme vint me rejoindre et, au bout de quelque temps, déclara : « Je suis sûre que si tu appelais le plombier, il saurait quoi faire. » De son point de vue, elle se contentait de me signaler que je n'avais pas besoin de me charger moi-même de cette réparation, mais cette remarque polie sur sa planète d'origine confine à l'insulte sur Mars. Évidemment, je savais que je pouvais appeler un plombier ; je n'avais nul besoin qu'elle me l'indique ! En réalité, elle eût bien mieux fait de me laisser me débrouiller seul...

Une femme qui téléphone à un soupirant doit garder ce précepte toujours présent à l'esprit. Si elle l'appelle pour lui proposer son aide, elle le perdra ; si en revanche elle sollicite son appui, il verra là un compliment.

Comment inviter un homme à sortir

Ces considérations expliquent que cela fonctionne toujours mieux lorsque c'est l'homme qui invite sa dulcinée à sortir. Il existe cependant quelques méthodes qui pourront permettre à une femme d'inviter un homme sans se montrer trop agressive, ni prendre le risque de se retrouver dans la position du chasseur.

Au lieu de proposer une sortie romantique, demandez-lui de vous prêter main-forte dans un domaine quelconque ou de vous accompagner quelque part. Du moment que vous avez réellement besoin de lui, il devient parfaitement licite de l'appeler à la rescousse. Efforcez-vous tout de même de présenter cela comme une requête pratique plus que romantique. Voici quelques exemples :

« Est-ce que tu pourrais m'aider à choisir un barbecue, ce week-end ? »

« Est-ce que tu accepterais de m'aider à déplacer des cartons dans mon garage ? »

« Est-ce que tu veux bien m'aider a changer les ampoules sous mon porche ? »

« Tu ne voudrais pas m'accompagner faire le tour des concessionnaires automobiles ? Je dois changer de voiture. »

« Cela t'ennuierait de lire l'article que je viens de terminer et de me dire ce que tu en penses ? »

« Est-ce que tu pourrais passer me chercher après que j'aurai déposé ma voiture au garage ? »

« Je peux te demander de m'aider à réparer la lampe de mon grenier ? Elle ne fonctionne plus. »

« Je suis malade comme un chien. Est-ce que tu accepterais de passer m'apporter de quoi dîner ? Je crois que je ferais mieux de rester au chaud. »

« Tu veux bien m'accompagner à l'aéroport pour récupérer un colis ? »

« Est-ce que tu m'aiderais à nourrir mes chevaux ? Mon frère est malade. »

« Est-ce que tu accepterais de m'accompagner chez le vétérinaire ? Mon chien est vraiment malade et j'ai peur d'y aller toute seule. »

« Pourrais-tu m'aider à choisir un nouvel ordinateur ? »
« Est-ce que tu veux bien m'expliquer comment mon magnétoscope fonctionne ? »
« Puis-je te demander de venir m'aider à déplacer les meubles de mon salon ? »

Chacun de ces exemples donne à un homme la possibilité de se comporter en ami prévenant et, bien plus important, de se réjouir de venir en aide à sa compagne – et donc de voir son attirance pour elle s'accroître. Nous étudierons plus en profondeur dans le chapitre 17 les mécanismes qui font grandir l'intérêt d'un homme pour une femme.

17

Les hommes aiment
les femmes souriantes

Lorsqu'un homme regarde une femme d'une certaine manière, il éveille en elle un sentiment indéfinissable d'excitation. De la même façon, quelque chose se déclenche chez un homme quand une femme lui sourit, rit d'une certaine façon ou l'effleure simplement. Ces sensations délicates s'expliquent fort bien : un homme éprouve une certaine exaltation dès qu'une femme le fait se sentir plus mâle et une femme éprouve une impression similaire quand l'attention de son compagnon l'amène à se sentir plus féminine.

En clair, c'est quand une femme lui permet d'exprimer pleinement sa virilité qu'un homme sera le plus attiré ; les femmes quant à elles préfèrent les hommes en présence desquels elles se sentent plus féminines. Le plus grand pouvoir qu'un homme ou une femme puisse acquérir pour attirer le sexe opposé réside dans sa capacité d'éveiller chez l'autre une conscience plus complète de ce qu'il est.

Quand une femme incite un homme à se sentir plus viril, le feu du désir emplit son corps ; il brûle de devenir plus proche d'elle et cela lui donne un but. Il trouve l'inspiration nécessaire pour s'améliorer et il s'attache à combler les besoins de sa compagne. Il aspire à être avec elle, à apprendre à mieux la connaître et, de façon presque magique, la vie lui semble soudain plus digne d'être vécue. Il frémit à la perspective de conquérir sa partenaire, encouragé en cela par un sentiment profond de sa capacité à la rendre heureuse. En l'attirant ainsi tel un aimant, elle l'incite à donner le meilleur de lui-même.

> **Un homme frémit d'excitation à la perspective de conquérir sa partenaire, encouragé en cela par une certitude profonde de sa capacité à la rendre heureuse.**

Quand les attentions d'un homme conduisent une femme à se sentir plus féminine, cela la stimule et l'intrigue sur le plan intellectuel. Elle éprouve une chaleur, une tendresse et une vulnérabilité intérieures, et son cœur commence à s'ouvrir sous la chaleur du regard de l'autre. Elle se réjouit d'être admirée, écoutée et désirée et la perspective de recevoir bientôt ce dont elle a besoin la rassure. À mesure que son compagnon l'attire vers lui, tel un aimant, l'intérêt actif qu'il lui porte l'incite à donner le meilleur d'elle-même.

> **Une femme frémit d'excitation à l'idée d'être écoutée, regardée et désirée : la perspective de voir bientôt ses souhaits et ses besoins comblés la rassure.**

C'est cette impression de donner le meilleur de nous-mêmes qui rend une histoire d'amour aussi merveilleuse. Cela dit, pour beaucoup d'entre nous, ces sentiments ne sont pas toujours au rendez-vous. Comprendre les mécanismes qui poussent les deux sexes l'un vers l'autre permettra à chacun de vos rendez-vous de combler votre besoin d'intimité, mais aussi d'exprimer les meilleurs aspects de votre personnalité.

Ce qui confère à une femme le pouvoir de faire ressortir le meilleur de son partenaire peut se résumer en une expression simple : « éclat féminin. » Lorsqu'une Vénusienne exprime son éclat féminin, elle incarne en général les trois caractéristiques de base de la féminité. Elle est sûre d'elle, réceptive et accueillante. Ces trois volets de sa personnalité exaltent son attrait pour un homme.

De la même façon, un homme incitera une femme à donner le meilleur d'elle-même grâce à sa présence masculine. Lorsqu'il exprime celle-ci, il incarne les trois caractéristiques de base de la virilité – l'assurance, l'esprit de décision et la responsabilité –, celles qui attirent le plus ses compagnes. Connaître ces caractéristiques différentes nous permettra de mieux comprendre pourquoi certains rendez-vous se révèlent des succès, tandis que d'autres tournent au fiasco.

Quand une femme vient de Mars

Après la parution de mon livre *Les hommes viennent de Mars, les femmes viennent de Vénus*, certaines lectrices ont découvert qu'elles aussi venaient de Mars et que c'était la raison principale qui les empêchait de trouver leur moitié. Mes descriptions des pensées et des sentiments masculins cadraient parfaitement avec les leurs. Bien entendu, une partie d'elles-mêmes restait liée au volet vénusien de leur être, mais celui-ci n'occupait pas une place prépondérante dans leur existence.

Cette interversion des rôles se révèle fréquente, en particulier chez les femmes très actives et motivées par leur carrière. Arrivées à un certain âge, elles aspirent à se marier, mais continue à ne sortir qu'avec des hommes incapables de s'engager. Pire, elles voient souvent ces mêmes girouettes tourner soudain casaque pour se ranger auprès d'une autre ! Comme nous le verrons, ce n'est pas nécessairement votre personnalité qui détermine l'avenir d'une histoire, mais plutôt la façon dont vous l'exprimez.

Lorsqu'une femme s'abandonne à son côté martien, son compagnon pourra se sentir bien auprès d'elle, mais elle ne l'amènera jamais à donner vraiment le meilleur de lui-même. C'est seulement quand elle prend le temps de développer et d'exprimer ses attributs vénusiens qu'elle entre en communication avec le Martien qui est en lui. Ce réflexe ne vient pas naturellement à nos contemporaines car notre société les pousse vivement à se comporter en hommes pendant leurs heures de travail. Pour peu qu'elles occupent un poste stressant, il peut s'avérer très délicat pour elles de retrouver leurs marques.

Pourtant, même quand une femme pense qu'elle vient de Mars, elle vient toujours aussi de Vénus. Elle conserve en elle tous les attributs féminins, si bien qu'il lui suffira de prêter un peu d'attention à ceux-ci pour les ramener à la vie. Si vous reprenez contact avec vos sentiments féminins et vous exercez à l'approche vénusienne du parcours amoureux, cela vous rendra plus attirante aux yeux des hommes susceptibles de vous convenir.

Les femmes fortes et pleines d'assurance

Les femmes fortes, indépendantes, décidées et qui ont réussi sur le plan professionnel éprouvent souvent des difficultés pour trouver l'homme qui leur convient et pour faire durer leurs relations amoureuses. Les atouts à l'origine de leurs succès professionnels entravent en effet leur réussite sentimentale. Une femme capable de poursuivre un objectif avec ténacité dans son travail obtiendra des résultats, tandis que si elle agit de même avec un homme, il manquera toujours quelque chose. Ce quelque chose pourra d'ailleurs reparaître lorsqu'elle donnera à son compagnon l'impression que c'est lui qui a pris l'initiative de lui faire la cour.

Le fait qu'une femme possède un côté martien ne pose pas en soi de problème, mais cela risque de se retourner contre elle si elle ne laisse jamais libre cours à sa féminité. Il faut absolument trouver un équilibre entre Mars et Vénus. Plus une femme devra se montrer martienne au bureau, plus il deviendra important pour elle de retrouver le soir une relation capable d'exalter sa féminité.

Si le parcours amoureux se révèle incontestablement plus ardu pour ces femmes, elles possèdent heureusement une capacité d'autocorrection très supérieure à la moyenne. Il leur suffit de prendre conscience d'un problème dans sa globalité et de l'analyser, pour pouvoir aussitôt s'attacher à le régler. Rien en elles n'est irrémédiablement brisé ; en revanche certains aspects de leur personnalité sont négligés. En identifiant clairement les trois principaux attributs vénusiens et en veillant à les développer dans le cadre de leur vie amoureuse, elles pourront renverser la vapeur et remporter des victoires dans ce domaine aussi. Une femme forte et décidée peut se révéler très attirante, pourvu qu'elle apprenne à exprimer sa puissance de façon féminine.

Peu importe laquelle, de votre part martienne ou vénusienne, prend le pas sur l'autre : si vous retrouvez vos trois attributs vénusiens et appliquez les stratégies relationnelles adaptées à chacun d'eux, vous obtiendrez toujours le même résultat. Vous vous découvrirez plus apte à inciter un homme à donner le meilleur de lui-même, vous apprécierez mieux votre propre personne et vous mènerez une vie plus amusante.

Il arrive que, quand une femme m'entend évoquer cette nouvelle approche de la séduction, elle en déduise qu'elle a « tout faux ». Au lieu de ressasser vos erreurs, songez que vous disposez à présent des outils nécessaires pour modifier les schémas amoureux que vous répétez probablement depuis si longtemps. N'oubliez pas que tant qu'on n'a pas identifié ce qui ne fonctionnait pas, on a presque aucune chance d'arranger les choses. Alors, même si certaines des idées exposées dans ce livre remettent en cause les fondements mêmes des relations que vous entretenez avec le sexe opposé, donnez-leur une chance ; vous constaterez qu'elles fonctionnent.

Premier attribut : la confiance en soi

Le premier élément qui rend une femme plus attirante aux yeux du sexe fort réside dans sa confiance en elle. Nous connaissons tous des femmes à qui il suffit de claquer des doigts pour attirer tous les hommes. Et leurs consœurs s'interrogent sur le secret d'un tel pouvoir...

Sûres de leur charme et de leur magnétisme, ces femmes se respectent et ne doutent pas un instant qu'on les respectera aussi. Une femme sûre d'elle est persuadée que les autres tiennent à elle et qu'ils désirent l'épauler. Elle ne se sent jamais seule au monde puisqu'il lui semble que ses amis, sa famille et la gent masculine dans son ensemble lui portent assistance. Dans son esprit, presque tous les hommes sont dignes d'être aimés jusqu'à preuve du contraire.

Quand il arrive qu'on lui manque de respect, une femme sûre d'elle n'en fait pas une affaire personnelle. Elle s'empresse de penser à autre chose et ne doute jamais de mériter de voir ses besoins comblés. Elle modifiera gracieusement son approche pour parvenir à ce but. Et si cela ne suffit pas, elle cherchera dans son entourage un bras secourable pour la soutenir dans l'épreuve. Elle n'attend pas des autres la perfection et se montre toute disposée à découvrir de nouvelles méthodes pour recevoir plus abondamment ce qu'elle désire.

Certaines disposent d'une assurance naturelle. Elles sont nées, comme certains chanteurs, avec une voix merveilleuse. Mais la plupart d'entre elles devront développer et cultiver cette attitude. Elles la possèdent déjà en elles ; il faut juste la réveiller et l'exercer.

La confiance en soi est une attitude qui repose sur la certitude de toujours réussir à satisfaire ses besoins – d'ailleurs, en cet instant même, n'êtes-vous pas comblée ? Attention : ne confondez pas confiance en soi et assurance. La seconde permet de tenir pour acquis qu'on est capable de faire ce qu'on a décidé, même si on doit s'y atteler seul, sans aucune aide. La confiance en soi, elle, suppose que les autres sont disponibles, désireux de vous soutenir, et que vous n'aurez pas à vous débrouiller toute seule. Lorsqu'une femme se montre trop décidée et indépendante, cela peut indiquer qu'elle n'est pas sûre du tout que les autres seront là pour elle. Comprendre ce mécanisme permet de s'ouvrir à l'appui des autres et de cesser de s'isoler.

Une femme sûre d'elle tient pour acquis qu'elle obtiendra toujours ce dont elle a besoin – d'ailleurs, en cet instant même, elle est en train de l'obtenir.

Une femme qui voit une congénère très sûre d'elle en déduit souvent que cette attitude découle du soutien d'un partenaire solide. Même si cette interprétation comporte une part de vérité, les choses se passent en réalité en sens inverse : quand une femme se montre sûre d'elle, les appuis viennent à elle. Et si elle agit comme s'il allait de soi que son soupirant lui accordera le respect et le soutien qu'elle mérite, elle incite automatiquement cet homme à donner le meilleur de lui-même.

Quand une femme est sûre d'elle, les appuis viennent à elle.

À mesure qu'une femme gagne en confiance en elle, elle cessera de se laisser séduire par des hommes incapables de la traiter comme elle le mérite. Ce n'est pas tant que les hommes deviennent parfaits à son contact, ni qu'elle ne rencontre que des hommes parfaits, mais parce qu'elle les incite à donner le meilleur d'eux-mêmes.

Ce qui retient l'attention d'un homme

L'intérêt actif d'un homme résulte principalement du fait qu'il se voit tout près d'obtenir ce qu'il désire. Il s'attache à rendre une femme heureuse et cela le rend heureux en retour. À mesure qu'il collectionne les succès, il pense pouvoir recevoir plus, ce qui rend sa partenaire encore plus attirante à ses yeux. Rappelons-le, un homme adore avoir l'impression qu'il est celui qui apportera le bonheur à sa compagne. Et, tant qu'il progresse, sa félicité perdure. Une femme sûre que son partenaire lui apportera ce qu'elle désire incarne le pendant idéal pour un homme qui souhaite mener à bien une relation.

Non seulement cette attitude la rend plus séduisante, mais elle nourrit l'intérêt qu'il lui porte. La plupart des femmes ne saisissent pas que les hommes ne s'attachent pas tant à ce qu'ils reçoivent dès à présent qu'à ce qu'ils pourraient obtenir un jour.

> **Les hommes ne s'attachent pas tant à ce qu'ils reçoivent dès à présent qu'à la perspective d'obtenir beaucoup plus, un jour.**

Une femme qui ne comprend pas cette différence fondamentale entre les sexes croira à tort qu'elle doit d'une manière ou d'une autre conquérir l'affection de son partenaire. Et, au lieu de se montrer sûre d'elle et certaine de mériter ses attentions, elle se sent tenue de s'évertuer à lui plaire. Toutes les fois qu'une femme tente de conquérir l'amour d'un Martien, elle perd la partie. Car c'est à lui de séduire : elle doit se contenter de lui donner l'occasion de le faire. Maîtriser cet aspect fondamental du tempérament masculin accroîtra sa confiance en elle.

Une femme pense souvent à tort que si elle s'efforce de plaire à son compagnon et fait passer ses besoins avant les siens propres, cela l'incitera à se donner plus de mal pour la satisfaire. Erreur : cela peut lui donner l'air sûre d'elle parce qu'elle sait contenter son partenaire, mais elle ne l'est pas réellement. On ne gagne jamais l'affection durable d'un homme en cherchant à lui faire plaisir, c'est même tout le contraire.

Pourquoi les hommes deviennent charmants

Voilà qui aide à comprendre ce qui rendra un homme le plus charmant au cours d'un rendez-vous. Lorsqu'il plaît à une femme, il en déduit qu'il pourrait être celui qui la rendra heureuse. Pour l'heure, il semble y réussir et cela l'incite à donner le meilleur de lui-même. Si toutefois elle commence à ressentir l'obligation de lui rendre la pareille, elle perdra une grande partie de son charme à ses yeux.

On entend souvent des femmes se plaindre qu'un homme adorable lors de leurs premiers rendez-vous s'est soudain mué en blaireau intégral. Un jour, il témoigne à sa partenaire un intérêt passionné, le lendemain il se montre distant et froid. Ces femmes se lamentent : « Il a eu ce qu'il voulait et maintenant il se moque de moi. » Rien d'étonnant, avec un tel raisonnement, que les femmes se méfient des hommes et croient que ceux-ci les utilisent. Il vous faut comprendre, mesdames, en quoi vous avez contribué au problème. Quand une femme donne plus qu'elle ne reçoit, ou se donne entièrement avant d'avoir obtenu tout ce qu'elle désirait, elle s'expose à de cruelles déceptions. Si elle cesse de se montrer sûre d'elle pour s'attacher à satisfaire les désirs de son compagnon, ce dernier continuera peut-être à la fréquenter, mais les choses ne seront plus jamais pareilles. Et son intérêt ira décroissant.

> **Quand une femme cesse de se montrer sûre d'elle pour mieux choyer son compagnon, elle perd de son attrait à ses yeux.**

Cela ne signifie pas qu'une femme ne doit jamais rien donner d'elle-même ni chercher à satisfaire les besoins de son partenaire. Tant qu'elle conserve la certitude d'obtenir ce qu'elle désire, rien ne s'oppose à ce qu'elle accorde ce qui lui semble approprié. Que faire si son compagnon veut accéder à une intimité plus grande, tandis qu'elle préfère attendre ? Ce n'est que si vous respectez la première vos désirs que cet homme pourra les respecter aussi. Vous rendrez les choses plus faciles pour vous deux si vous vous montrez sûre de vous, de telle façon qu'il respecte vos choix relatifs à vos besoins, votre emploi du temps, vos préférences et vos croyances – mais aussi concernant l'intimité physique et émotionnelle.

Dans la plupart des cas, une femme qui modifie son attitude afin de mieux conquérir l'amour de son partenaire ne devine même pas en quoi elle risque d'empêcher que se développe en lui un intérêt réel et actif à son égard. Lorsqu'un homme prend du recul, sa partenaire l'accable en général de reproches, sans réaliser qu'elle a apporté de l'eau au moulin.

> **Quand un homme prend du recul, sa partenaire le blâme sans réaliser qu'elle aussi a apporté de l'eau au moulin.**

Bien sûr, un homme apprécie qu'une femme réagisse comme s'il incarnait tous ses rêves, comme si sa simple présence suffisait à son bonheur. Ce type d'attitude est évidemment très séduisant. Mais lorsqu'une femme réagit comme si son partenaire satisfaisait tous ses besoins alors qu'il n'en est rien, lorsque, dans vingt-quatre heures ou dans une semaine, elle commencera à prendre conscience de ce qui manque à son bonheur, lui sentira son intérêt pour elle s'évanouir peu à peu, sans même comprendre pourquoi.

Ce qui incite un homme à écouter

Autant dire qu'une femme dispose du pouvoir d'éveiller le désir d'un homme ou de doucher celui-ci. Par exemple, quand une femme s'exprime sur un ton indiquant sa certitude, son partenaire respectera davantage ses propos et se montrera plus désireux de les écouter. Le simple fait de tenir pour acquis que vous retenez l'intérêt d'un homme suffira à accroître votre aura à ses yeux. Et même si le sujet dont vous discutez ne le fascinait pas au premier abord, il se prendra au jeu parce que *vous* le passionnez. Tout est affaire d'approche.

C'est lorsqu'une femme tient pour acquis que son partenaire a envie d'écouter ce qu'elle va raconter que celui-ci appréciera le plus ses propos.

Si votre attitude exprime la certitude de l'intéresser, cela lui donnera envie de vous écouter et d'apprendre à mieux vous connaître. Une femme doit se rappeler qu'elle est le joyau pour lequel les hommes s'évertuent à dénicher un écrin approprié. Du moment qu'on leur sait gré de faire scintiller cette gemme, ils se montreront ravis de s'engager dans une belle relation.

Comme nous l'avons vu, les hommes aiment réussir. Voilà pourquoi la possibilité de combler une femme les exalte tant. Bien sûr, eux aussi aspirent à être comblés, mais c'est le bonheur de leur partenaire qui commande leur épanouissement.

Quand l'homme devient le trésor

Une femme compromet sa position lorsqu'elle se comporte comme si son partenaire était un joyau auquel elle rêve de fournir un écrin. Notre Martien verra en effet son attirance et sa tendresse chuter automatiquement. Même s'il lui est agréable de se sentir ainsi choyé, en définitive, il préférera de beaucoup qu'elle lui offre l'occasion de la conquérir. Quand une femme exsude la certitude de représenter un joyau sans prix, son partenaire se mettra en quatre pour la séduire.

Le souci de plaire à son compagnon exprime clairement l'amour qu'une femme lui porte. Mais, dans le même temps, elle doit savoir que si elle étouffe ses propres besoins pour lui plaire, cela diminuera son pouvoir de séduction. Peu importe la félicité qu'elle lui procure, le fait qu'elle se contrôle, jugule ses sentiments et n'exprime pas sa vraie personnalité, le détachera tôt ou tard d'elle.

Ce que les hommes aiment et ce qui les ennuie

Un homme adore qu'une femme se sente libre d'être elle-même en sa présence. Cette authenticité permet à madame de laisser briller son éclat féminin, si bien que monsieur est attiré par elle comme un papillon par une fleur. Son aisance, sa décontraction et sa liberté d'expression le captivent. Le fait qu'elle puisse se détendre devant lui signifie qu'elle ne pense pas qu'il doive changer pour la conquérir.

Dès qu'une femme a l'impression qu'elle doit chasser son naturel pour devenir aimable, cela la rend moins séduisante. Non seulement cela diminue son éclat, mais cela indique à son compagnon que lui aussi devra évoluer pour qu'elle l'accepte.

Deuxième attribut : la réceptivité

Le deuxième composant de l'attrait d'une femme est sa réceptivité. Certaines Vénusiennes semblent glisser sans effort au fil des rendez-vous amoureux, tandis que d'autres demeurent rigides et coincées. Cette souplesse et cet art de flotter entre les obstacles sont parfois interprétés à tort comme une propension à se montrer trop accommodante. Mais lorsqu'il s'agit d'une manifestation de réceptivité, tout devient différent.

Une femme accommodante renoncera à ses propres désirs, voire à elle-même, pour plaire à l'homme qu'elle aime. Il ne s'agit pas d'un trait de caractère méprisable, mais si vous vous y abandonnez trop souvent, vous risquez de brider votre personnalité, puis d'en vouloir à votre partenaire de ne pas vous apporter ce que vous souhaitez réellement. Une femme réceptive, en revanche, sait recevoir ce qu'on lui donne et n'éprouve pas de rancœur si ce flux va parfois s'amenuisant. Dès que vous commencez à attendre plus et à reprocher à l'autre de ne pas vous donner assez, vous cessez de vous montrer réceptive.

> **Une femme réceptive sait recevoir ce qu'on lui donne et ne pas se formaliser lorsqu'elle reçoit moins.**

La réceptivité peut se traduire par une aptitude à recevoir en toute circonstance ce qui peut l'être, à déceler des bienfaits dans chaque situation et à en tirer les bénéfices. Même si vous n'y parvenez pas toujours, en vous montrant réceptive, vous signifiez que vous acceptez de rechercher ces bienfaits.

Par exemple, lorsqu'un homme omet de la rappeler, une femme réceptive se remémorera qu'il vient de Mars et qu'il a peut-être tout simplement oublié. Une femme qui n'est pas dans cet état d'esprit songera : « La belle excuse que voilà ; il ne croit tout même pas que je vais avaler cela. S'il veut sortir avec moi, il ferait bien d'apprendre à me rappeler. » Les choses ne se déroulent pas exactement comme elle l'espérait ? Une femme réceptive demeure ouverte à la possibilité que celles-ci puissent s'arranger. Elle ne se renfermera pas sur elle-même.

La réceptivité permet aussi de dire oui et non simultanément. Ce qui signifie que, tout en demeurant disposée à recevoir ce qu'elle désire, aime ou apprécie, une femme saura refuser fermement ce qui lui déplaît.

Ainsi, elle pourra se montrer très réceptive aux baisers de son partenaire, mais refuser sans ambages toute intimité plus grande. Il lui faudra seulement repousser les avances de son chevalier servant d'une manière qui témoigne aussi de sa réceptivité à ses baisers et lui laisser deviner que, un jour, il obtiendra peut-être plus d'elle. Voilà qui entretiendra son désir.

Quand une femme préfère attendre avant de faire l'amour

Certaines femmes fuient les hommes parce qu'il leur semble que ceux-ci essaient toujours de les forcer à aller plus loin qu'elles ne le souhaitent sur le plan intime. Il en est même qui refusent tout rendez-vous amoureux pour ne pas avoir à subir les exigences masculines. De fait, un homme désire vous mettre au plus vite dans son lit parce qu'il lui semble que c'est la règle telle qu'elle est véhiculée par les médias et parce qu'il existe une foule de femmes qui ne se font pas prier pour accepter. Les autres en viennent parfois à oublier que d'autres solutions s'offrent à elles.

Quand une femme accepte des rapports sexuels avant de s'y sentir prête, elle cesse de se montrer réceptive pour devenir accommodante. Au lieu de laisser son partenaire se démener pour lui plaire, elle s'efforce de le satisfaire par tous les moyens, ce qui compromet sa position. Il ne s'agit cependant pas non plus de se placer complètement sur la défensive, ce qui frustrerait inutilement votre partenaire. Il faut savoir trouver le juste milieu.

Prenons l'exemple de Suzanne. David était fou d'elle. Ils se connaissaient depuis plusieurs mois et venaient de passer à la troisième étape du processus amoureux, l'exclusivité.

David avait l'habitude de coucher avec ses amies et ne croyait pas aux vertus de la monogamie. Âgé de trente-cinq ans, il avait déjà connu un échec conjugal. Après avoir découvert les cinq étapes du parcours amoureux, il accepta de modifier son mode de vie pour montrer plus de discernement dans le choix de ses partenaires. C'est alors qu'il rencontra Suzanne.

Suzanne, trente-deux ans, était elle aussi divorcée. Elle lui plut tant que David ne tarda pas à aspirer à une véritable relation de couple avec elle. Il lui expliqua donc combien il l'aimait et la désirait. Suzanne lui répondit sans détour qu'elle ne souhaitait pas faire l'amour avec lui pour le moment. Son partenaire évoqua alors les baisers et autres démonstrations physiques d'affection et elle lui répondit : « J'adore cela, mais je ne veux pas devoir à chaque fois te repousser. Je préfère encore ne rien faire du tout. »

David proposa alors de promettre solennellement qu'il n'essaierait plus de dépasser le stade des baisers et des caresses. Suzanne accepta, tout en précisant que toute tentative d'aller plus loin mettrait fin à l'expérience. Il accepta ce marché.

Ce système fonctionna très bien pendant quelque temps ; tous deux étaient très heureux. Suzanne aussi aspirait à des contacts physiques, même si elle préférait prendre son temps. Tant que David respectait ce choix, tout irait bien. Leur amour grandissait et leurs liens se renforçaient.

Un jour, David remit le sujet de leurs rapports sexuels sur le tapis. Suzanne expliqua qu'elle ne se sentait toujours pas prête à franchir cette étape. En outre, elle n'apprécia guère qu'il lui posât la question au milieu d'une séance de caresses. « Mais si je ne te pose pas la question, comment saurai-je quand tu te sentiras prête ? » objecta David. Suzanne répondit : « Continuons comme ça pendant un mois, puis nous en reparlerons. »

En fait, la situation perdura encore trois mois, à l'issue desquels David demanda sa partenaire en mariage. Ils demeurèrent fiancés pendant trois mois environ et, au cours de cette période, Suzanne accorda à David des privautés plus poussées, mais ils attendirent leur nuit de noces pour partager des rapports sexuels complets. David souffrit de cette abstinence forcée, mais admit que cela l'avait sans conteste incité à mieux respecter sa femme. Ils passèrent une nuit de noces merveilleuse, une de ces nuits que l'on n'oublie jamais. Ils sont à présent mariés depuis plusieurs années et mènent une vie intime emplie de passion et d'amour.

Pendant toute la période séparant leur rencontre de leur union, Suzanne a su demeurer réceptive aux avances de son partenaire tout en lui refusant ce à quoi elle ne se sentait pas prête. La voir ainsi défendre ses opinions en douceur intensifia l'attrait qu'elle exerçait aux yeux de David.

Quand une femme donne trop

Quand une femme donne trop dans le cadre d'une relation amoureuse, elle ne peut plus se montrer réceptive à ce que son partenaire lui offre ; à l'inverse, elle commencera à attendre de plus en plus de lui, ce qui n'est guère séduisant. Prenons un autre exemple à l'appui de cette hypothèse.

Deann et Carlos se rencontrèrent vers l'âge de vingt-cinq ans. Après quelques rendez-vous, leurs rapports prirent un tour plus physique et Carlos exprima le désir d'aller jusqu'au bout avec sa compagne. Deann lui demanda si cela signifiait qu'il comptait entamer une relation de couple avec elle. Dans le feu de l'action, Carlos répondit par l'affirmative.

Le lendemain, tout avait changé. Deann se découvrit une foule d'attentes, parmi lesquelles :

- Qu'il l'appelle tous les jours.
- Qu'il l'aime et n'aime qu'elle.
- Qu'il passe plus de temps avec elle.
- Qu'il lui soit fidèle.
- Qu'il lui prodigue des gestes romantiques.
- Qu'il passe moins de temps avec ses amis.

Seulement, au lendemain de cette nuit d'amour, Carlos lui aussi était devenu un autre homme, plus du tout certain de souhaiter entamer une relation aussi étroite avec Deann. Tant de femmes sont séduisantes : il ne se voyait pas se ranger.

Leur histoire était passée directement de la première étape du processus amoureux (l'attirance) à la quatrième (l'intimité) en sautant les étapes numéro deux et trois, l'incertitude et l'exclusivité. Carlos régressa immédiatement jusqu'à l'incertitude et décida de rompre. Une issue quasiment courue d'avance : à compter du jour où Deann avait commencé à donner plus qu'elle ne recevait, ses chances de réussir avec Carlos s'étaient envolées en fumée.

Peut-être Carlos et Deann auraient-ils pu vivre une belle histoire, mais comme ils n'étaient pas prêts à partager si vite une telle intimité, celle-ci a provoqué chez Carlos un retrait instinctif fort blessant pour sa partenaire.

Les attentes démotivent

Un homme s'épanouit tant qu'il n'est pas obligé de donner de la tendresse mais qu'il choisit de le faire. Il agit ainsi parce qu'il tient à sa compagne et parce que cela la rend heureuse, mais surtout pas parce qu'il le lui doit. Une telle attente de la part de sa dulcinée le démotiverait complètement.

Dès qu'un homme a l'impression qu'il devrait se montrer plus complaisant parce que sa partenaire en a beaucoup fait pour lui, cela cesse aussitôt de l'amuser. Il lui semble devoir travailler pour rembourser une dette. Une femme, elle, perdra sa réceptivité si elle attend plus d'un homme qu'il ne lui donne.

Communication réceptive

Se montrer réceptive envers un homme ne signifie pas qu'on soit nécessairement toujours d'accord avec lui. Du moment que vous lui faites clairement comprendre que vous ne redoutez pas ses propos, cela ne le dérangera pas que vous professiez une opinion diamétralement opposée à la sienne.

Les hommes apprécient même beaucoup une femme capable de discuter sur le mode plaisant. Même si tous deux affichent des positions politiques bien distinctes, il pourra fort bien ne pas s'en émouvoir. Tout dépend de la façon dont elle exprime ce désaccord.

Les hommes adorent les femmes capables d'exprimer à la fois leur désaccord et le fait qu'elles les aiment tout de même.

Cela revient à dire à votre partenaire : « Je sais que tu es capable de gérer le fait que mon opinion diffère de la tienne. Je t'accepte tel que tu es ; tu n'as pas besoin de me ressembler trait pour trait pour que je t'aime. J'apprécie cette conversation avec toi et je trouve nos dissensions stimulantes. » Et il en sera charmé.

La réceptivité dépasse les différences

Quand une femme accepte un homme alors même qu'elle est en désaccord avec lui, celui-ci se sent plus libre d'exprimer ses différences. Les hommes savent en effet d'instinct qu'ils se distinguent de leurs compagnes à bien des égards. Du moment qu'une femme aborde leurs divergences de manière positive, il se sent libre de vivre ses particularités. Il apprécie de ne pas avoir à calquer son comportement sur le sien pour qu'elle l'aime. De son côté, il sentira son intérêt croître en retour, ainsi que son respect pour elle. Autant dire qu'une étude positive et ouverte de nos différences rendra chaque sexe plus séduisant aux yeux de l'autre.

Peu d'hommes se formalisent de la différence de leur compagne. Ils ne se ferment comme des huîtres à ses opinions que s'il leur semble qu'elle les agresse injustement. Mais, dès lors qu'ils ne détectent ni reproche ni jugement de valeur, ils se montreront beaucoup plus réceptifs à la personnalité de leur partenaire.

Troisième attribut : la capacité de réponse

L'attrait qu'une femme présente aux yeux d'un homme dépend en troisième lieu de l'accueil qu'elle réserve à ses gestes. Les hommes adorent les femmes souriantes. Ils aiment penser qu'ils peuvent apporter un plus dans l'existence de leur compagne. Et leur envie de la courtiser se renforcera si elle lui fait clairement comprendre qu'il peut la rendre heureuse. Un homme gagne en énergie dès qu'il entrevoit une possibilité de réaliser le bonheur de sa partenaire.

Le secret d'un sourire ouvert réside dans son authenticité. Lorsqu'un homme ne ravit pas, n'impressionne pas ou ne satisfait pas réellement une femme et qu'elle réagit par un ravissement, une admiration ou un bonheur artificiels, il devinera la supercherie et se sentira manipulé.

Le sourire d'une femme se révèle plus attirant lorsqu'il respire l'authenticité et n'est point exagéré.

Toutes les femmes savent bien entendu que leur plaisir rend leur partenaire heureux, mais elles doivent tout de même veiller à ne pas feindre des sentiments qu'elles n'éprouvent pas. Il ne s'agit toutefois pas d'opter pour une sincérité brutale. Il est tout à fait louable, pendant les premières étapes du processus amoureux, de garder pour soi ses réactions négatives. De la même façon qu'un homme doit se montrer sous son meilleur jour pour impressionner une femme, celle-ci doit mettre en avant les aspects les plus positifs et accueillants de sa personnalité.

S'il vous expose ses réponses négatives, vous pouvez en faire autant, mais demeurez prudente : en effet, un homme évalue son succès sur le plan amoureux en fonction des éléments positifs qu'il recueille.

Ce n'est pas tant les actions d'une femme qui rendront un homme heureux que ses réactions à ses gestes.

Si vous n'êtes pas satisfaite, contentez-vous d'une réponse neutre. Cette absence d'élément positif suffira à faire comprendre à votre partenaire qu'il n'a pas remporté de lauriers, cette fois. Par exemple, s'il vous emmène voir un film médiocre, inutile de lui détailler en quoi il vous a déplu ; changez plutôt de sujet pour évoquer quelque chose de plus gratifiant. Chaque fois qu'une femme fait l'effort de trouver et d'exprimer une réponse positive à l'une des tentatives de son ami pour la combler, cela l'encourage à continuer à la courtiser.

Raconter une anecdote

Un jour, je marinais dans un Jacuzzi au cours d'une croisière quand un jeune couple me rejoignit. Comme je les interrogeais sur leur visite de Mykonos, la jeune femme s'empressa de me raconter en détail, ainsi qu'à toutes les personnes alentour, la mésaventure qui leur était arrivée.

Elle expliqua : « Bill, mon petit ami, a décidé que nous devrions louer des mobylettes, mais nous étions à peine sortis de la ville que la mienne est tombée en panne. Nous sommes restés coincés là presque toute la journée. Bill était fou de rage. Finalement, nous avons réussi à rentrer et nous avons passé le reste de la journée sur la plage. »

Je vis ledit Bill se recroqueviller sur lui-même au fil du récit. Les autres femmes présentes posèrent des questions et aucune d'elles ne réalisa combien cette narration avait embarrassé le pauvre garçon. Chaque fois que de nouvelles personnes s'installaient auprès de nous, son amie répétait son histoire. Je ne m'étonnai pas de le voir quitter le bassin, ni de constater, plus tard dans la soirée, qu'il battait froid sa compagne. Il était aussi embarrassé que furibond.

Tout en écoutant le récit de cette jeune femme, je songeais qu'il aurait suffi de quelques modifications minimes pour le transformer de telle façon qu'il devienne pour Bill source de fierté. Elle ne pensait pas à mal, mais elle ne comprenait manifestement pas la sensibilité martienne.

Elle aurait par exemple pu dire : « Il nous est arrivé une aventure inénarrable à Mykonos. Bill a décidé de louer des mobylettes pour visiter l'île, ce qui m'a semblé une excellente idée. Il s'est occupé de tout et a obtenu des tarifs avantageux. Malheureusement, à la sortie de la ville, ma monture est tombée en panne. J'ai douté un moment que nous ne restions coincés là toute la journée ; je me demandais vraiment ce que nous allions faire. Heureusement, Bill a pris les choses en main et arrêté une voiture. Il a réussi à nous ramener en ville sans encombre, après quoi nous avons passé une journée de rêve sur la plage. J'ai rarement vu un sable aussi fin et une eau aussi transparente. »

Cette version aurait tout aussi bien reflété les événements de la journée et ce que la narratrice avait ressenti. Seulement, en adoptant celle-ci, elle aurait accompli un effort conscient pour se concentrer sur la façon dont Bill les avait tirés d'affaire et non pas sur les aspects négatifs de leur mésaventure. Considérons un autre exemple de femme décevant sans le vouloir son partenaire.

Devant un cinéma

Une fois que je faisais la queue devant un cinéma avec ma femme, je surpris les propos d'un couple d'une soixantaine d'années. À l'évidence, ces deux personnes se connaissaient depuis peu et l'homme se montrait extrêmement désireux de plaire à sa compagne. Je n'ai entendu que la fin de la conversation mais il n'était pas difficile d'imaginer ce qui précédait.

Ils sortaient de voir un film dont il avait pensé qu'il plairait à son amie, mais que, pour une raison quelconque, elle avait détesté. Je vis le visage de cet homme se décomposer à mesure qu'elle lui expliquait combien le scénario lui avait paru nul.

En passant à côté d'eux, j'entendis notre homme demander : « Et que voudrais-tu faire, maintenant ? » À quoi elle répondit : « J'aimerais patrouiller devant ce cinéma pour dissuader tous les passants de voir ce film épouvantable. Je ne parviens pas à croire qu'on tourne des navets pareils. Je n'ai jamais rien vu d'aussi consternant. »

Entendons-nous bien : cette femme ne cherchait nullement à se montrer désagréable avec son partenaire. En fait, elle n'avait pas la moindre idée de la façon dont il interprétait ses critiques. Si elle avait deviné ses besoins à ce moment, elle aurait aisément pu se retenir de lui exposer par le menu la déception suscitée par ce film.

Beaucoup de Vénusiennes ne comprennent pas combien il importe pour un homme d'avoir l'impression de les combler. Rien ne soutient aussi bien son moral. Tout ce qui leur a plu au cours d'un rendez-vous amoureux s'assimile pour lui à un compliment. Sur le plan émotionnel, lorsqu'une femme apprécie un film, il en est aussi fier que s'il en avait lui-même rédigé le scénario et tenu le rôle principal. Si elle vante le potage servi dans un restaurant, il lui semble que c'est lui qui l'a préparé. Si bien qu'il prend pour lui les compliments qu'elle adresse au film ou au potage. Le plaisir qu'elle éprouve en sa compagnie illumine son existence de la même façon que lui rendra la sienne plus légère en prenant en compte ses besoins et ses sentiments.

Malheureusement, cette mécanique comporte une faille : dès que vous émettez une réserve, le Martien prend cela comme une critique personnelle. Voilà que vous n'avez pas apprécié son scénario ! Et si vous déplorez la lenteur du service dans un restaurant, il se sent responsable de cet inconvénient. C'est ainsi qu'une femme peut sans même le savoir étouffer les penchants romantiques de son partenaire, tandis que si elle exposait les sentiments positifs que leur soirée lui a inspiré, elle permettrait à leur histoire de s'épanouir.

Quand vous dites : « J'ai passé une soirée formidable, avant-hier. L'orchestre était fantastique... », omettez à dessein de lui raconter combien cela vous a agacée de devoir faire la queue pendant une demi-heure aux toilettes ou combien vous auriez préféré que l'homme assis devant vous éteigne son cigare. En mettant ainsi l'accent sur les côtés positifs et en passant les bémols sous silence, vous parlerez peut-être un peu moins, mais vous ne doucherez pas son intérêt. Vous pourrez toujours gloser sur vos mésaventures en compagnie de vos amies, lesquelles vous comprendront et vous écouteront sans se faire prier avant de vous relater leurs propres anecdotes.

Choisir de répondre à l'autre

Il est primordial pour un homme de sentir encore et toujours qu'il apporte une différence dans l'existence de sa partenaire. Il s'épanouit quand il lui semble que vous avez besoin de lui et que vous appréciez ses attentions. En répondant à ses petits gestes, vous donnerez à son affection et à son intérêt pour vous l'occasion de croître.

À mesure qu'une Vénusienne apprend à réagir face à un homme en conservant les trois attributs primordiaux de sa féminité – rester sûre d'elle, réceptive et répondre avec le sourire à ses avances –, elle deviendra plus attirante. Non seulement votre partenaire jugera particulièrement séduisant votre choix conscient de vous exprimer de la façon expliquée ci-dessus, mais cela intensifiera aussi votre propre bonheur. Nous consacrerons le chapitre 18 à l'étude des trois attributs de la virilité qui rendent un homme plus attirant aux yeux des femmes.

18

Les femmes aiment les hommes décidés

Chaque homme détient le pouvoir d'inciter une femme à donner le meilleur d'elle-même, mais très peu d'entre eux le savent. Si nous pouvions nous voir à travers les yeux de nos compagnes, nous comprendrions mieux ce qui nous rend irrésistibles à leurs yeux et nous décèlerions clairement quels attributs susceptibles de les séduire nous possédons déjà. Mais il est presque impossible pour un homme de se considérer ainsi de l'extérieur. Et, de ce fait, il ignorera qu'il détient déjà ce à quoi une femme aspire le plus.

Il ne s'agit pas ici d'expliquer qu'un homme attirera davantage les femmes s'il possède une forte personnalité, un talent exceptionnel, un physique avantageux, le don de se montrer amical, le sens de l'humour, un esprit incisif, s'il est amusant, riche ou s'il a réussi, s'il est sage ou intéressant. Si l'on écarte ces détails, ce qui rend un homme le plus séduisant aux yeux d'une femme est sa capacité à l'aider à se sentir plus féminine.

Une femme qui frémit en présence d'un homme donnera le meilleur d'elle-même, ce qui l'attirera encore plus vers lui. En somme, plus elle se sentira féminine en présence de son soupirant, plus elle craquera pour ses talents, ses traits de caractère et ses centres d'intérêt.

Si un homme n'attire pas une femme, peu importe qu'il soit très beau, très drôle, très riche ou très puissant.

On peut résumer en deux mots, « présence masculine », ce qui permet à un homme d'inciter sa compagne à donner le meilleur d'elle-même. Lorsqu'il exprime ce volet de son être, une femme se sent comme aimantée. C'est quand il fait preuve d'assurance, d'esprit de décision et de responsabilité qu'elle se sentira le plus séduite. Ces trois attributs aident une femme à se sentir plus sûre d'elle, plus réceptive et à mieux accueillir les avances de son partenaire.

Un homme qui comprend la signification de ces trois qualités pourra adapter sa puissance afin de conquérir la dame de ses pensées et mener à bien les cinq étapes du processus amoureux. Cela lui permettra en outre de comprendre pourquoi certains rendez-vous fonctionnent et d'autres pas. Une fois conscient de la force tapie en lui, il pourra s'accoutumer à la faire jouer lors de chaque rencontre. Et, peu à peu, il acquerra la faculté de reconnaître la partenaire qui lui convient et de captiver celle-ci.

Premier attribut : l'assurance

Le premier élément qui fait l'attrait d'un homme réside dans son assurance. Dès qu'une femme devine cette qualité chez son partenaire, elle se sent autorisée à se détendre, certaine qu'elle est désormais de recevoir ce dont elle rêve. En présence d'un homme qui manque d'assurance, en revanche, une femme s'inquiète. Sa féminité, qui aspire à se reposer et à recevoir, prend peur : son propre côté masculin se réveille pour la protéger et pour veiller à la satisfaction de ses besoins. L'assurance de son partenaire seule lui permettra de respirer plus librement, de se relaxer et de s'ouvrir à lui.

Pour posséder l'assurance requise, un homme n'a pas besoin d'être parfait, ni de détenir toutes les réponses. Il s'agit plutôt d'une attitude témoignant de sa capacité d'agir. Cet homme sait que, quoi qu'il arrive, on pourra toujours trouver une solution. Et même s'il ne détient pas la clé du problème, il reste persuadé qu'il en existe une et qu'il la dénichera.

> **Dès qu'un homme possède la certitude de sa capacité d'action – même s'il ne détient pas toutes les réponses –, sa partenaire pourra respirer plus librement, se relaxer et s'ouvrir à l'amour.**

Son assurance apporte à notre homme l'objectivité nécessaire pour prendre du recul et considérer son champ d'action. Dans les moments difficiles, il demeurera calme et concentré. Un homme qui s'énerve et dit des choses désagréables ne respire clairement pas l'assurance ; au contraire, il se sent menacé et profère donc des menaces en retour.

Le Martien plein d'assurance sait juguler ses sentiments tant qu'il n'a pas décidé de la conduite à tenir. Il ne sait pas forcément comment les choses tourneront, mais il sent que, quoi qu'il arrive, il trouvera toujours le moyen d'agir pour améliorer la situation. Il lui semble que même si le pire se produisait, il parviendrait tôt ou tard à dégotter une solution ou une personne capable d'en concevoir une. Une telle attitude rassure sa compagne puisqu'elle équivaut à lui affirmer que tout ira bien.

Un homme avec un plan de bataille

Un homme doté de l'assurance adéquate sait dresser un plan de bataille. Or les femmes adorent qu'on se montre prévoyant. Elles n'apprécient guère ceux qui comptent sur elle pour prendre une décision. Même si les femmes tendent à multiplier les conseils et les suggestions, au fond d'elles-mêmes, elles préféreraient s'en dispenser. Elles veulent bien prendre part à l'élaboration des projets pourvu que leur partenaire assume la direction des opérations.

C'est lorsqu'un homme a tout prévu et se montre confiant dans la réussite de leur soirée qu'une femme appréciera le plus celle-ci. Il sait qui il est, où il se trouve, où il va, combien de temps le trajet prendra, ce qu'il fera une fois arrivé sur place et qu'il dispose des fonds nécessaires au bon déroulement de ce programme. Il est persuadé que tout se passera à merveille, comme prévu. Et si un grain de sable s'avisait d'enrayer cette belle organisation, il dispose d'un plan de secours.

Le plan de secours d'un homme plein d'assurance est le suivant : il évaluera la situation et en tirera le meilleur parti ; il se frayera un chemin en territoire inconnu et vivra une aventure ; il fera de son mieux et tout rentrera dans l'ordre.

Quand les hommes perdent confiance en eux

Cette assurance vient naturellement aux hommes, mais ils la perdent facilement lorsque quelque chose leur échappe. Ainsi un homme perdra-t-il de sa confiance en lui lors d'un rendez-vous s'il ne comprend rien aux femmes. Lorsque sa partenaire semble agacée, il ne devine pas toujours comment réagir. Alors, au lieu de prendre les choses en main et de trouver une solution, il succombera trop rapidement à la facilité qui consiste à lui demander ce qu'elle désire. Après quoi, celle-ci aura l'impression que toute l'organisation de leur soirée repose sur elle.

Une femme pourra fort bien apporter son aide à la préparation du programme, mais elle n'aime pas avoir l'impression d'en être pleinement responsable. C'est tellement facile pour un homme de se dire : « Après tout, moi, je me moque de ce que nous ferons. Du moment qu'elle est contente, je le serai aussi. Laissons-la décider. » Il ne comprend pas que ce qui lui fait le plus plaisir est de ne pas avoir à révéler ce qui la rendra heureuse.

Avant de demander à votre compagne ce qu'elle a envie de faire, étudiez donc plusieurs options, puis demandez-lui son avis. Montrez-vous alors ouvert à ses suggestions. Le simple fait que vous lui proposiez plusieurs choix pour la soirée, même si vous n'avez pas la moindre idée de ce que vous souhaitez, fera une immense différence à ses yeux.

Vous pouvez même lui avouer, après un temps de réflexion : « J'ai essayé de réfléchir à ce que nous pourrions faire ce soir et je sèche complètement. Qu'en penses-tu ? » Après l'avoir écoutée, au lieu de vous contenter de lui donner votre accord, pensez à la manière dont vous pourriez peut-être améliorer son idée, puis concluez : « D'accord, faisons cela... » À vous maintenant de mettre au point les détails de ce projet.

Mise en pratique de techniques de séduction Mars & Vénus

Quand une femme se montre déçue, exprime son déplaisir ou si quelque élément du programme mis au point par monsieur capote, il risque de se retrancher dans une attitude défensive à l'excès. N'oubliez pas que si vous n'aimez pas sa proposition, il lui semble que cela signifie que vous ne l'aimez pas, lui. Un homme persuadé de posséder les atouts nécessaires pour rendre une femme heureuse ne se place pas sur la défensive et ne s'énerve pas lorsqu'il déçoit sa partenaire. Au lieu de cela, il fait appel aux tactiques de séduction Mars & Vénus, puis modifie ses plans.

S'il comprend les femmes, il apprendra à les écouter sans chercher à résoudre leurs problèmes. En prêtant ainsi une oreille attentive, sans chercher à les inciter à regarder la situation sous un angle différent, il leur donne la possibilité de sentir combien il se préoccupe de leurs sentiments, combien il cherche à se montrer compréhensif. L'intérêt, la compréhension et la sympathie sincère qu'il témoigne les aideront à se sentir mieux, quelque déception qu'elles aient vécue auparavant.

En prêtant une oreille attentive à sa compagne, un homme pourra transformer le plus décevant des rendez-vous en une expérience gratifiante pour elle.

Un homme qui comprend la façon de penser et les sentiments féminins dispose d'un énorme avantage sur la plupart de ses rivaux. En effet, nos semblables s'empresseront de gâcher définitivement la soirée en s'efforçant de persuader leur compagne d'oublier son agacement ou sa déception. Ils ignorent tout du pouvoir de l'écoute sur le cœur d'une femme ; les petits gestes l'impressionnent parfois plus que des efforts plus spectaculaires. Mieux un homme connaît les femmes, plus il éprouvera d'assurance lors de rendez-vous en leur compagnie. Et cette assurance ajoutera grandement à sa séduction.

Quand une sortie tourne au désastre, c'est rarement à cause d'événements qui se produisent, mais plutôt à cause de la façon dont l'homme gère les sentiments de sa compagne lorsque celle-ci se montre déçue. Il arrive en effet qu'un homme s'investisse trop dans son programme, au point d'oublier que le plus beau cadeau qu'il puisse offrir à une femme réside dans sa volonté sincère de la rendre heureuse. Si les circonstances sont contre lui, il peut néanmoins marquer des points en se montrant compréhensif et respectueux de ses réactions.

Deuxième attribut :
savoir poursuivre un objectif

Un homme doté d'un objectif se révèle plus attirant pour une femme. Son projet, son rêve, son orientation, sa vision, son intérêt ou sa préoccupation ajoutent alors à sa séduction. Peu importe l'envergure du projet : son attrait réside avant tout dans la passion qu'il lui voue. S'il concentre son énergie pour la conquérir et la rendre heureuse, elle ne pourra plus lui résister.

Cela ne signifie pas qu'il doive abandonner tous ses autres objectifs pour se consacrer exclusivement au bonheur de sa dulcinée. Voilà qui refroidirait plutôt celle-ci car elle se sait incapable de combler tous les besoins de son partenaire. Elle ne souhaite pas qu'il mette sa vie entre parenthèses pour elle ; cela ferait peser une responsabilité trop importante sur ses épaules.

> **Une femme ne souhaite pas qu'un homme abandonne tous ses objectifs dans l'existence pour se consacrer exclusivement à son bonheur.**

Un homme a besoin de poursuivre des objectifs distincts de ses relations amoureuses. Une fois qu'il aura donné un sens à sa vie, il pourra entamer la relation qui l'aidera à réaliser ses rêves. Sentir à ses côtés la présence d'une femme qui partagera avec lui les fruits de ses succès : voilà qui donne un nouveau sens à son existence.

Tant qu'un homme poursuit un objectif et ne renonce pas à celui-ci, il possède un avenir. Et les femmes adorent les hommes dotés d'un avenir. Un homme qui se passionne pour son travail, pour ses hobbies, pour ses objectifs ou son avenir se révèle extrêmement attirant. Puisqu'il est capable de se motiver tout seul, sa compagne se sent détendue et à l'aise auprès de lui. Quelle merveille que de rencontrer un être qui n'a pas besoin qu'elle prenne soin de lui, mais qui, au contraire, possède l'énergie et la volonté requises pour prendre soin d'elle.

Le but d'un homme dans une relation

Dans le cadre d'une histoire d'amour, le but de l'homme est de fournir son appui à sa compagne et de recevoir en retour son amour. Tant qu'il conservera ce comportement, leur relation pourra s'épanouir. Si en revanche, il s'avisait de se concentrer exclusivement sur ce qu'il reçoit, il risquerait de faire fuir sa compagne. Fiez-vous aux rituels romantiques, qui placent toujours l'homme en position de donneur. En effet, dans la plupart de ces rites traditionnels, il propose quelque chose que sa partenaire accepte gracieusement. Ces petits gestes revêtent une importance capitale car ils permettent à l'homme de vérifier régulièrement sa capacité à atteindre son objectif sans effort excessif. Il lui suffit au fond de prévoir un rendez-vous, de passer quelques coups de fil, de dépenser un peu d'argent et d'ouvrir les portes à sa partenaire pour lui sembler charmant.

Lorsqu'une femme reçoit gracieusement l'assistance d'un homme sans se croire obligée de rien donner en retour, elle ne se sent plus de joie. Les rituels romantiques lui permettent de se laisser choyer et lui rappellent qu'elle doit songer à recevoir, au lieu de s'attacher à trop donner. Ce processus fournit à l'homme une nouvelle occasion de goûter au nectar de l'altruisme et du don inconditionnel.

Les rituels romantiques servent à inciter une femme à se sentir choyée et à lui rappeler qu'elle doit recevoir au lieu de s'attacher à trop donner.

En période de stress, un homme pourra oublier où il veut en venir. Il travaille si dur qu'il en oublie qu'il se tue à la tâche pour pouvoir mieux choyer les êtres qu'il aime et qui comptent pour lui. Il se met peu à peu à se préoccuper plus de son travail que de la possibilité de vivre une histoire empreinte de tendresse. En prenant le temps de se montrer romantique, il pourra se rappeler pourquoi il fait tout cela. Dès qu'il sent l'amour de sa compagne, il songe : « Ah, c'est pour ça que je le fais. » En se montrant réceptive, cette femme lui évite tout risque de perdre de vue son objectif.

Pour qu'un homme reste concentré sur son histoire d'amour, il lui faut se rappeler pourquoi il la vit. En effet, la finalité des relations de couple a changé. Nous n'avons plus besoin de l'autre pour subsister et les rapports basés sur la survie ne perdurent plus. Hommes et femmes aspirent à davantage qu'à la présence sécurisante d'un partenaire qui travaille pour le bien de la famille. Sans doute voulons-nous aussi cela, mais aujourd'hui, nous attendons nettement plus : nous sommes en quête de plénitude émotionnelle. Nous voulons de l'affection, de l'intimité ; un amour profond et durable.

Les rapports amoureux fondés sur la survie n'ont plus d'avenir aujourd'hui.

Les rituels romantiques rappellent à un homme que pour recevoir l'amour qu'il désire, il lui faut continuer à couvrir sa partenaire de petites attentions. N'attendez pas que les choses se fassent toutes seules ; vous ne compteriez pas que votre entreprise se développe sans travail de votre part. Eh bien, les histoires d'amour fonctionnent de la même façon ! Votre objectif est bien plus noble que celui qui présidait aux rapports amoureux d'antan et cela doit vous inciter à en apprendre plus sur l'autre et à découvrir de nouvelles façons de communiquer.

Troisième attribut : la responsabilité

Quand un homme accomplit ce qu'il a promis de faire, il exsude automatiquement une aura de responsabilité. Peu importe qu'une femme le connaisse déjà ou qu'elle l'ait déjà vu se montrer responsable ; cela lui suffira pour tenir pour acquis qu'il croit en lui et qu'il sait où il va. Il l'attire alors comme un pot de miel une abeille.

Lorsqu'une femme se montre séduite par un homme puissant ou influent, elle est en fait attirée par le volet responsable de sa personnalité qui l'a conduit à une telle réussite. Même s'il n'adopte pas une attitude aussi responsable dans tous les domaines de son existence, sa capacité de s'attacher passionnément à un objectif et d'assumer l'entière responsabilité de ce qui compte le plus pour lui transparaîtra toujours dans son attitude.

Un homme responsable est quelqu'un qui se soucie des autres, une qualité dont la femme se montre généralement très friande. Elle a besoin de sentir que son chevalier servant ne cherche pas à obtenir quelque chose d'elle, mais avant tout à vivre une histoire pleine de sens. Plus il se montrera attentionné, plus elle lui accordera sa confiance. Une bonne manière d'exprimer ce souci de la choyer consiste à prendre en charge l'organisation de vos soirées romantiques. Chaque fois que vous accomplissez quelque chose pour elle, cela la conforte dans l'idée qu'elle n'a pas besoin de rester en permanence sur le qui-vive. Votre sens des responsabilités lui permet de se détendre enfin.

Pourquoi un homme doit rester en alerte

Bien entendu, les hommes non plus ne doivent pas être en permanence sur le qui-vive. Mais quand un Martien courtise une Vénusienne, en particulier pendant les trois premières étapes du parcours amoureux, il doit demeurer attentif, tout comme il le serait dans son travail. Voilà ce qui fait de lui un professionnel, c'est-à-dire une personne qui accomplit efficacement les tâches qui lui sont imparties. C'est une personne sur qui on peut compter, une personne responsable.

Lors d'un rendez-vous, cet homme sera là pour sa compagne quels que soient les sentiments qui l'habitent. Quand il éprouve le besoin de faire relâche, il devra sortir seul ou avec ses amis.

> **Pendant les trois premières étapes du parcours amoureux, un homme pourra s'attacher à gagner l'amour de sa partenaire dans ses moments de pleine forme. En revanche, lorsqu'il manque d'énergie, il fera mieux de rester seul.**

Il n'existe pas de tue-l'amour plus efficace qu'un homme qui se met à relater ses problèmes à sa compagne. Celle-ci ne tardera en effet pas à se sentir responsable de son bien-être et à éprouver des sentiments maternels. Si, à compter de la quatrième étape du processus amoureux (l'intimité), il devient envisageable de révéler sa vulnérabilité et de cesser de jouer les durs, ne vous comportez en aucun cas ainsi tant que vous n'aurez pas démontré pendant plusieurs mois votre capacité d'assurer votre bien-être et celui de votre compagne.

> **Avant de dévoiler sa vulnérabilité à sa compagne, un homme doit clairement montrer sa capacité d'assumer leur bien-être à tous deux.**

Voilà qui peut paraître injuste, comme si les hommes devaient accomplir tous les efforts, tandis que leur compagne se laisse aller. En réalité, les hommes adorent que leur dulcinée abandonne ses responsabilités, car cela lui permet de laisser libre cours à son côté féminin accueillant et réceptif.

Les objections de Jason

Au premier abord, ce schéma ne plut guère à Jason. Il répliqua : «Attendez une minute, j'aime qu'une femme prenne elle aussi ses responsabilités. Je ne veux pas devoir tout faire.» Il n'avait encore jamais vécu de rendez-vous amoureux réellement réussi. Élevé sans père au milieu de plusieurs sœurs, il avait depuis toujours pris l'habitude que des femmes prennent soin de lui. Il n'avait jamais connu la satisfaction et le sentiment de puissance qui envahissent un homme ayant réussi à se débrouiller tout seul. Et puisque son père n'avait pas été capable d'apporter le bonheur à sa mère, il doutait de sa propre aptitude à rendre une femme heureuse.

Sa mère et ses sœurs n'écoutaient guère ses plans et ses projets, trop occupées à lui donner des directives, à l'inciter à s'améliorer, voire à le critiquer carrément lorsqu'il affichait des ressemblances avec son père. En fait, Jason se comportait comme un garçon ordinaire, mais il ne recevait pas le soutien nécessaire à son bien-être. De ce fait, devenu adulte, il préférait éviter tout risque de se tromper en laissant sa compagne prendre toutes les responsabilités. Cette attitude démissionnaire lui paraît beaucoup plus confortable. Mais, quoique sympathique, drôle et amusant, à quarante-sept ans, il se révélait encore incapable de s'engager suffisamment envers une femme pour l'épouser.

Du jour où il décida de se montrer plus responsable, Jason apprit à goûter ce sentiment nouveau pour lui. Il ne lui fallut alors que six mois pour rencontrer la femme de ses rêves et pour l'épouser.

Quand un homme peut se détendre

Dans l'étape numéro quatre du parcours du Tendre, lorsque les couples gagnent en intimité, l'homme doit pouvoir parfois se détendre et abandonner à sa partenaire les rênes du quotidien, mais cela doit demeurer l'exception et non la règle. Vous devez conserver la force nécessaire pour prendre sur vous et la soutenir quand elle se sent fragile. Si vous ne parvenez pas à être là pour elle, veillez au moins à ne pas attendre d'elle qu'elle soit là pour vous... Prenez le temps nécessaire, puis revenez prendre soin d'elle.

Quand un homme prend les choses en main

Les femmes adorent qu'un homme prenne en charge un projet et le mène à bien sans leur repasser le bébé. Il s'agit là d'un aspect primordial car la plupart des femmes affichent une tendance naturelle à assumer trop de responsabilités. Et, plus leur existence devient complexe, plus elles se sentiront épuisées et dépassées par les événements.

Ces femmes ne tardent pas à se sentir responsables de tout vis-à-vis de leur entourage... Pour trouver un soulagement, il leur faudra partager leurs sentiments avec une personne aimée. Dès que cela s'avère possible, un déclic s'opère en elles et leur sentiment de responsabilité s'atténue. Tout se passe comme si elles décelaient tous les problèmes possibles et, tant qu'elles n'ont pas réussi à en parler à autrui, se sentent tenues de les résoudre tous.

C'est en partageant ses problèmes qu'une femme pourra cesser de se sentir responsable de tout.

Dès lors qu'elle peut déverser ses sentiments à l'oreille attentive d'un être doté de responsabilités, mais qui demeure serein, elle se détendra à son tour et se remettra à apprécier l'instant présent. Lorsqu'un homme parvient à écouter les problèmes de sa compagne sans chercher à les minimiser ni à la « réparer », elle oubliera ce sentiment excessif de responsabilité pour se sentir de nouveau bien. Même s'il ne se charge pas de tout résoudre, plus il se montrera responsable, plus elle se sentira apaisée et choyée.

Du moment qu'elle est écoutée, elle sait que son compagnon fera de son mieux pour lui venir en aide. Plus important encore : elle a pu parler de ses soucis et cela constitue à ses yeux l'aspect le plus important de l'appui fourni par son compagnon.

Le processus amoureux peut devenir amusant

Un homme remporte beaucoup de points auprès de sa compagne lorsqu'il accomplit pour elle des petites choses en conservant une attitude empreinte de tendresse, de compréhension et de respect. La mise en pratique des nouvelles techniques de séduction Mars & Vénus lui permet de trouver immédiatement en lui la force d'afficher son assurance, son objectif et sa responsabilité. Non seulement ces qualités le rendront plus attirant aux yeux de la gent féminine, mais elles inciteront sa partenaire à donner le meilleur d'elle-même. Et même s'il n'a pas encore trouvé son âme sœur, le processus amoureux deviendra plus facile, amusant et gratifiant pour lui.

19

Pourquoi certaines femmes
demeurent célibataires

Bien des femmes demeurent célibataires, alors même qu'elles n'aspirent qu'à se marier. Et elles s'interrogent : « Pourquoi suis-je toujours seule ? Pourquoi est-ce que je n'arrive pas à rencontrer un homme désireux de s'engager ? » Cette situation ne résulte pas de leur physique, ni de leur personnalité, ni de leur réussite professionnelle, ni même d'une pénurie de partenaires disponibles. Le problème réside dans leur approche du problème.

Elles se comportent en effet avec les hommes comme elles aimeraient que ceux-ci se conduisent avec elles. Puisqu'elles n'apprécieraient pas un partenaire trop dépendant d'elles, elles prennent soin de ne pas paraître avoir besoin du sexe opposé. Dans certains cas, il semble que le seul terme de « besoin » les dégoûte.

Les réponses des femmes célibataires à la question : « avez-vous besoin d'un homme ? »

« Non, je n'ai pas besoin d'un homme, mais j'aimerais en avoir un dans ma vie. »
« Non, je n'ai pas besoin d'un homme, mais je désire en avoir un dans ma vie. »

« Non, je n'ai nul besoin d'un homme. Je peux me débrouiller toute seule. Je veux être en couple parce que tel est mon choix et pas parce que j'en éprouve la nécessité. »

« Non, je n'ai pas besoin d'un homme ; je n'ai pas besoin d'un second père. »

« Non, je ne suis pas désespérée. J'aimerais juste vivre une histoire d'amour. »

« Non merci, j'ai déjà donné. Je veux juste trouver un partenaire avec qui partager mon existence. »

« Pourquoi aurais-je besoin d'un homme ? Je m'assume entièrement toute seule. J'aimerais juste trouver un compagnon. »

« Non, je n'ai pas besoin d'un homme. J'aspire juste à un peu de romantisme et d'intimité. »

« Non, je suis très heureuse comme je suis. Je voudrais juste trouver quelqu'un pour m'accompagner dans les mariages, les soirées ou au cinéma. »

« Non, pas vraiment, mais j'en ai assez d'être seule. »

Même si ces réponses peuvent paraître aussi raisonnables que positives, elles agissent en repoussoir sur les hommes, en particulier sur ceux qui souhaitent s'engager.

Les femmes se disent en général très surprises d'apprendre que leur indépendance affichée entrave leur séduction. Elles ont consacré de longues années à conquérir leur autonomie, persuadées que cela les rendrait plus attirantes, et voilà qu'on leur recommande à présent de faire marche arrière ! Quand on leur explique que les hommes se nourrissent du besoin que les femmes ont d'eux et que cette « faiblesse » les rend plus séduisantes, elles s'avouent déroutées.

Pour dissiper cette confusion et remettre les choses en place, une femme doit saisir pourquoi, au fond d'elle-même, elle peut éprouver la nécessité d'un appui masculin, puis apprendre à exprimer cette vulnérabilité de manière saine.

Pourquoi une femme a besoin d'un homme

Les femmes modernes sont devenues si débrouillardes qu'on ne voit plus très bien pourquoi elles auraient besoin d'un homme pour les épauler. Autrefois, les choses étaient claires : une femme avait besoin de la protection et de l'appui physique d'un homme. Et il lui semblait logique de s'avouer à elle-même comme à ses amis et au monde entier son besoin d'un compagnon. Aujourd'hui, nos compagnes s'assument seules et admettent difficilement qu'elles ont toujours besoin du sexe fort, même si celui-ci obéit désormais à des motivations différentes.

Avant de prendre le chemin de l'autel, une femme doit au préalable déterminer pour quelle raison elle a besoin d'un homme. Plus elle est autonome, plus elle aspire à recevoir la tendresse, l'affection, l'amitié et la compagnie réconfortante d'un homme. Aujourd'hui, les femmes rêvent de la passion que seuls l'amour et une bonne communication peuvent apporter.

> **Autrefois, les femmes avaient besoin d'un homme pour assurer leur survie et leur sécurité. Aujourd'hui, elles recherchent avant tout ses attentions et sa tendresse.**

On peut même dire que moins une femme a besoin des hommes au sens traditionnel, plus elle se montrera assoiffée d'attentions romantiques et d'affection. Même celles qui se consacrent entièrement à leur foyer, et donc dépendent de leur époux pour leur subsistance, conservent ce besoin de romantisme. L'imaginaire des femmes s'est transformé du tout au tout au cours des trente dernières années et l'amour arrive au premier rang de leurs préoccupations.

Ce dont une femme a besoin

Quand un homme ouvre la portière de sa voiture pour sa compagne, il ne le fait pas parce qu'elle serait incapable de s'en charger seule ; il sait fort bien qu'elle pourrait se débrouiller sans lui. Il cherche ainsi à lui témoigner son attention. C'est une façon pour lui de dire : « Je sais combien tu donnes de toi-même, alors, ce soir, laisse-moi te choyer », ou encore « Tu es une femme unique. Laisse-moi te montrer combien tu comptes à mes yeux. »

Recevoir un tel message de façon répétée au cours d'un rendez-vous amoureux permettra à une femme de se détendre et de s'illuminer de bonheur. Pourquoi se sent-elle à ce point comblée ? Parce que cela répond à l'une de ses aspirations les plus profondes. C'est agréable, elle se sent choyée et elle l'est. Elle reçoit exactement ce dont elle a besoin et son partenaire est ravi de le lui procurer. Après les heures passées à se préoccuper des besoins des autres, elle s'abandonne enfin à ses propres exigences. Voici une liste des besoins de la femme moderne.

Les besoins féminins

Elle a besoin qu'on se préoccupe d'elle.

Elle a besoin qu'on prenne soin de ses besoins.

Elle a besoin d'un moment pendant lequel elle ne se préoccupera plus des désirs d'autrui et quelqu'un se penchera sur ses propres vœux.

Elle a besoin qu'on comprenne ce qu'elle aime et qu'on établisse un programme à son intention, afin qu'elle n'ait plus à réfléchir.

Elle a besoin qu'on anticipe ses besoins, ses désirs et ses souhaits et qu'on lui propose de l'aide sans qu'elle doive la solliciter.

Elle a besoin qu'on la remarque, qu'on l'aime et qu'on l'adore.

Elle a besoin de sentir qu'elle manque à un être et que celui-ci la désire.

Elle a besoin de laisser libre cours à son amour et d'obtenir la certitude d'être aimée en retour.

Elle a besoin que quelqu'un se préoccupe de son bien-être, comprenne ce qu'elle vit et reconnaisse la valeur de ses sentiments.

Elle a besoin de s'épancher auprès d'une personne digne de confiance qui ne se retournera jamais contre elle et ne trahira pas ses secrets.

Elle a besoin d'un partenaire qui la considère comme « l'Unique ».

Elle a besoin qu'on l'aide au quotidien, afin de ne pas avoir l'impression qu'elle fait tout toute seule.

Elle a besoin de passion dans l'intimité.

Non seulement, elle a besoin de toutes ces choses, mais il faut que ces désirs soient comblés par un être lui inspirant une attirance naturelle sur tous les plans – physique, émotionnel, intellectuel et spirituel. Bien sûr, de telles attentions ne sont pas indispensables à sa survie, à l'inverse de la nourriture, de la boisson, de l'oxygène ou d'un toit. Elles se révèlent cependant cruciales pour son bonheur.

Lorsque les besoins primordiaux qui conditionnent la survie sont remplis, les aspirations plus élevées d'amour et d'intimité gagnent en importance. Ainsi, quand on a vraiment faim, on ne se préoccupe plus que de se nourrir. Une fois rassasié, on verra resurgir ses autres besoins. Et quand une femme s'assume au quotidien, son envie de bonheur s'intensifie.

Lorsque les besoins primordiaux qui conditionnent la survie sont remplis, les aspirations plus élevées d'amour et d'intimité gagnent en importance.

Une femme pourra accéder à la plénitude sans que tous ces besoins soient comblés simultanément. Le processus amoureux se double d'une satisfaction progressive de ces aspirations. Dès lors qu'elle peut espérer voir un jour tous ses désirs émotionnels comblés, elle se sentira satisfaite. De la même façon, un homme peut vivre sans que ses appétits sexuels soient immédiatement satisfaits ; il lui suffit de pouvoir espérer parvenir un jour à ses fins.

Lorsqu'un homme gravite autour d'une femme et lui offre son soutien, elle apprécie au moins autant son souci de l'épauler que son assistance elle-même. Il lui semble soudain que, sur le plan émotionnel, elle n'est plus seule au monde. Dès qu'un homme accomplit quelque chose de tangible pour sa compagne, celle-ci se sent soutenue et lui en retire une impression de succès.

La sagesse des rituels amoureux

La sagesse des rituels amoureux réside dans la définition des rôles de l'homme-donneur et de la femme-réceptrice qu'ils impliquent. Tous visent en effet à aider la femme à se détendre et à laisser son compagnon prendre soin d'elle et de ses besoins. Ils appuient ce schéma primordial : un homme se dépensant pour combler les désirs de sa compagne et celle-ci accueillant gracieusement ses attentions. En conséquence, l'homme gagnera en assurance, en esprit de décision et de responsabilité, tandis que la femme deviendra plus sûre d'elle, plus réceptive et répondra mieux aux avances de son partenaire. En somme, les rituels amoureux nous aident à inciter l'autre à donner le meilleur de lui-même lors d'un rendez-vous galant, ce qui par la suite, nous poussera à donner à notre tour le meilleur de nous-mêmes.

D'aucuns se disent gênés par les rituels amoureux traditionnels qui, à leurs yeux, déprécient la femme en la présentant comme vouée à l'assistanat. Ils pensent que la persistance de ces coutumes renforce la notion erronée de faiblesse féminine. Rien n'est plus faux.

Pourquoi les hommes donnent

Quand un homme ouvre une porte pour son amie, cela ne signifie pas qu'elle ne possède pas la force suffisante pour s'en charger elle-même. Cela représente pour lui un moyen de montrer la place qu'elle occupe dans son cœur et de lui témoigner son souci de la voir passer une soirée aussi confortable que possible. Lorsqu'un invité de marque pénètre chez vous, vous lui ouvrez grand la porte et déroulez le tapis rouge. Cela n'implique aucun jugement dévalorisant sur les capacités ou la compétence de cette personne.

De la même façon, le fait qu'un homme invite une femme à dîner ne signifie pas qu'il gagne mieux sa vie qu'elle, ni qu'elle ne pourrait pas s'offrir un tel repas. Simplement, cela lui fait plaisir de l'entourer de ses attentions. Tout au long de la journée, elle donne d'elle-même et ce soir, il éprouve l'envie de la choyer. C'est son bon plaisir.

S'ils vivent en couple, il ne réglera pas toujours l'addition ; en revanche dans les occasions spéciales, il s'en chargera. Une femme peut se proposer parfois de payer, mais il se révèle plus sage pour son partenaire d'insister pour s'en acquitter lui-même.

Certaines femmes déduisent à tort qu'elles doivent nécessairement satisfaire les appétits sexuels de leur cavalier en guise de dédommagement pour sa peine. Or, elles l'ont déjà pleinement récompensé en recevant ses hommages ou ses marques d'attention.

> **L'homme rend hommage à sa compagne en prenant en charge son bonheur, tandis qu'elle lui rend la pareille en accueillant ses attentions et en se montrant réceptive au cadeau qu'il lui fait.**

On ne peut comprendre ces mécanismes si l'on ignore combien les hommes et les femmes conçoivent différemment la plénitude émotionnelle. Le moyen le plus spectaculaire pour découvrir ce qui contribue au bien-être des deux sexes réside dans l'analyse des motifs de frustration ou de morosité chez l'un et l'autre.

Les différentes causes de dépression

Le sentiment d'isolement ou de solitude est le principal facteur de dépression chez les femmes. Elles seront malheureuses si elles ont l'impression de devoir tout faire et que personne ne leur portera assistance. L'idée de devoir assumer totalement leur propre bien-être et celui d'autrui les accable.

> **Le principal facteur de dépression chez les femmes est le sentiment d'isolement.**

Curieusement, chez les hommes, c'est l'inverse qui se produit. Quand un homme a l'impression de s'assumer, il se sent content de lui. Et s'il se sent capable de prendre en charge une autre personne, il se réjouira plus encore.

Les hommes aiment à se sentir utiles. D'une certaine façon, ils apprécient qu'on ait recours à eux. Les femmes en revanche, dépriment lorsqu'on les exploite trop.

De ce fait, la principale cause de dépression au sein du sexe fort est un sentiment d'inutilité. Les chômeurs ou les hommes qui n'ont rien à faire sombrent dans la dépression : rien de plus affligeant pour eux que de constater que nul n'a besoin de ce qu'ils offrent. Voilà pourquoi ils éprouvent un tel besoin de se voir apprécier. Dès qu'ils se sentent indispensables, leur assurance se requinque.

L'impression qu'on a besoin d'eux les incite à donner le meilleur d'eux-mêmes. Les femmes ne perçoivent pas d'instinct l'importance de cet aspect des choses. Certes, elles aussi souhaitent qu'on les apprécie, mais elles ne comprennent pas qu'un homme perd son élan si elles omettent d'exprimer leur satisfaction devant ses initiatives.

Un homme qui n'a pas l'impression qu'il peut s'assumer ou prendre en charge une autre personne sombrera dans la dépression. Cette réalité aide à comprendre pourquoi les hommes ont besoin des femmes. Voici une liste de quelques-uns des besoins masculins.

Les besoins masculins

Il a besoin qu'on remarque ses efforts et qu'on apprécie sa contribution à la vie du ménage.

Il a besoin d'une personne avec qui partager ses succès.

Il a besoin que sa compagne lui donne l'occasion de la combler.

Il a besoin qu'on l'accepte tel qu'il est.

Il a besoin qu'on lui fasse dépasser ses limites.

Il a besoin qu'on lui fasse confiance et qu'on se repose sur lui pour la satisfaction de ses besoins.

Il a besoin d'un être qui l'incite à donner le meilleur de lui-même.

Il a besoin d'une compagne qui l'aime beaucoup.

Il a besoin qu'on soit content de lui et qu'on se montre réceptif à ses avances.

Il a besoin qu'on se montre réceptif à ces projets et à ses suggestions.

Il a besoin qu'on l'admire pour ce qu'il a fait ou tenté de faire.

Il a besoin qu'on lui pardonne ses erreurs.

Il a besoin d'une partenaire qui appréciera et reconnaîtra ses qualités les plus louables telles que la patience, la force, la générosité, la gentillesse, l'engagement, la loyauté, la fermeté, la compassion, le courage, la sagesse, l'humour et l'esprit joueur.

En clair, les hommes recherchent un emploi et les femmes ont un poste à pourvoir. Nos besoins divergent donc, mais nous nous complétons parfaitement ; notre compatibilité se révèle totale. Voilà qui illustre l'importance des rituels amoureux. Ces derniers permettent en effet au sexe fort de se sentir indispensable, tout en donnant aux femmes l'occasion de lâcher prise par rapport à leur propension à trop donner.

Quand les femmes donnent trop

Quand une femme donne trop d'elle-même, cela ne comblera pas ses besoins primordiaux. On ne compte plus les femmes qui ont réussi et qui pourtant souffrent de dépression ou suivent une thérapie. Leur malaise ne résulte pas d'un éventuel sentiment d'inutilité, mais du fait qu'elles ne reçoivent pas ce dont elles ont besoin.

On ne peut rien reprocher à une femme qui donne beaucoup. Le don est une expression d'amour et, à ce titre, toujours louable. Le problème surgit lorsqu'une femme ne parvient pas à recevoir en retour l'appui dont elle a besoin et qu'elle mérite. Si une femme donne plus qu'elle ne reçoit, sa frustration va croissant.

Quand les femmes sont trop responsables

Les femmes à responsabilités s'avèrent également moins attrayantes aux yeux masculins. Nos arrière-grands-mères se révélaient à maints égards incapables de se débrouiller seules. Elles avaient sans conteste besoin d'un conjoint. Cette faiblesse, qui les rendait très séduisantes aux yeux de la gent masculine, donnait aux hommes l'assurance nécessaire pour leur faire la cour et l'esprit de décision et de responsabilité requis pour la prendre en charge et la soutenir.

Les temps ont changé, et désormais les femmes ne sont plus des créatures sans défense. Et même s'il s'agit à l'évidence d'un progrès, cela suscite de nouveaux problèmes. Il arrive en effet que plus une femme réussit et gagne en responsabilités, moins elle suscite l'intérêt du sexe opposé.

Mieux une femme réussit moins elle devient attrayante aux yeux masculins.

Cette dérive n'est pas inévitable. Si vous reconnaissez que, en dépit de votre autonomie, vous avez besoin d'un appui masculin, vous parviendrez à séduire les hommes qui vous conviennent. Pour qu'une femme se sente bien dans sa peau et séduisante, il ne suffit pas qu'elle prenne conscience de son besoin de partenaire masculin ; elle doit aussi apprendre à écouter et à exprimer ses besoins.

Comment avoir besoin d'un homme
sans paraître pathétique

N'importe qui sait qu'une femme qui a trop besoin d'un homme le fera immanquablement fuir. Malheureusement, il arrive trop souvent sur Vénus qu'on jette le bébé avec l'eau du bain : de peur de paraître désespérées, certaines femmes en viennent à nier leur besoin d'un homme ou à rationaliser celui-ci. Dans leur esprit, elles ont le droit de désirer un homme, de connaître une relation amoureuse, de vivre à deux, mais pas d'avouer avoir besoin d'un partenaire.

Pourtant, si vous essayez l'espace d'un instant de vous regarder avec les yeux d'un homme, vous comprendrez qu'il n'existe pas d'autre solution. Vous pouvez parfaitement admettre votre besoin d'un homme sans pour autant paraître pathétique ou désespérée.

D'un point de vue masculin, un abîme sépare une femme qui a besoin de lui d'une femme désespérée.

Une femme désespérée ne se contente pas de prendre conscience de ses besoins, il lui semble qu'elle a besoin de plus que son partenaire ne lui offre. Elle en vient donc inévitablement à se fâcher contre lui ou à lui faire entendre, par ses réactions, qu'il a des choses à se reprocher. Et comme, au lieu d'apprécier les efforts de son compagnon, elle lui laisse deviner qu'elle aimerait recevoir plus, celui-ci comprend qu'il n'en fait pas assez. Ce n'est pas le fait qu'elle ait besoin de plus qui le fera fuir, mais le fait qu'elle n'apprécie jamais ce qu'il lui apporte.

Ce n'est pas votre besoin de lui qui fera fuir un homme, mais le fait que vous n'appréciez pas ses efforts.

Avoir besoin d'un homme ne signifie pas que l'on attendra plus de lui. Si vous vous concentrez sur ce que votre partenaire vous offre et veillez à l'apprécier, vous éviterez de sombrer dans le pathétique. Et plus vous vous montrerez sûre de vous, réceptive et encline à répondre à ses avances, plus vous saurez apprécier ce qu'il vous offre tout en espérant recevoir plus.

Pour solliciter l'aide d'un homme, il est inutile d'être une pauvre demoiselle en détresse ou sans défense. Le fait de ne pas recevoir tout ce qu'elle escompte ne lui interdit pas d'accepter avec grâce ce que son compagnon lui donne. Il est toujours flatteur pour un homme de se sentir nécessaire.

D'un point de vue masculin, les femmes les plus attirantes sont conscientes de leurs besoins et certaines que ceux-ci seront comblés. De la même façon que les hommes persuadés d'atteindre leur objectif gagnent en séduction, une femme attirera davantage le sexe opposé si elle paraît persuadée qu'elle obtiendra l'appui auquel elle aspire.

Une femme sûre d'elle n'aura pas non plus besoin de nier son besoin d'un homme juste parce que le partenaire idéal n'a pas encore fait son apparition dans son existence. Elle sait qu'elle peut obtenir ce dont elle a besoin et qu'elle l'obtiendra, ce qui la rend extrêmement séduisante. Quand une femme cultive les trois attributs de sa féminité – elle est sûre d'elle, elle est réceptive et elle répond aux attentions de son partenaire –, elle peut avoir besoin d'un homme sans sombrer dans le pathétique.

Transmettre aux hommes le bon message

Une femme qui se montre sûre d'elle au lieu d'exiger plus de son compagnon lui laisse entendre qu'elle lui fait confiance : tôt ou tard, il comblera ses désirs. Une telle attitude éveille l'intérêt de son partenaire. Quand une femme se montre réceptive à ce qu'il lui offre, l'homme devine qu'il pourra se voir accepter. Quand elle accueille favorablement les efforts qu'il fait pour lui plaire, il se sent apprécié et elle lui donne l'espoir de réussir encore mieux à l'avenir. Les trois attributs de la féminité garantissent qu'elle ne transmette pas un message erroné relatif à ses besoins.

Lorsqu'une femme exprime la plénitude de sa féminité en se montrant sûre d'elle, réceptive et en répondant aux attentions de son partenaire, elle incite l'homme de sa vie à donner le meilleur de sa virilité. Plus il sentira que vous avez besoin de ce qu'il peut vous offrir, plus son intérêt croîtra. Il sentira automatiquement son assurance, son esprit de décision et son sentiment de responsabilité grandir.

Ces hommes gagnent en assurance parce que l'attitude de leur compagne leur indique qu'il existe un poste à pourvoir auprès d'elle. Leur énergie se voit renforcée par le sourire réceptif qui leur laisse deviner qu'ils pourraient décrocher le job de la rendre heureuse. Elle éprouve un besoin et eux détiennent la solution. Et l'accueil favorable qu'elle réserve à leurs attentions les laisse penser qu'ils pourraient réussir à combler ses attentes. Ce qui, par la suite, les pousse à se sentir plus responsables de son bonheur.

Comment les femmes sabotent le processus de séduction

Quand une femme nie ses sentiments à l'égard d'un homme, elle sabote le processus amoureux. Ses tentatives les plus sincères d'entamer une relation durable et empreinte d'amour s'achèvent à chaque fois sur une déception. En acceptant de changer d'optique et d'écouter le besoin tout à fait sain d'inviter un homme dans sa vie, elle ouvrira sa porte à un partenaire. S'abandonner ainsi la mettra mieux à même d'apprécier et d'accepter la gent masculine.

De fait, votre besoin d'un homme peut se comparer à tous vos autres besoins naturels. Ainsi, si vous avez un peu faim, vous ne verrez pas d'inconvénient à grignoter un morceau, mais cela ne revêt pas une grande importance. Si en revanche vous êtes affamée, vous aurez envie de manger et les mets vous paraîtront plus savoureux. Et si vous n'avez rien avalé depuis cinq ou six heures, une bonne et saine faim vous envahira ; vous avez *besoin* de manger. C'est alors que le contenu de votre assiette vous paraîtra le plus succulent et satisfaisant.

De la même façon, lorsqu'une femme écoute son besoin naturel d'attirer un homme dans sa vie, son compagnon peut sentir qu'elle accueillera favorablement ses attentions, qu'elle se montrera réceptive et sûre d'elle. Cela met en valeur ses plus belles qualités. Si vous êtes l'homme qui lui convient ou du moins que vous lui ressemblez, cette femme vous attirera. En écoutant son besoin d'homme, elle se transforme en aimant capable d'attirer le partenaire qui lui convient. Nous étudierons dans le chapitre 20 où elle pourra dénicher celui-ci.

20

Où trouver votre âme sœur ?

Les individus heureux en ménage disent souvent avoir rencontré l'âme sœur au moment où ils s'y attendaient le moins. Leurs chemins se sont croisés comme par accident, lors d'une réception, en voyage, pendant une promenade, lors d'un séminaire professionnel ou au bureau et ils associent cette rencontre merveilleuse au hasard, au destin, à la divine providence, à la chance ou tout simplement à leur bonne étoile.

Cela ne signifie pas que vous deviez attendre votre jour de chance ou un heureux accident pour rencontrer votre moitié d'orange. On décèle en réalité des raisons très claires pour lesquelles ces couples se sont trouvés. Comme ils n'ont pas conscience de ces facteurs, ils invoquent le destin, la chance ou leur ange gardien. Mais en fait, ils remplissaient à leur insu les conditions requises pour rencontrer et reconnaître le partenaire idéal. Comprendre ces conditions et susciter délibérément celles-ci accélérera votre processus de recherche de l'âme sœur.

Aide-toi et le ciel t'aidera

Ces personnes pensent devoir leur bonheur uniquement au hasard, au destin, à la chance, à la magie ou à la grâce de Dieu. Même si l'on peut admettre que le Tout-Puissant commande à tous les événements merveilleux, Il n'aide que ceux qui s'aident déjà eux-mêmes. Chaque jour, sans même s'en rendre compte, des êtres font ce qu'il faut pour rencontrer l'homme ou la femme de leur vie. Ils se placent au bon endroit au bon moment, et le « miracle » peut se produire.

Toutefois, même quand un fruit est mûr, on devra prendre la peine de le dénicher et de le cueillir. De la même façon, il ne suffit pas d'être prêt à rencontrer l'âme sœur pour que cela arrive ; il faut également se trouver au bon endroit. Les couples heureux se sont croisés dans des environnements qui leur ont permis de rencontrer un partenaire potentiel pour lequel ils ont éprouvé une attirance immédiate.

À notre insu ou de plein gré, nous nous positionnons à l'emplacement adéquat pour rencontrer un partenaire potentiel qui nous inspirera une attirance immédiate.

Comprendre les divers éléments à l'origine de l'attirance qui réunit deux êtres vous conférera la capacité de déterminer les sites les plus adaptés à votre recherche. Il existe des endroits où vous rencontrerez sans conteste des personnes que vous attirerez et vice versa. Encore nous faut-il rappeler ce qui suscite une attirance saine.

Premier facteur d'attirance :
des centres d'intérêt divergents

Une attirance saine repose toujours sur un certain nombre de facteurs prévisibles. Le premier et le plus important de ceux-ci est que ces êtres nourrissent des centres d'intérêt différents. Dans un couple équilibré, si tous deux peuvent partager des passions, chacun en possède qui lui sont propres.

Les âmes sœurs partagent beaucoup de centres d'intérêt, mais bien souvent elles en possèdent aussi beaucoup d'autres qui leur sont propres.

Un amoureux tout neuf se répand rarement en s'exclamant : « J'ai rencontré une fille extraordinaire, elle est tellement différente de moi ! » Pendant cette phase, on tend plutôt à s'extasier : « J'ai rencontré un homme ou une femme merveilleux(se) : nous avons tellement de choses en commun. » On n'a pas encore mis au jour toute la richesse de sa personnalité. Les célibataires qui méconnaissent cette réalité risquent de laisser passer des occasions de rencontrer leur âme sœur.

Le fait que l'attirance puisse naître de centres d'intérêt divergents explique pourquoi il semble parfois tellement difficile de trouver le partenaire idéal. Sachez que, en général, votre âme sœur s'intéressera à des choses qui ne vous passionnent pas, qu'elle travaille et passe ses loisirs dans des lieux où vous vous rendez rarement. A priori, cela laisse penser que vous ne vous croiserez que par accident. Mais dès que l'on prend conscience de cette réalité, on pourra faire l'effort de rechercher les situations mettant en présence des personnes dotées de centres d'intérêt différents, et augmenter de façon spectaculaire ses chances de connaître l'homme ou la femme de sa vie. Prenons quelques exemples.

La rencontre inopinée de Kim

Mère célibataire, Kim travaille dans un restaurant. Elle m'a raconté son histoire : « J'avais modifié l'horaire de mon massage hebdomadaire. Et c'est pendant que je patientais à la réception du club sportif que j'ai fait la connaissance de mon futur mari, Peter. Notre rencontre était vraiment le fruit du hasard. Entrepreneur de son état, il était venu en réponse à un appel d'offres. Je n'en reviens toujours pas que nous nous aimons autant alors que nous sommes si différents l'un de l'autre. Peter adore le changement et bâtir des choses tandis que j'aime les antiquités et la stabilité. Il est de droite ; je suis de gauche. Il aime passer ses soirées à la maison et j'aime dîner au restaurant... »

De fait, Kim et Peter avaient des centres d'intérêt tellement éloignés qu'ils ne se seraient jamais rencontrés si le hasard ne les avait placés face à face. Et, Peter préférant passer ses soirées à la maison, il ne risquait pas de croiser Kim dans le restaurant où elle travaillait le soir.

Grâce à des amis

Découvrons le récit de Mark, policier de son état. « J'ai rencontré ma femme, Vicky, par l'intermédiaire de mon ami Chuck. Tous deux sont sortis ensemble pendant deux ou trois ans et Chuck ne cessait de me parler d'elle. Après leur rupture, j'ai appelé Vicky et nous avons commencé à nous fréquenter. Je resterai toujours reconnaissant à Chuck de nous avoir présentés et sa femme et lui comptent parmi nos bons amis.

Je ne pense pas que nous nous serions jamais rencontrés sans lui : elle déteste le sport, qui est mon dada. J'ai fait sa connaissance lors de l'anniversaire de Chuck. Nous avons joué aux cartes, je crois.

Dès cette époque, j'ai ressenti une certaine attirance vis-à-vis d'elle, mais elle n'était pas libre. Je me rappelle m'être dit que Chuck avait beaucoup de chance. Aujourd'hui il me semble que c'est moi, le veinard ! Vicky et moi sommes très heureux et nous avons trois enfants merveilleux. »

Les hommes comme Mark qui n'apprécient guère les fêtes verront leur chance de rencontrer leur âme sœur grimper en flèche s'ils font l'effort de se plier à certaines mondanités. De la même façon, une femme comme Vicky, qui ne s'intéresse guère au sport, augmentera ses chances de rencontrer l'âme sœur si elle assiste à des tournois, à des matchs, etc.

Le projet le plus réussi de Daphné

Daphné, décoratrice d'intérieur, a rencontré son mari Carl en travaillant sur un chantier. « Mon client voulait installer un bain bouillonnant, explique-t-elle. Et je ne sais plus qui m'a donné le numéro de Carl pour que je le consulte à ce sujet. Il a tout de suite compris de quoi j'avais besoin et la manière dont il a géré le projet m'a convaincue que c'était un homme sur qui on pouvait compter. Il s'est révélé le partenaire idéal pour ce projet... et aussi pour moi ! Nous nous sommes d'emblée bien entendus. Pourtant, seul le hasard nous a poussés l'un vers l'autre car je n'aurais jamais acheté un Jacuzzi pour mon propre compte et Carl habitait à l'époque à l'étranger. »

Si son client ne lui avait pas demandé d'installer un bain bouillonnant dans sa salle de bains, Daphné eût-elle jamais rencontré son mari ? On peut en douter, car Carl n'aime que les activités d'extérieur et fait rarement les magasins de décoration intérieure. Bref, leurs chemins n'auraient jamais dû se croiser.

Sans ce projet providentiel, la seule chose qui aurait pu permettre à Carl de rencontrer Daphné eût été de passer plus de temps dans les galeries commerciales et dans les boutiques de décoration intérieure. Cela aurait encore augmenté ses chances de la rencontrer ou de rencontrer un intermédiaire susceptible de les mener un jour l'un vers l'autre.

Et, pour le croiser, Daphné aurait dû accepter de sortir de son existence confortable pour faire du camping, des randonnées dans la nature ou des activités de groupe plus sportives comme le rafting ou le ski.

Des centres d'intérêt différents créent une attirance

Les célibataires croient souvent à tort que leur âme sœur partagera tous leurs centres d'intérêt. De ce fait, ils recherchent des partenaires dotés d'intérêts similaires aux leurs. Ils oublient qu'il existe des centaines, voire des milliers d'endroits où rencontrer sa moitié.

Bien sûr, il arrive que l'on rencontre l'homme ou la femme de sa vie dans un lieu reflétant des pôles d'attraction communs, mais on peut tout aussi bien le ou la croiser dans un endroit accueillant des gens qui s'intéressent à des choses qui ne vous fascinent pas du tout.

Pour rencontrer votre âme sœur, fréquentez des endroits qui accueillent des personnes dotées de centres d'intérêt différents des vôtres.

Si vous n'avez toujours pas trouvé votre âme sœur dans les lieux que vous fréquentez d'ordinaire, essayer ceux où se rassemblent les personnes possédant des centres d'intérêt différents des vôtres. Même si vous ne trouvez pas d'emblée le partenaire idéal, vous pourrez au moins ressentir une attirance accrue vis-à-vis du sexe opposé. Ainsi devenu plus désirable, vous vous sentirez plus motivé pour poursuivre vos recherches.

Essayez des expériences nouvelles

Poser le pied dans un endroit qui vous est inconnu permet à une partie jusque-là latente de votre personnalité de s'éveiller. C'est l'une des raisons qui nous poussent vers des êtres dotés de centres d'intérêt variés : leur contact nous stimule. Une fraction toute neuve de notre être s'épanouit. Admettez qu'il n'est guère stimulant de rencontrer son double : si on aspire uniquement à un tête-à-tête avec soi-même, nul besoin de partenaire ! Tester des choses nouvelles donne en revanche plus d'énergie et rend plus séduisant.

Pour trouver votre âme sœur, efforcez-vous donc de fréquenter des endroits rassemblant des gens qui s'intéressent à des choses qui ne vous passionnent pas du tout. Si vous n'aimez pas danser, prenez des cours de salsa ou inscrivez-vous à un concours de danse ; si vous n'aimez pas dîner dehors, forcez-vous à aller plus souvent au restaurant.

Si vous n'êtes guère religieux, prenez l'habitude de retourner à l'église (ou au temple, à la synagogue, à la mosquée...).

Ainsi la plupart des couples mariés unissent une personne plutôt du soir et une autre plus en forme le matin. Tirez-en les enseignements qui s'imposent : pour dénicher votre âme sœur, essayez donc de modifier de temps à autre vos horaires. Les couche-tôt joueront les noctambules et les amateurs de grasses matinées se lèveront pour faire des promenades dès potron-minet.

Vous n'aimez pas le sport ? Prenez l'habitude d'assister aux matchs locaux et adoptez des activités sportives. Vous avez toujours détesté l'école ? Prenez des cours du soir. Si vous n'aimez pas lire, passez plus de temps dans les librairies et les bibliothèques ; si vous vous déplacez d'ordinaire en voiture, marchez ; si vous avez coutume d'apporter votre déjeuner au bureau, essayez de manger dehors de temps à autre. Si, en revanche, vous prenez presque tous vos repas au restaurant, mettez-vous à fréquenter les supermarchés. Les fans de fast-foods tenteront pour leur part quelques incursions dans les magasins de produits diététiques ou sur les marchés bio, et vice versa.

Si vous n'aimez pas tellement lire, passez plus de temps dans les librairies et les bibliothèques.

Élargir de la sorte votre « territoire de chasse » accroîtra nettement vos chances de rencontrer votre âme sœur. Et il vous paraîtra plus facile de trouver un partenaire attirant.

Deuxième facteur d'attirance : des besoins complémentaires

Le second élément à prendre en compte est l'existence de besoins complémentaires. Pour schématiser, votre âme sœur possède quelque chose dont vous avez besoin. Lorsqu'un homme détient ce qui peut combler les aspirations d'une femme, celle-ci se sentira attirée par lui. Les hommes obéissent à un processus inverse, craquant pour les femmes qui ont manifestement besoin de ce qu'ils ont à offrir. Une saine étincelle émotionnelle se déclenche alors.

Cette attirance émotionnelle nous évite de nous limiter à l'image irréaliste que nous nous faisons du physique ou de la personnalité du partenaire idéal. Un homme ainsi stimulé ne songera plus à se demander si la femme qu'il courtise ressemble à la créature de ses rêves. Tout au plaisir de la couvrir d'attentions romantiques et de jouir de ses réactions, il en oubliera largement de la juger sur son apparence.

De la même façon, dès qu'un homme distingue ainsi une femme, elle cesse de songer aux traits qu'elle prêtait jusqu'alors à l'homme parfait. En s'abandonnant à l'attirance qui se développe quand elle se montre réceptive aux attentions de son soupirant, elle devient libre de suivre son cœur sans se laisser entraver par des rêves irréalistes.

Les lieux où une femme a besoin d'un homme

Une femme qui sait tout ce qui précède veillera à rechercher l'âme sœur dans les lieux où elle pourra se montrer le plus réceptive et accueillir le mieux ce qu'un homme pourra lui proposer. Si, par exemple, vous avez besoin d'aide pour brancher votre ordinateur, rendez-vous dans un salon informatique ; puisque vous avez un réel besoin de ce que les autres visiteurs ont à vous offrir, vous rencontrerez peut-être celui qui vous convient. Si les ordinateurs ne vous passionnent pas du tout, vos chances croîtront encore.

Si vous avez besoin d'aide pour brancher votre ordinateur, vous rencontrerez peut-être l'homme qui vous convient dans un salon informatique.

Dès que vous demandez votre chemin parce que vous êtes perdue ou en voyage, vous devenez plus réceptive à l'aide d'un homme et plus prompte à apprécier celle-ci. Une randonnée ou une excursion offrent mille occasions pour vous d'aspirer à bénéficier d'un appui masculin. Songez-y. En vous inscrivant à un cours, vous mettrez également vos condisciples en position de vous porter assistance. Les compétitions sportives auxquelles vous ne comprenez goutte constituent aussi un excellent choix : il ne vous reste plus qu'à sélectionner un séduisant mentor pour vous expliquer les arcanes de la discipline en cause.

N'oubliez pas que les hommes adorent jouer les experts. De ce fait, les conquêtes se nouent plus aisément dans les endroits où le savoir-faire masculin peut se révéler utile.

> **Dès que vous vous inscrivez à un cours, vous suscitez l'occasion idéale pour un homme de vous porter assistance.**

Lorsque vous irez danser, vous éprouverez clairement le besoin d'un partenaire et vous apprécierez que celui-ci vous invite. Signalons à ce propos que quand deux femmes dansent ensemble, les hommes présents se sentent réduits au chômage. Et un homme redoute plus que tout de se voir rejeter et de se sentir inutile. Idéalement, sortez avec des couples. Demandez à vos copines de vous prêter leur petit ami ou leur mari l'espace d'un tour de piste. Un soupirant potentiel vous voyant danser avec un simple ami osera plus facilement vous inviter à danser. Une femme qui danse déjà représente une partenaire plus attrayante que celles qui font tapisserie.

Les lieux où un homme sent qu'on a besoin de lui

Les hommes aussi peuvent appliquer les principes énoncés ci-dessus et hanter à leur tour les lieux où ils pourraient rencontrer la femme de leurs rêves et ceux où celle-ci se montrera le plus réceptive à ce qu'il lui offre. Portez-vous volontaire pour des activités caritatives ou aidez à la préparation du défilé de la fête de votre village ou de votre quartier. Voilà qui vous fera rencontrer beaucoup de femmes nouvelles. Et, dès que la situation exigera que quelqu'un se dévoue pour jouer les meneurs, sautez sur l'occasion : les femmes aiment les hommes déterminés. Même si votre âme sœur n'est pas présente, vous attirerez peut-être l'œil d'une personne qui vous présentera à elle.

Dès qu'une situation exige que quelqu'un se dévoue pour jouer les meneurs, sautez sur l'occasion.

Sachez aussi que garder les enfants de vos amis ou promener leur bébé dans un parc attirera vers vous les femmes comme des mouches. Elles penseront aussitôt : voilà un homme vraiment tendre et responsable. Il s'occupe d'un bébé ! Attention : si vous n'adorez pas vraiment les enfants, ne faites pas semblant juste pour attirer les conquêtes. Le but des suggestions données dans ce chapitre n'est pas de faire naître une attirance temporaire mais de rencontrer une femme avec laquelle vivre une relation durable. Lorsque vous montrerez combien vous êtes responsable, la femme à qui vous convenez verra s'éveiller en elle le désir de mieux vous connaître.

Un homme qui promène le bébé d'amis dans un parc attire les femmes comme des mouches.

Ne redoutez pas qu'elle vous croie déjà pris : elle viendra vous parler du bébé et vous posera quelques questions adroites qui vous permettront de dissiper tout malentendu. Elle sera absolument ravie de découvrir que vous n'êtes pas père de famille. Si aucun de vos amis n'a de bébé, vous pouvez emprunter un chien et le promener dans un parc en variant vos horaires.

Par ailleurs, sachez notamment proposer vos services en cas de crise : incendie, inondation, tremblement de terre, tempête, cyclone.

Ne sous-estimez pas non plus le pouvoir de l'uniforme, très attirant aux yeux d'une femme. Lorsque vous l'endossez, cela démontre que vous êtes fier de ce que vous faites et que vous aimez votre travail – de grands plus vis-à-vis d'une femme. N'hésitez donc pas à arborer votre tenue même pendant vos loisirs...

Les femmes adorent les hommes en uniforme. Portez le vôtre aussi souvent que possible.

Harry, professeur de théâtre, me confia qu'il avait rencontré sa femme alors qu'elle suivait l'un de ses cours. « C'était une étudiante très douée, ajouta-t-il. Elle me plut tellement au premier regard que je me demandais comment je parviendrais à mener la séance à bien. La seule perspective de l'inviter à sortir me privait de tous mes moyens. Je finis par trouver le courage pour lui proposer de l'aider à travailler ses scènes en fin de journée. Ce fut un moment mémorable ; les étincelles crépitaient de part et d'autre.

« La semaine suivante, j'ai fait jouer à mes élèves des scènes d'amour. À l'issue du cours, Trudy me demanda si j'accepterais de lui donner de nouveau la réplique. Voilà qui me convenait fort bien car si j'étais incapable de prononcer une phrase cohérente en sa présence, tenir un rôle rentrait plus dans mes cordes. Et même si je n'avais évidemment pas écrit la pièce, cette lecture suffit à conquérir Trudy. Je ne remercierai jamais assez Shakespeare... Nous nous sommes souri ce jour-là et nous nous sourions depuis lors. Aujourd'hui encore, je l'aide à répéter. J'adore posséder un talent qu'elle apprécie manifestement. »

Troisième facteur d'attirance : la maturité

Un troisième élément détermine l'attirance émotionnelle : la maturité des partenaires. Deux âmes sœurs possèdent normalement un degré de maturité similaire. En général, à mesure que nous avançons en âge, nous acquérons une certaine profondeur. De ce fait, nous serons automatiquement attirés par des personnes dont le degré de maturité ou de profondeur correspond au nôtre. Cette maturité ne dépend pas nécessairement de l'âge, même si ce dernier jour un rôle prédominant dans l'affaire.

Afin de multiplier les occasions, privilégiez les lieux où vous aurez l'assurance de rencontrer des gens de votre âge. Les réunions d'anciens élèves sont parfaites à cet égard. Même si vous ne rencontrez pas d'emblée un partenaire, vos nouvelles connaissances pourront vous servir d'entremetteur ; la plupart de leurs amis ont eux aussi votre âge.

Rappelons que l'on ne pourra pleinement reconnaître son âme sœur que quand on sera prêt à rencontrer celle-ci. Nous devons d'abord apprendre à nous connaître avant de pouvoir déterminer la personne qui nous convient. Chaque fois que nous vivons les étapes les plus évoluées du processus amoureux, nous gagnons en maturité et en discernement.

Lorsque vous mettez fin à une relation de longue durée ou à un mariage, la meilleure façon de trouver l'âme sœur consiste à revoir d'anciens partenaires pour lesquels vous avez éprouvé une attirance émotionnelle. Accordez-vous quelques mois pour faire le deuil de votre histoire passée puis, lorsque vous vous sentirez plus complet et autonome, rappelez tous vos anciens partenaires encore disponibles.

Téléphonez simplement pour reprendre contact et voyez si des étincelles jaillissent. Il arrive souvent qu'une relation fasse grandir et mûrir de telle façon que, lorsque celle-ci s'achève, il se révèle très facile de faire fonctionner une liaison qui n'a pas fonctionné dans le passé. Prenons un exemple.

Refaire connaissance

Voici le récit de Tricia : « Je venais de mettre un terme à une liaison qui durait depuis deux ans et me disposais à passer un week-end tranquille à prier, à méditer et à lire. Il me semblait avoir assez vu les hommes pour le moment. Je me suis dit que je consacrerais ce week-end à ma spiritualité. »

C'est alors que Tommy, un ancien petit ami, l'appela inopinément. Ils ne s'étaient pas parlé depuis quatre ans. Ils étaient sortis ensemble pendant un peu plus d'un an, puis leurs chemins s'étaient séparés. Tricia, qui éprouvait une attirance particulière pour Tommy, avait conçu une grande tristesse lorsqu'il avait entamé une relation avec une autre femme.

Au cours de leur conversation, il raconta qu'il s'était marié puis avait divorcé, le tout en l'espace de deux ans et qu'il était seul depuis un an. Il avait juste appelé pour apprendre ce que Tricia devenait, mais en entendant sa voix, il avait compris qu'il avait eu tort de la quitter. « C'est tellement merveilleux de te reparler après toutes ces années, s'exclama-t-il. Si tu savais combien je t'aime : j'ai l'impression que tous les anges du ciel chantent dans mon cœur. »

Il a suffi à Tommy d'un seul coup de téléphone pour comprendre qu'il était prêt à entamer une vraie relation de couple avec Tricia. Il était disposé à passer à la troisième étape du processus amoureux, puisque sa maturité le rendait capable de savoir ce qu'il voulait et d'éprouver immédiatement une attirance sur les plans physique, émotionnel, intellectuel et spirituel. Cette fois, il souhaitait donner à leur couple une seconde chance. Il avait tellement mûri grâce à son mariage, qu'il sut d'emblée qu'elle était la femme de sa vie.

Tricia expliqua qu'elle comptait donner à son week-end un tour spirituel. Au lieu de prendre cela pour une fin de non-recevoir, Tommy s'exclama : « C'est sûrement pour ça que je t'ai appelée. Je suis la réponse à tes prières ! » Tous deux éclatèrent de rire. Il insista tant pour venir la voir qu'elle finit par céder. Il fit six heures de route pour la rejoindre et écopa au passage d'une amende pour excès de vitesse.

Ils bavardèrent toute la nuit. Un mois plus tard, ils étaient fiancés et six mois plus tard, ils se mariaient. Tommy et Tricia s'étaient certes aimés autrefois, mais au mauvais moment.

Qui dit maturité dit sagesse accrue

Mûrir implique de gagner en sagesse et en retenue. Nous éprouvons tôt ou tard le désir de nous débarrasser de nos habitudes nocives et tendons à solliciter l'aide d'autres personnes qui cherchent elles aussi à remettre de l'ordre dans leur existence.

Participer à des groupes de soutien donne l'occasion de découvrir l'attrait qui résulte d'une maturité commune. Les ateliers de ce type ne manquent pas, qu'ils soient chapeautés par des institutions religieuses, ils s'adressent aux parents célibataires, aux anciens alcooliques, etc. Ils sont un excellent moyen de se faire de nouveaux amis, lesquels vous ouvriront des portes pour trouver l'âme sœur.

Quand on participe à des cours ou à des groupes de soutien, on découvre des personnes douées d'une maturité similaire à la sienne.

Si vous n'effectuez pas les changements que vous pensez nécessaires, vous perdrez de votre attrait aux yeux d'autrui. Une âme sœur potentielle pourra avoir l'impression qu'il manque quelque chose pour faire de vous son partenaire idéal. Et ce qui vous manque, c'est de remettre de l'ordre dans votre existence.

Mettre de l'ordre dans notre existence

Quand Justin entendit cette explication, il comprit que, une fois encore, il avait reculé avant d'arrêter de fumer. Il pensait que s'il essayait, il ne pourrait qu'échouer. Mais quand il apprit que la maturité accroît le pouvoir de réaliser des changements, il décida une fois de plus d'abandonner le tabac. À trente-huit ans, il décida qu'il s'en sentait capable.

Il fit part de sa décision à ses amis lors d'une soirée. Tous se montrèrent très fiers de lui. Et ce soir-là, Christina, une de ses ex, vint vers lui. Ils se mirent à bavarder. Elle se montra très impressionnée par la décision qu'il venait de prendre. Et elle comprit soudain qu'il l'attirait terriblement depuis toujours, mais qu'elle l'avait toujours tenu à distance, principalement à cause de son tabagisme. Justin et Christina étaient deux âmes sœurs, mais ils ne purent en prendre conscience que quand Justin atteignit un niveau de maturité suffisant.

Ce n'était pas le fait de fumer qui avait retenu Christina d'aimer Justin, mais plutôt de le voir renoncer à tirer pleinement parti de son potentiel. En conservant des habitudes dont elle le savait assez fort pour s'affranchir, il diminuait son pouvoir de séduction. Quand il décida de changer, il ouvrit la possibilité de s'engager l'un envers l'autre et de se marier.

Plus nous savons de choses, plus nous en ignorons

La sagesse qui accompagne une maturité accrue nous incite à chercher de nouvelles informations sur les sujets qui nous intéressent et nous tiennent à cœur. De ce fait, une autre tactique pour rencontrer des personnes de maturité équivalente à la vôtre consiste à vous inscrire à des cours traitant de vos sujets favoris.

Carole, qui travaille pour une compagnie d'assurances, a rencontré son mari dans le cadre d'un atelier Mars & Vénus. « J'ai été très impressionnée par le fait qu'il cherche à en apprendre plus long sur les femmes et sur les relations amoureuses. J'avais toujours pensé que je ne pourrais jamais épouser un homme qui ne se préoccuperait pas des différences entre les sexes ou qui, du moins, ne chercherait pas à accroître son savoir dans ce domaine. L'habitude des assurances, je suppose...

« J'ai su d'emblée que je pourrais faire confiance à Bob. Il me semblait que le destin nous avait réunis... avec tout de même un petit coup de pouce de ma part : en m'inscrivant à ces ateliers, j'avais mis toutes les chances de mon côté pour rencontrer un homme désireux de construire une relation de qualité. Et la huitième séance répondit à mes vœux en introduisant Bob dans mon existence. »

Lâcher prise par rapport au passé

Il arrive qu'on croie que les choses ne pourront plus changer. Les hommes comme les femmes rechigneront à s'engager s'ils décrètent que toutes les histoires se suivent et se ressemblent. Mais si l'on prend le temps de tirer les leçons de ses erreurs passées, on pourra s'assurer de vivre à l'avenir des relations plus heureuses.

Pauline occupe un poste de cadre au sein d'une compagnie de téléphone. Elle me narra sa rencontre avec son époux : « Des amis nous ont présentés lors d'un dîner, alors que je n'avais pas la moindre intention de jamais revivre avec un homme. J'avais déjà été mariée à deux reprises. Seulement, Craig avait quelque chose de différent. Il ne m'attirait pas du tout physiquement, mais c'était l'homme le plus intéressant que j'aie jamais rencontré.

« Il a sept ans de plus que moi et cela ajoute encore à son attrait à mes yeux. J'ai toujours été plus mûre que mon âge. J'apprécie sa sagesse et ses réactions empreintes de réflexion et de considération.

« À son contact, j'ai compris que seule une personne plus mûre pourrait me stimuler. Dans le passé, j'avais toujours suivi mes pulsions sexuelles ; cette fois, je n'en éprouvais aucune même si je le jugeais fascinant. Il se mit à me courtiser. Et, au bout d'un certain temps, l'incroyable se produisit : je découvris, à ma grande surprise, que j'éprouvais aussi une véritable passion physique pour lui ! Il a fallu un certain temps pour que celle-ci apparaisse, mais, des années après, elle brûle toujours, avec autant d'intensité. »

Quatrième facteur d'attirance : la résonance

Le quatrième élément qui commande l'attirance de deux êtres est la résonance : les âmes sœurs possèdent des valeurs jumelles. Elles nous incitent à donner le meilleur de nous-mêmes. Et quand nous nous trouvons ensemble, ce qui compte le plus à nos yeux éveille un écho au sein de nos convictions les plus profondes.

Les valeurs que votre partenaire privilégie en matière de religion, de famille, de travail, de loisirs, de politique, d'argent, de caractère, de sexe ou de mariage vous correspondent et vous inspirent. Vous devinez tout le bien en lui ou en elle et respectez et admirez ces valeurs. Attention : souscrire à des valeurs similaires ne signifie pas que l'on pensera ou ressentira toujours les mêmes choses, mais cela garantit que chacun respecte le point de vue de l'autre et admette son raisonnement.

Imaginons deux partenaires dotés de sensibilités politiques divergentes. Même s'ils soutiennent des approches contraires, ils pourront trouver un terrain d'entente tant que tous deux militent pour la démocratie. Si, en revanche, l'un bascule vers l'extrémisme, ces deux êtres ne se correspondront pas suffisamment pour qu'une attirance naisse entre leurs âmes.

Cela explique que beaucoup trouvent leur âme sœur au sein de leur église, synagogue ou tout autre lieu de culte. Les institutions religieuses regroupent par définition des personnes partageant des valeurs similaires. Elles permettent de rencontrer des êtres dont les valeurs spirituelles répondent aux nôtres.

Roberto fut d'abord attiré par Lucia parce que leurs valeurs concordaient. Ils s'étaient rencontrés par l'intermédiaire de cours organisés par leur paroisse. « Je l'ai tout de suite remarquée, déclara Roberto, et dès que je l'ai mieux connue, je me suis épris d'elle. Je pense que notre foi commune nous a aidés à nous faire mutuellement confiance et à nous accepter. Bien des choses nous séparent, mais nous partageons une conception identique de la vie et de la famille. Je respecte Lucia et je voulais qu'elle soit la mère de mes enfants. J'ai eu tellement de chance de la trouver sur ma route ; je pense que c'était écrit dans les étoiles. »

Posséder des valeurs communes nous rend par définition plus compatibles. Cela nous aide à surmonter les défis inhérents à toute relation de couple. Et quand surviennent les hauts et les bas inévitables, nous pouvons toujours plonger au fond de notre âme pour y retrouver l'écho des valeurs de l'autre. Cette compatibilité nous permet en outre de faire des compromis sans renoncer à ce que nous sommes ni à ce qui compte le plus à nos yeux. Fréquenter des endroits où nos valeurs sont mises en exergue garantit donc également de rencontrer un jour l'âme sœur.

S'amuser à deux

Une autre bonne solution pour rencontrer son âme sœur consiste à partir en vacances. Si vous aimez danser, faire la nouba et vous amuser, choisissez une formule dans le cadre de laquelle tous les participants prennent leurs repas ensemble et partagent des activités récréatives. Les croisières et les clubs de vacances représenteront dans ce cas une bonne solution pour chercher l'âme sœur.

Crystal, une institutrice, me confia ceci : « J'ai rencontré mon mari, Charlie, dans un hôtel où nous occupions tous les deux des postes d'instructeurs sportifs. Nous n'avons pas tardé à découvrir que nous aimions l'un comme l'autre les sports nautiques et la fiesta. En plus, Charlie danse comme un dieu ! Bref, je suis tombée follement amoureuse de lui. Je pense que c'est le destin qui nous a réunis dans ce lieu particulier, quand on pense aux mille autres endroits où nous aurions pu atterrir. Pour ma part, je ne souhaitais même pas vraiment travailler dans cet hôtel-là, mais c'était le seul qui recrutait.

Charlie travaille aujourd'hui dans l'édition, nous adorons toujours partir en vacances ensemble et nous habitons au bord de la mer. Et quand nous nous disputons, nous prenons le temps d'aller danser ou faire de la voile... et il devient beaucoup plus facile de nous réconcilier. »

21

101 idées pour rencontrer l'âme sœur

En combinant les quatre ingrédients de l'alchimie amoureuse – centres d'intérêt différents, besoins complémentaires, maturité et valeurs analogues –, nous nous donnons les moyens de connaître un amour durable et passionné. Or, pour trouver un partenaire et établir la relation qui nous importe, il faut chercher au bon endroit. Donnons un coup de pouce au destin et rendons-nous dans les lieux propices à une rencontre intéressante.

1. Assistez à une fête donnée par un proche, organisez vous-même une réception, allez danser avec des amis. Être présenté par un tiers est encore le meilleur moyen de trouver son partenaire.

2. Appelez l'ex d'un(e) ami(e) si vous avez l'assurance qu'ils ont bel et bien rompu.

3. Rapprochez-vous d'une ancienne connaissance désormais veuve ou divorcée. Même si vous n'éprouviez pas d'attirance pour cette personne autrefois, peut-être vous séduira-t-elle à présent qu'elle est disponible.

4. Demandez à un couple marié de vous parrainer pendant un mois et de vous présenter son cercle d'amis. Inspirez-vous de leurs histoires de rencontre. Fréquentez des gens heureux en ménage : vous vous imprégnerez de leur énergie positive et de cet exemple de félicité conjugale, ce qui vous conduira à choisir un bon partenaire.

5. Investissez-vous dans une cause à caractère social, comme apporter à manger aux sans-abri ou aider des orphelins. Vous vous sentirez grandi par cette expérience, susciterez l'admiration et l'appréciation de votre entourage, et sans doute rencontrerez-vous l'âme sœur.

6. Allez là où vous savez pouvoir exercer vos compétences et vous rendre utile : les gens viendront aisément vous demander conseil ou assistance. N'hésitez pas à aborder quelqu'un en lui proposant de lui prêter main-forte.

7. Suivez une formation ou un cours particulièrement sous la houlette d'un enseignant très dynamique et stimulant. Cela déteindra sur vous. Vous pourrez, par exemple, demander à un(e) camarade de collaborer avec vous sur un projet.

8. Assistez aux réunions d'anciens élèves de votre école ou lycée. On ne compte plus le nombre de gens qui se retrouvent des années après leurs études et tombent éperdument amoureux !

9. Fréquentez des lieux où vous n'avez pas vos marques et où il est question de domaines auxquels vous ne connaissez rien. N'hésitez pas à solliciter de l'aide ou des conseils. Sachez qu'un homme peut charmer une femme en manifestant le désir qu'elle l'éclaire.

10. Liez-vous aux amis d'une personne que vous désirez ardemment approcher. Mais prenez garde à révéler vos intentions sans détour.

11. Fréquentez des lieux où l'équilibre démographique joue en votre faveur : aux femmes d'explorer les endroits prisés des hommes et vice versa.

12. Assistez à un conseil municipal ou d'arrondissement. C'est l'occasion rêvée pour échanger des vues sur des sujets variés. Manifester son soutien à un(e) intervenant(e) mis en minorité peut vous amener à tisser rapidement des liens avec lui ou elle.

13. Visitez des lieux qu'affectionnent des gens passionnés de sujets qui vous intéressent peu. Par exemple, si vous n'êtes guère féru de peinture, allez dans un musée et initiez le dialogue avec des amateurs d'art.

14. Au restaurant, une femme devrait se lever à plusieurs reprises sous prétexte de se repoudrer le nez, de manière à traverser la salle et se faire remarquer. Reste à l'homme de prendre le risque de l'aborder ou, s'il est timide, de lui tendre sa carte.

15. Si quelqu'un vous intéresse, efforcez-vous de croiser son regard. Une femme pourra détourner les yeux, poursuivre sa conversation avec son amie, lui demander d'épier discrètement l'homme qui la dévisage, discuter encore, lever les yeux de nouveau et sourire. Son admirateur saura alors qu'il lui plaît.

16. Rendez-vous dans des lieux où vous vous sentez à votre avantage. Si vous vous aimez en maillot de bain, allez à la plage. Sinon, c'est inutile.

17. Portez votre tenue professionnelle ou votre uniforme, même en dehors de vos heures de travail. Vous n'en serez que plus accessible et l'on n'hésitera pas à vous demander de l'aide ou un conseil.

18. Créez des occasions de rencontre en dehors de votre cercle habituel d'amis. Il est très intimidant pour un homme d'accoster une femme entourée de cinq copines : s'il est éconduit, il sait qu'il sera la risée du groupe.

19. Il est plus facile d'aborder une femme qui ne reste pas rivée à sa chaise lors d'une soirée. Alors bougez !

20. Les cuisines sont le théâtre de prédilection de la convivialité et des confidences. Proposez vos services pour passer les plats ou mettre la dernière main aux desserts.

21. Participez à des collectes de fonds à visée caritatives ainsi qu'aux fêtes de l'école du quartier ou de votre paroisse.

22. Mieux encore : portez-vous volontaire pour l'organisation de tels événements.

23. Engagez-vous auprès d'organismes d'aide aux personnes en détresse. On apprend beaucoup des gens si on les côtoie dans le cadre d'une action de bénévolat.

24. Rendez-vous dans des endroits où vous serez amené à demander de l'aide à autrui.

25. Si vous élevez seul(e) votre enfant, liez-vous avec les parents des amis de votre bambin. Relayez-vous pour le baby-sitting ou pour conduire les petits à l'école. Lorsque vous les connaîtrez bien, demandez-leur de vous parrainer et de vous aider à trouver l'âme sœur.

26. Lors d'une fête paroissiale ou communautaire, proposez-vous pour jouer les hôtes et placer les convives. Cela vous permettra de converser avec tous les célibataires présents.

27. Animez un atelier Mars & Vénus ou tout autre organisme pour célibataires qui corresponde à vos valeurs.

28. Si vous êtes militant politique, assistez au rassemblement d'un autre parti et prêtez une oreille attentive aux discours de ses membres. C'est un excellent point de départ pour des échanges enrichissants.

29. Si le jardinage vous laisse froid, apprenez l'horticulture, passez du temps dans les parcs et jardins ou achetez vos fruits et légumes chez un marchand où affluent les amoureux de la nature.

30. Si les vieilles pierres vous laissent de marbre, partez en randonnée avec un guide pour découvrir le passé de votre ville. Posez quantité de questions et engagez la conversation avec ceux qui vous accompagnent.

31. Si le fonctionnement de votre magnétoscope demeure un mystère, courez dans un magasin d'équipement TV-hi-fi et interrogez les vendeurs et les clients. Ou faites un saut à l'exposition annuelle pour découvrir le matériel dernier cri.

32. Si vous ne vous êtes jamais allongé sur un divan et que l'idée d'une analyse ne vous a jamais effleuré, inscrivez-vous à un atelier de développement personnel et rencontrez des gens qui ont entrepris avec succès des psychothérapies.

33. Si vous ne regardez pas *Téléfoot* assidûment, assistez désormais à toutes les compétitions sportives, quel qu'en soit le niveau. Apprenez les règles du football, du basket, ou du rugby et mémorisez les noms des joueurs.

34. Apportez de la nourriture lors de fêtes de quartier, communautaires ou paroissiales.

35. Si vous délaissiez jusqu'à présent la pratique religieuse, remettez-vous à fréquenter l'église, la synagogue ou la mosquée. Demandez conseil à vos amis pour choisir le lieu de culte qui vous conviendra le mieux et suivez les cours qui y sont dispensés.

36. Si vous êtes plutôt du genre librairies, traînez dans les bibliothèques.

37. Si vous n'êtes pas particulièrement porté sur la lecture, fréquentez les librairies et abordez le sexe opposé en échangeant des vues sur des écrivains favoris ou des livres de chevet.

38. Ne ratez pas les séances de signature de vos auteurs préférés.

39. Si vous prenez vos repas chez vous, dînez régulièrement au restaurant.

40. Si vous avez vos habitudes dans un restaurant, tâchez d'en tester d'autres à l'occasion.

41. Si vous n'êtes pas du genre lève-tôt, faites l'effort de vous réveiller de bonne heure, faites une promenade ou un jogging et vous croiserez quantité de gens matinaux.

42. Si vous marchez peu, essayez de vous promener dans votre quartier à heure fixe. Au bout d'une semaine, changez de plage horaire et ainsi de suite. La routine crée une familiarité qui facilite les contacts et peut stimuler l'alchimie.

43. Si vous écumez les salles obscures, préférez-leur pour un temps les magasins de vidéos. Posez des questions à ceux avec qui vous vous sentez des atomes crochus.

44. Si vous n'allez pas souvent au théâtre, repérez les bars et les restaurants où se rendent les spectateurs après la représentation et passez-y du temps.

45. Si vous êtes amoureux des planches mais peu cinéphile, allez donc au cinéma voir une nouveauté mais ne réservez pas votre place à l'avance. Les files d'attente sont une occasion idéale pour lier connaissance.

46. Si vous fuyez les vernissages ou les inaugurations parce que vous n'aimez pas la foule... Ne cherchez pas plus loin : c'est là que vous attend votre âme sœur.

47. L'opéra vous enchante plus que la pop music ? Qu'importe, allez donc à un concert d'un groupe en vogue.

48. Si vous n'aimez pas danser, tant pis : prenez des cours, inscrivez-vous à des concours et emparez-vous de la piste !

49. Si vous aimez dîner à l'extérieur, prenez des cours de cuisine.

50. Si vous êtes un cordon bleu, ne perdez jamais l'occasion de mitonner de bons petits plats pour vos amis. Votre réputation dépassera bientôt les limites de votre cercle restreint.

51. Si vous êtes amateur d'alcool, délaissez les bars à vin au profit des salons de thé.

52. Si vous n'appréciez guère la musique assourdissante, réunissez quelques amis et allez en boîte de nuit, sans oublier de vous munir de boules Quies pour danser sans être incommodé. Si quelqu'un vous plaît, faites-lui savoir que vous seriez ravi de poursuivre la conversation dans un endroit où l'on n'a nul besoin de hurler pour se faire entendre.

53. Si les sports aquatiques ne vous passionnent pas, passez vos vacances dans un lieu où l'on pratique beaucoup ce genre d'activités.

54. Si vous n'êtes jamais parti en croisière, que l'idée ne vous tente même pas, faites-vous violence !

55. Si rien ne vous irrite plus que d'attendre votre tour dans une file, sachez qu'il y a de fortes chances pour y trouver votre moitié. Si patienter est au-dessus de vos forces et que le cinéma semble pris d'assaut, faites les cent pas devant en feignant de chercher quelqu'un.

56. Si vous préparez votre gamelle tous les jours pour déjeuner au bureau, efforcez-vous de sortir de temps en temps pour prendre vos repas ailleurs.

57. Au bureau, faites une pause-café même si vous n'en aviez pas l'habitude. Vous pourriez faire des rencontres inattendues dans un laps de temps très court.

58. Si vous prenez souvent vos repas au restaurant, flânez du côté des marchés ou magasins d'alimentation. Votre âme sœur est peut-être un roi des fourneaux.

59. Vous mangez bio ? Votre moitié attend peut-être que vous la sauviez de ses mauvaises habitudes alimentaires : poussez donc la porte d'un fast-food de temps en temps.

60. Si vous affectionnez les produits chers, le luxe et les cadres huppés, aventurez-vous avec des amis dans des établissements plus simples et meilleur marché.

61. Une femme qui porte beaucoup de maquillage ou de bijoux devrait parfois s'en abstenir : l'homme de sa vie l'aimera telle qu'elle est, sans artifices.

62. Une femme qui arbore des tenues affriolantes et attire de nombreux regards masculins peut essayer de s'habiller de manière moins provocante. Elle suscitera ainsi l'intérêt d'hommes qui chercheront à la connaître au-delà des apparences.

63. Si vous préférez les tenues vestimentaires décontractées, obligez-vous à vous rendre une fois par mois à un événement qui exige que vous vous mettiez sur votre trente et un. Et cela vaut aussi bien pour les hommes, toujours séduisants en costume ou smoking, que pour les femmes, qu'une robe élégante saura embellir.

64. Vous préférez la plage à la piscine en vacances ? Changez d'avis et apprenez à connaître les piscines !

65. Plus piscine que plage ? Arpentez le rivage : votre âme sœur s'y promène déjà.

66. Si vous n'aimez pas bronzer, partez en vacances avec les fanas du soleil.

67. Vous n'aimez pas coucher sous les tentes ? Partez camper ! Fréquentez les magasins spécialisés et interrogez les vendeurs comme les clients. Liez-vous avec des amateurs ou des randonneurs.

68. Si la bicyclette n'est pas votre tasse de thé, travaillez vos muscles assoupis et joignez-vous à un groupe de VTT. C'est l'occasion pour vous de vous faire de nouveaux amis, qui vous présenteront sûrement celui ou celle qui vous est destiné.

69. Si vous n'aimez pas la neige, allez skier avec des amis. Traînez dans les salons de thé où l'on discute après une journée de sport, dans le local de chaussures ou dans les saunas.

70. Les hommes auront grand avantage à s'inscrire à un cours d'aérobic, populaire auprès des femmes, et celles-ci auront tout intérêt à s'entraîner dans les salles de sport, domaine de prédilection de ces messieurs.

71. Partez à l'aventure avec quelques amis et liez-vous à vos compagnons de route.

72. Si vous aimez faire de l'exercice chez vous, sortez !

73. Si vous êtes du genre matinal, tâchez de sortir et de vous coucher plus tard le soir. Votre moitié est peut-être un noctambule qui ne demande que de vous rencontrer pour s'assagir.

74. Prenez part aux événements qu'organise l'école de vos enfants : pièces de théâtre, festivités, collectes et compétitions sportives. Cela vous permettra de rencontrer d'autres parents en solo. Si vous n'avez pas d'enfants, ne perdez pas l'occasion d'accompagner ceux de vos amis. Lorsqu'on fréquente un parent célibataire, ce dernier vous est d'autant plus reconnaissant de l'attention que vous portez à ses petits.

75. Proposez vos services de baby-sitter à vos amis et promenez-vous dans un parc en compagnie des enfants. Cela vaut aussi pour un chien. Les femmes sont particulièrement charmées par des hommes qui prennent soin d'enfants ou d'animaux domestiques. Et puis, quel que soit le sexe, la présence d'un bambin ou d'un caniche facilite la prise de contact.

76. Troquez vos tenues très classiques pour des vêtements plus décontractés.

77. Si vous êtes organisé au point de planifier vos loisirs, oubliez votre agenda et suivez votre instinct ! Parfois l'absence de fantaisie nous empêche de croiser notre âme sœur.

78. Rendez-vous seul dans les endroits où vous allez habituellement avec vos amis. Sans eux, vous serez plus réceptif à la présence d'autrui et les gens viendront spontanément vers vous.

79. Si vous n'êtes jamais monté à cheval, il est grand temps de vous mettre à l'équitation.

80. Si vous n'aimez pas la vitesse au volant, allez dans un circuit automobile un jour de compétition : il n'est pas rare que de deux moitiés, l'une soit le lièvre et l'autre la tortue.

81. Quittez le luxe qui vous entoure pour une randonnée sac à dos dans le désert. Inutile de partir seul : quantité d'organismes mettent sur pied de tels périples en groupe. Allez dans un magasin de matériel spécialisé où l'on saura vous éclairer sur cette aventure.

82. Si vous n'êtes jamais allé à un vide-greniers ou une brocante, c'est le moment. Après tout, peut-être l'homme ou la femme de votre vie préfère chiner que faire ses emplettes dans les grands magasins.

83. Si vous avez un emploi du temps très strict ou des habitudes immuables, déviez-en de temps à autre de manière à créer des occasions de rencontres. Par exemple, changez d'itinéraire pour vous rendre au travail et ce, aussi souvent que possible.

84. Si vous garez votre véhicule chaque jour au parking de votre lieu de travail, stationnez dorénavant dans la rue et franchissez à pied la distance qui vous sépare du bureau. C'est un excellent exercice, et vous en profiterez pour voir de nouvelles têtes.

85. Allez faire du rafting avec des inconnus. Sous le coup des émotions fortes et de l'effort en équipe, vous vous découvrirez sous un jour neuf.

86. Vos oreilles préfèrent le son de la guitare électrique à la voix de Pavarotti ? Initiez-vous à l'opéra. Au cours de l'entracte, vous aurez peut-être la chance de croiser l'heureux élu au bar ou devant les toilettes.

87. N'attendez pas le week-end : sortez en semaine. On y croise moins d'amoureux que le samedi soir.

88. Il arrive que des âmes sœurs ne partagent pas les mêmes goûts en matière de climat : quand l'un aime la canicule, l'autre préfère la fraîcheur. Si vous appartenez à la première catégorie, fréquentez les patinoires ou les pistes de ski. Si vous relevez de la seconde, filez à la plage.

89. Si l'informatique ne vous branche pas, rendez-vous dans un salon high-tech et faites-vous expliquer les derniers prodiges du multimédia. Les hommes adorent passer pour des spécialistes.

90. Si les panoramas ne vous émeuvent guère, pas de doute : c'est proche des points de vue imprenables que vous trouverez chaussure à votre pied.

91. Jouez les touristes dans votre propre ville. Imaginez-vous dans la peau d'un visiteur étranger qui verrait vos monuments, vos musées pour la première fois. Vous rencontrerez pléthore de gens désireux de vous en faire découvrir les merveilles – et pourquoi pas, l'homme ou la femme de votre vie. Le plus beau, c'est que vous apprendrez l'existence de curiosités qui vous étaient inconnues.

Emboîtez le pas à de véritables voyageurs de passage et suivez le guide. L'amour est parmi eux.

92. Si elles vous ennuient a priori, les cérémonies de mariage et les réceptions qui s'ensuivent sont un antidote au célibat ! Vous n'en êtes pas convaincu ? Celui ou celle que vous y rencontrerez vous démontrera probablement la beauté de la chose.

93. Allez voir des pièces drôles ou des artistes comiques sur scène. Quand on rit et qu'on prend du bon temps, on est toujours à son avantage et l'on attire vers soi la perle rare.

94. Lorsque vous êtes d'humeur chagrine, faites quelque chose que vous détestez tout particulièrement : vous ne vous sentirez pas plus mal pour autant ! Quand on broie du noir, on éprouve le besoin d'être aimé et de prodiguer de l'amour en retour. C'est alors qu'un ange tombe du ciel et nous aide à reprendre le dessus.

95. Usez des petites annonces : placez-en une, ou répondez à celles qui vous parle. Si vous optez pour la première solution, attachez-vous à vous présenter sous un jour positif et à ne pas vous tromper de rôle. Les femmes devraient rédiger leur texte en se mettant dans la peau d'une acheteuse ou d'une employeuse potentielle : plutôt que d'appâter l'homme, elles auront à cœur de préciser ce qu'elle attend d'un homme et ce qui lui plaît le plus. L'homme en revanche veillera à camper le rôle du demandeur d'emploi : il lui incombe de parler de lui-même en termes élogieux, de décrire ce qu'il a à offrir. En bref, l'homme doit dire ce qu'il peut donner, et la femme ce qu'elle espère recevoir.

96. Les agences matrimoniales sont d'un grand secours. Elles vous permettent notamment de vous faire au préalable une idée de la personne que vous allez rencontrer, un peu comme si elle vous était présentée par des amis. Alors, si vous-même n'avez jamais envisagé de recourir à leurs services, dites-vous bien que ce n'est probablement pas le cas de votre âme sœur.

97. Vos études sont derrière vous ? Complétez votre CV en suivant des cours ou des formations qui vous amèneront à réaliser des projets de groupe ou à échanger des idées.

98. Inscrivez-vous dans une chorale et chantez – et ce, surtout si vous n'aimez pas chanter, chantez faux ou que vous vous jugez trop sérieux pour cela. Le chant choral libère l'âme et vous aidera à éprouver joie et inspiration.

99. Partez en voyage organisé : clubs de vacances, circuit touristique, etc.

100. L'épicerie du coin de la rue est propice aux échanges de recettes de cuisine et conversations à bâtons rompus. Prenez l'habitude de toujours demander conseil aux autres clients chaque fois que vous faites vos emplettes.

101. En avion, postez-vous à proximité des toilettes, lieu de passage par excellence, et engagez le dialogue dans la file d'attente. Si le vol est long, dégourdissez-vous les jambes régulièrement, de manière à vous faire remarquer de votre âme sœur, ou à la repérer vous-même.

Consulter cette liste régulièrement vous incitera à poursuivre vos recherches et augmentera considérablement vos chances de succès.

22

Et ils vécurent heureux...

Certains êtres vivent heureux jusqu'à ce que la mort les sépare. Ils n'ont pas étudié les cinq étapes du processus amoureux, ni suivi des ateliers destinés à leur apprendre à choisir le partenaire qui leur convient. Ils ont juste suivi leurs inclinations et trouvé le bonheur. Parfois, ils ont parcouru sans le savoir les cinq étapes du parcours amoureux ; parfois ils ont joué de chance et d'emblée choisi celui ou celle qui leur convenait. Et, une fois mariés, ils ont appris tout seuls l'art de réussir leur vie de couple...

Mais, la plupart d'entre nous devra fournir plus d'efforts pour assimiler, développer et mettre en pratique l'art de trouver chaussure à son pied ou de mener à bien une histoire d'amour. Ne vous découragez pas : bien des chemins mènent à destination.

Trois modes d'apprentissage

Trouver un partenaire ressemble à toutes les autres choses que nous apprenons au cours de notre vie : cela exige du talent, une éducation et de la pratique. Mieux vous serez informé, plus vous accumulerez d'expérience, meilleur vous deviendrez. Et si vous veillez à bien intégrer ces trois éléments vous augmenterez vos chances de maîtriser cet art.

Or chacun assimile de nouveaux concepts à son rythme, ce qu'on peut également exprimer en disant que l'humanité se répartit en coureurs, marcheurs et sauteurs. Considérons plus en détail ces divers modes d'apprentissage.

Première catégorie : les coureurs

Certains bénéficient de dons exceptionnels. Ils naissent avec un immense talent. Ainsi, si on les assied devant un piano, ils sauront presque automatiquement en jouer. Faites-leur écouter une chanson et ils pourront aussitôt la reproduire sur les touches. Une partition ? Pour quoi faire ? Ces prodiges appartiennent à la catégorie des coureurs. Ils atteignent rapidement le succès et la gloire dans leur domaine d'élection. En matière de relations de cœur, les coureurs sont de ceux qui rencontrent une personne, tombent amoureux d'elle et vivent heureux jusqu'à la fin de leurs jours. Ils représentent cependant une minorité.

Deuxième catégorie : les marcheurs

La plupart de nos semblables se classent dans la catégorie des marcheurs. Leur apprentissage est moins immédiat : ils ont besoin de professeurs, de faire des expériences et même de commettre des erreurs. La réussite ne leur vient pas à la naissance. Il leur faut la mériter, l'atteindre, la rechercher et la trouver, en somme faire quelque chose pour qu'elle jaillisse. Ces êtres découvriront leur talent au gré de leurs pérégrinations. Leur dextérité au piano, par exemple, s'améliorera peu à peu sous la férule d'un professeur compétent et à mesure qu'ils maîtriseront mieux le solfège.

Dans le domaine relationnel, ils apprendront au fil de leurs amours successives à comprendre et à déchiffrer correctement le sexe opposé. Leur progression régulière conduira tôt ou tard ces marcheurs à trouver le partenaire qui leur convient. Chacune de leurs histoires d'amour les aidera à aller de l'avant et à se rapprocher de leur objectif. S'ils prennent le temps de parcourir les diverses étapes du processus amoureux et d'achever leurs relations sur une note positive, ils finiront par trouver l'âme sœur.

Troisième catégorie : les sauteurs

Les sauteurs se caractérisent par leur développement tardif. La grâce leur tombe soudain sur la tête alors que depuis des années, il semblait qu'ils n'avançaient ni ne progressaient. Certains paraissaient même régresser. Des cas désespérés ? On commençait à le redouter. Pourtant, même si, en apparence, ils n'apprenaient rien, la réalité était tout autre. Tout ce qu'ils assimilent finit par ressortir. Et quand ils auront suffisamment regardé les autres jouer du piano, assez écouté de musique et fait leurs gammes, ils se mettront tout d'un coup à interpréter une sonate !

L'apprentissage de la parole chez Einstein est typique du comportement sauteur. Il n'articula pas un seul mot jusqu'à l'âge de cinq ans, se contentant d'écouter les autres, d'observer et d'assimiler. Puis, un jour, il se mit à s'exprimer en phrases construites. Il bondit directement du mutisme le plus complet à une véritable conversation, sans passer par les étapes intermédiaires.

Dans leur vie sentimentale, les sauteurs rencontreront la personne qui leur convient après que tous leurs amis se seront mariés. Un jour, à la surprise générale, à commencer par la leur, ils trouveront l'âme sœur, tomberont amoureux et vivront heureux pour le restant de leurs jours. On dénombre beaucoup de quadragénaires ou de quinquagénaires qui ne se sont jamais mariés et n'ont jamais vécu de relation profonde et intime. Lorsqu'ils atteignent un certain degré de maturité, leur capacité innée de vivre une relation pleine d'amour et d'intimité et leur sagesse émergent soudain et ils rencontrent l'âme sœur. En bref, même si vous êtes sauteur et que votre heure n'est pas encore arrivée, la sagesse renfermée par les cinq étapes du parcours amoureux vous aidera à vivre des relations plus satisfaisantes jusqu'à ce que le moment vienne enfin pour vous de rencontrer votre moitié d'orange.

Comprendre ces trois modes d'apprentissage divers permet de mieux apprécier l'importance des cinq étapes du parcours amoureux, car alors même que nous approchons du grand amour, il demeure toujours facile de se laisser détourner du droit chemin, si l'on ne comprend pas nos différences.

Les différences ne constituent pas des obstacles

Même quand nous ressentons une attirance pour un être, il nous arrive fréquemment de commettre l'erreur de décréter que nous sommes trop différents pour qu'une relation puisse s'établir entre nous. Voilà pourquoi les enseignements des *Hommes viennent de Mars, les femmes viennent de Vénus* ont aidé tant de couples. Beaucoup de gens se découragent, persuadés que leurs divergences trop grandes les empêcheront de jamais voir l'autre combler leurs attentes.

Dans bien des cas, ces patients ont pu commencer à recevoir de leur partenaire ce dont ils avaient besoin parce qu'ils ont su décrypter leurs différences et découvrir que celles-ci étaient plus une source de bonheur et de soutien que des écueils. De la même façon, ce n'est pas parce qu'une personne ne s'intéresse pas exactement aux mêmes choses que vous que votre relation est vouée à l'échec.

Quand on sait communiquer, ces centres d'intérêt divergents cessent de devenir des sources de conflits. Car lorsqu'une femme se plaint de ce que son mari consacre trop de temps au golf, ce n'est pas son intérêt pour ce sport qui la dérange réellement. Le problème résulte de leur incapacité à combler mutuellement leurs besoins.

Le ressentiment entraîne une polarisation

Si les hommes et les femmes se comprennent, interprètent les actions de l'autre de façon erronée et peinent à communiquer, ils deviennent incapables de se choyer mutuellement et de satisfaire leurs besoins. Et le ressentiment naît.

Plus la rancœur s'installe, plus nos centres d'intérêt divergent de façon extrême. Nous commençons à ressembler à deux pôles opposés. Voici quelques exemples de ce ressentiment et du phénomène de polarisation qu'il entraîne.

Comment le ressentiment crée la polarisation

Elle a envie de sortir ; il se sent soudain éreinté.

Il propose d'aller au cinéma ; elle décrète qu'elle préférerait assister à un concert.

Elle rêve d'un dîner chinois ; il insiste pour manger italien.

Il a envie de faire l'amour ; elle n'est pas d'humeur.

Elle a envie de sortir se promener ; lui décide de regarder la télévision.

Il est en retard pour partir à son travail ; elle insiste pour discuter tout de suite.

Dans chacun de ces exemples, les intérêts et les désirs de chacun sont comme attirés vers des pôles opposés. Dès que l'un souhaite quelque chose, l'autre désire le contraire.

Quand le ressentiment s'installe, nos centres d'intérêt se mettent à diverger de façon plus extrême.

Plus cette polarisation s'intensifie, plus nous nous passionnons pour les choses qui n'intéressent pas notre partenaire. Mais lorsque nous parvenons, grâce à une meilleure communication, une meilleure compréhension et une meilleure capacité de pardon, à nous délivrer de notre rancœur, nos différences cessent de se dresser entre nous comme des obstacles.

Quand on aime son partenaire, on se met peu à peu à s'intéresser plus à ce qui le ou la passionne.

Nous sommes attirés par des êtres dotés de centres d'intérêt distincts des nôtres parce que, d'une certaine façon, ceux-ci nous complètent. Ils apportent un équilibre nouveau à notre vie et nous aident à exprimer des aspects encore embryonnaires de notre personnalité. Au fil du temps, à mesure que notre amour se développe, nous partagerons de plus en plus de sujets d'intérêt, tout en nous ouvrant à tous les aspects de l'existence.

Les âmes sœurs harmonisent
leurs divergences

Il est très important de ne pas attendre de votre partenaire qu'il réponde à vos valeurs au point de penser et de ressentir exactement les mêmes choses que vous. Nous devons veiller à ne pas penser que des valeurs jumelles se confondent avec des centres d'intérêt ou même avec des besoins semblables.

Comme nous l'avons déjà vu, les âmes sœurs possèdent des centres d'intérêt différents et également des besoins émotionnels distincts. Leurs valeurs communes fondent une base à partir de laquelle elles pourront travailler à résoudre leurs différences et à trouver des compromis justes.

Des valeurs jumelles représentent une base à partir de laquelle nous pouvons travailler à résoudre nos différences et à trouver des compromis justes.

Cette résonance nous aide à comprendre et à soutenir les points de vue et les besoins de l'autre, même quand notre propre perspective se révèle différente. S'il s'avère parfois ardu de trouver une solution de laquelle chacun sort vainqueur, cela devient possible grâce à une bonne communication, de l'amour et des valeurs communes.

Si nos différences représentent incontestablement un souci, elles nous poussent aussi à nous montrer plus souples et aimants et à faire preuve d'une plus grande considération. Nous sommes attirés par les êtres différents parce que cela nous permet de répondre à un désir profond de notre âme de s'élargir et d'englober ce qui n'est pas nous. Grâce à cela, nous pourrons devenir plus pleinement nous-même. En ce sens, une relation amoureuse réussie nous aide à exprimer pleinement notre moi.

Nous sommes attirés par des êtres différents car cela répond à un désir profond de notre âme d'élargir son champ d'action et d'englober tout ce qui n'est pas nous.

Pour conserver une approche réaliste de la façon dont deux âmes sœurs peuvent harmoniser leurs divergences, étudions quelques exemples de personnes à la fois très différentes et dotée de valeurs communes.

– Vincent et Angela votent pour des partis différents mais leurs valeurs se rejoignent. Tous deux se préoccupent beaucoup du bien-être de la communauté et s'investissent énormément dans celle-ci.

– Coleman achète en général les choses sur un coup de tête, tandis que Robin préfère peser le pour et le contre avant de faire ses emplettes. Mais tous deux aiment s'entourer de beaux objets. En compagnie de sa femme, Coleman met beaucoup plus longtemps à décider que s'il était seul et, bien souvent, ils reviennent avec des choses encore plus admirables. Et parfois, lorsqu'ils font des emplettes pour lui, ils règlent cela en un éclair.

– Leann s'intéresse à la psychologie et Jack au football. Chacun d'eux se livre à l'activité qui l'aide le mieux à se détendre. Ils respectent les différentes tactiques qui leur permettent de recouvrer la paix de l'esprit.

– Jerry déteste parler de ses problèmes, tandis que Barbara aime bien tout mettre à plat. Ils abordent leurs soucis de façon opposée, mais se complètent parfaitement l'un l'autre puisque Jerry aime écouter les nouvelles et Barbara aime à les donner. Il a appris à prêter une oreille attentive à sa partenaire quand elle a besoin de s'épancher. Il lui arrive même de lui raconter à son tour sa journée...

– Lucie est vraiment attachée à certaines choses qui laissent Roger parfaitement indifférent. Ainsi, elle s'énerve en cas de changement de programme, tandis que lui se contente de suivre le mouvement. Roger est cependant capable de respecter les réactions de sa compagne parce qu'ils partagent des valeurs similaires et placent leur amour bien au-dessus de leurs divergences. Il prend le temps d'écouter avec respect ce qui agace Lucie même si cela ne le dérange pas autant qu'elle. Il sait lui accorder son soutien même quand il juge sa réaction injustifiée. Il leur arrive même de se mettre d'accord pour rester en désaccord !

– Claudia s'investit complètement dans son rôle de

mère, alors que Clarence prend son rôle paternel moins à cœur. Lui travaille dur pour que sa famille jouisse d'un grand confort matériel. Voilà qui pourrait entraîner des tiraillements, mais ce n'est pas le cas. Clarence et Claudia savent en effet qu'ils partagent le même objectif louable : donner le meilleur à leurs enfants. Ce souci se manifeste simplement par des comportements autres.

– L'appétit sexuel de Keith se révèle plus grand que celui de Teresa, mais tous deux accordent une grande importance à leur intimité. Simplement, Keith préfère l'intimité physique et Teresa celle qui naît du partage du quotidien et des sentiments. Leur certitude de poursuivre le même objectif – se rapprocher encore l'un de l'autre – les aide à faire parfois des compromis sans avoir l'impression de renoncer à ce qui compte le plus pour eux. Teresa est aussi capable d'admettre que l'appétit sexuel de son partenaire ne signifie pas qu'il la considère comme un objet de désir. C'est juste sa façon à lui d'exprimer son souci d'intimité. Cela l'aide à rester proche d'elle.

– Bob raffole d'équipement high-tech. Ava, elle, n'aime que les choses simples à l'ancienne. Tous deux attachant une grande importance à leur cadre de vie, les achats et les travaux se révèlent parfois délicats, mais en définitive ils obtiennent une décoration encore plus intéressante.

– David s'intéresse aux voitures neuves, tandis que Doris aime conserver les choses aussi longtemps que possible ; en fait, tous deux cherchent avant tout à tirer le meilleur profit des choses, lui en conduisant des automobiles intégrant les dernières découvertes technologiques et elle en usant les siennes jusqu'à ce qu'elles rendent l'âme. Alors David achète des voitures neuves et Doris garde la sienne.

– Thelma s'investit dans la protection de l'environnement et Jacob dans son travail. Lui aussi se préoccupe de l'avenir de la planète, mais chez lui, cela se manifeste plus à travers l'aide qu'il apporte aux autres par son activité professionnelle. Thelma, elle, s'exprime en militant et en écrivant des lettres au gouvernement.

– Paul aime les fêtes et les grandes réunions amicales ; Anna préfère les soirées en petit comité. En fait, tous deux privilégient des rapports humains de qualité. Seulement, Paul donne le meilleur de lui-même dans une ambiance débridée, tandis que sa compagne s'exprime mieux au sein d'un groupe restreint. Ils alternent ces deux modes de réjouissances afin que chacun y trouve son compte. Et, petit à petit, Anna se surprend à plus apprécier les grandes réunions et Paul se met à goûter aussi les soirées plus calmes.

– Jackson adore les voyages, mais Martha n'aime rien tant que de s'occuper de son jardin. Chacun se détend à sa façon. Il arrive à Martha de regretter que son compagnon s'intéresse si peu aux plantes, tandis que lui déplore qu'elle se montre aussi casanière. Mais peu importe au fond puisqu'ils s'aiment énormément. Au fil des années, Jackson a appris à mieux apprécier leur jardin et Martha a pris goût aux voyages. Respecter leurs différences et accomplir quelques sacrifices leur a donc permis de se rapprocher encore. Et ce qui était source d'agacement à l'origine devient aujourd'hui un élément de leur bonheur.

Voilà comment nos centres d'intérêt différents peuvent devenir des sources de stimulation et de renforcement de notre amour, plutôt que des obstacles à surmonter. Grâce à ces différences, nous conserverons toujours la possibilité de progresser de concert ; du moment que nous sommes attirés l'un vers l'autre, cette évolution est possible.

Quand on trouve le mauvais partenaire
au bon endroit

Si vous cherchez au bon endroit, vous finirez par trouver le partenaire qui vous convient. Il arrive cependant aussi que l'on y rencontre les mauvais partenaires. Vous éprouvez une attirance violente, mais pour une personne bien éloignée de votre idéal. Cela fait partie du processus éducatif qui mène vers l'âme sœur. En tirant les leçons de nos erreurs, nous apprendrons à faire la distinction entre une attirance saine et une attirance malsaine. Une fois que vous aurez appris à reconnaître la seconde et à refuser de vous laisser emporter par elle, vous accroîtrez votre capacité à éprouver des attirances saines. Si en revanche, vous persistez à établir des relations intimes fondées sur une attirance malsaine, votre capacité d'éprouver une attirance saine pour une personne qui vous convient en sera réduite. En somme, pour trouver un jour l'âme sœur et vivre heureux à ses côtés, il est primordial d'apprendre à distinguer ces deux types d'attirance.

Attirances émotionnelles malsaines

Lorsqu'un homme sent qu'une femme a besoin de lui, l'attirance qu'il éprouve se révèle en général saine, mais quand il se laisse avant tout guider par la perspective de voir ses propres besoins et désirs satisfaits, il n'éprouve pas toujours des sentiments aussi purs. Il est mauvais de ne penser qu'à ce que l'on pourra obtenir. Chez certains, cette dérive évoque une affection passagère semblable à un rhume ou à une grippe, mais pour d'autres, il s'agit d'une affection chronique nécessitant l'appui d'un professionnel.

La nature malsaine de l'attirance initiale qui unit deux êtres ne constitue cependant pas un indicateur valable quant au potentiel de leur relation. Une fois ce problème corrigé, en effet, il pourra peut-être exister une possibilité d'attirance saine entre eux.

En veillant à suivre pas à pas les cinq étapes du parcours amoureux et à ne pas se précipiter dans une intimité prématurée, on arrive en général à éliminer les pulsions nuisibles. Au gré de votre progression et à mesure que vous connaîtrez mieux votre partenaire, ces sentiments déviants iront s'amenuisant. Et si vous vivez une histoire qui vous convient, l'attirance renaîtra sous une forme saine. Voici quelques signaux d'alarme qui laissent supposer une attirance malsaine de la part d'un homme.

Symptômes de motivations malsaines chez les hommes

– Il est attiré par des femmes riches parce qu'il a besoin d'argent ou parce qu'il ne veut pas travailler.

– Il tombe amoureux de son infirmière. Dans ce cas, il reste à voir si cette attirance persistera une fois qu'il sera guéri. C'est seulement à ce moment qu'il pourra savoir s'il dispose d'autre chose à offrir à cette femme que sa reconnaissance.

– Il a besoin de sortir avec des femmes très attirantes pour prouver aux autres sa réussite.

– Ses appétits le poussent vers des femmes à la sexualité affirmée ou au look provocant, mais il sait sans l'ombre d'un doute qu'il n'aimerait pas entretenir de relations suivies avec elles.

– Il a envie d'emménager avec une femme par souci de partager le loyer. Mon conseil : trouvez plutôt un colocataire !

– Il replonge dans une relation intime juste après avoir mis fin à la précédente. Affamé d'amour et de compagnie, il affiche un discernement au plus bas. Mais, lorsqu'il recouvrera ses esprits, il cessera souvent d'éprouver les mêmes sentiments pour sa compagne.

– Il ne voit pas pourquoi il se priverait d'une relation avec une femme manifestement aussi éprise de lui, mais il sait qu'il n'a aucune intention de jamais l'épouser.

– Il est attiré par une femme parce qu'elle lui a dit : « Tu es le seul homme que j'aie jamais vraiment aimé. Tu n'es pas comme les autres. » Cela ressemble peut-être à un compliment, mais cela signifie surtout que cette femme a d'énormes problèmes dans ses rapports avec les hommes. Et quand elle découvrira qu'il vient de Mars, comme tous les autres mâles, elle sera follement déçue.

– Il sort avec une femme, mais il se sent attiré par une autre. Banal, jusque-là... mais s'il nourrit l'ambiguïté en courtisant cette femme, voire en flirtant avec elle, il remarquera de plus en plus les autres femmes. Et nulle attirance ne pourra se développer au sein de sa relation initiale.

– Il est attiré par une femme qui n'est pas disponible ou du moins pas pour lui.

– Il s'engage dans une relation parce que sa partenaire exerce des pressions sur lui, alors que celle-ci ne l'attire pas sexuellement. Il arrive même qu'elle lui garantisse que son désir se développera avec le temps. C'est vrai pour les femmes, mais en général, un homme ressent un désir physique d'emblée ou jamais.

– Sa partenaire affirme l'aimer, seulement il n'en fait jamais assez pour la satisfaire. Il s'engage là dans une relation d'amour-haine. Bien sûr, toutes les femmes en veulent plus, mais dans le cadre d'une histoire saine, elle lui fera clairement comprendre que ce qu'il est et ce qu'il lui apporte lui suffisent.

Symptômes de motivations malsaines
chez les femmes

Quand une femme ressent plus le besoin qu'on a d'elle plutôt que l'impression de voir ses désirs satisfaits, elle pourra elle aussi éprouver une attirance malsaine pour un homme. Ainsi dans ces exemples :

– Elle a pitié d'un homme et se demande comment il survivra sans elle.

– Elle a l'impression qu'elle désire juste l'aimer et se moque de ce qu'elle recevra en retour. Ce qui peut paraître noble, mais affaiblira son partenaire et la conduira tôt ou tard à éprouver du ressentiment à son égard.

– Un homme lui dit qu'il a désespérément besoin d'elle et elle en est si flattée qu'elle cède à ses avances.

– Son partenaire fréquente d'autres femmes, mais quand il la voit, il lui assure qu'elle occupe la première place dans son cœur. Ne vous y trompez pas : il n'existe pas de numéro un au sein d'un harem. L'attitude de cet homme montre clairement qu'il ne la place pas au-dessus des autres, quoi qu'il en dise.

– Elle devine le potentiel d'un homme et pense qu'il pourra faire de grandes choses avec son aide. Lorsqu'une femme s'arroge le bénéfice du succès d'un homme, il paraît infiniment probable qu'il finisse tôt ou tard par la quitter pour une femme qui le laissera prendre la responsabilité de son bonheur.

– Elle sort avec un toxicomane car elle pense pouvoir le sortir de sa déchéance. Ce type d'attirance touche en général des femmes dotées d'une faible estime de soi qui supportent mieux les échecs relationnels si elles parviennent à se persuader que rien n'est vraiment leur faute.

– Elle éprouve une attirance sexuelle immédiate pour un homme. Cela signifie qu'elle réagit à ce qu'elle attend que cet homme soit et non pas à l'individu lui-même.

Avant de céder à cette pulsion, elle doit veiller à avoir parcouru avec lui les trois premières étapes du processus amoureux.

– Elle se met en quatre pour faire plaisir à un homme. Elle sent qu'il peut lui apporter ce dont elle a besoin mais elle n'a pas encore obtenu satisfaction. Elle devra veiller à garder ses distances jusqu'à ce que cela se produise.

– Elle est très attirée par un homme, mais pense manifestement qu'il faudra qu'il change sur un ou deux points avant de pouvoir lui apporter ce à quoi elle aspire. Elle espère que son amour le changera. Ce n'est juste ni pour elle ni pour lui si elle lui donne beaucoup et attend plus de lui par la suite : cela se retournera inévitablement contre elle.

– Elle n'a pas l'impression que son compagnon la respecte et elle prétend comprendre pourquoi il ne se comporte pas bien envers elle. Lorsqu'il lui manque de respect, il se justifie en accusant son propre passé ou en la blâmant.

– Elle éprouve une attirance sexuelle, mais doute fort manifestement de voir jamais ses autres besoins comblés.

Si vous ne comprenez pas les signes indicateurs d'une attirance malsaine, vous vous laisserez aisément entraîner dans une relation avec une personne qui ne vous convient pas du tout.

Il est normal de commettre des erreurs

Il est normal de commettre des erreurs avant de trouver la personne qui vous convient. Mais même vos échecs se mueront en succès si vous apprenez à en tirer des leçons et à gagner en discernement. Et vous vous tromperez peut-être encore... Plus on cherche à viser juste, plus on a de chances de rater complètement sa cible. C'est vrai au base-ball comme dans la vie.

Si vous voulez que votre relation de couple vous apporte plus que celles vécues par les générations passées, il vous faut apprendre de nouvelles techniques. Rappelez-vous que plus on court vite, plus on a de chances de tomber. Ce n'est pas grave. Le secret du succès est de se relever et de repartir. Vous pouvez y parvenir. Et une fois que vous aurez trouvé l'âme sœur, vous pourrez regarder en arrière et voir qu'elle est apparue au moment où vous étiez prêt à l'accueillir.

Trouver l'âme sœur et non pas seulement un partenaire stable demande réflexion, éducation et beaucoup de pratique. Avec ce type d'approche, vous parviendrez à développer votre capacité de naviguer au gré des cinq étapes du processus amoureux jusqu'à trouver un amour vrai et durable.

Ne vous laissez pas décourager par les tempêtes et par les périodes de sécheresse qui surviendront de temps à autre, ni par les défis que suscite l'harmonisation de nos différences ; rappelez-vous toujours votre désir de vivre un jour une relation de qualité et vous trouverez votre âme sœur et vivrez heureux à ses côtés.

Remerciements

Je remercie ma femme, Bonnie, qui a une fois de plus parcouru à mon côté le chemin qui mène à un nouveau livre. Certains chapitres sont directement inspirés du début de notre histoire, alors que nous progressions au gré des cinq étapes du parcours du Tendre.

Je remercie aussi nos trois filles, Shannon, Juliet et Lauren de leur amour, de leurs conseils et de leurs commentaires brillants sur ce livre. Un merci tout particulier à Shannon, qui a pris en charge mon secrétariat durant cette aventure.

Merci également à tous les membres de ma famille et à tous mes amis pour leurs suggestions et remarques pertinentes : ma mère, Virginia Gray, mes frères, Davis, William, Robert et Tom Gray, ma sœur, Virginia Gray, Robert et Karen Josephson, Susan et Michael Najarian, Renee Swisko, Ian et Elley Coren, Trudy Green, Martin et Josie Brown, Stan Sinberg, JoAnne LaMarca, Bart et Merril Berens, Reggie et Andrea Henkart, Rami El Batrawi, Sandra Weinstein, Bill Sy, Robert Beaudry, Jim et Anna Kennedy, Alan et Barbara Garber, et Clifford McGuire.

Tous mes remerciements à mon agent, Patti Breitman, présente à chaque instant de la rédaction de cet ouvrage, et à mon agent international, Linda Michaels, qui a fait publier mes livres dans le monde entier en plus de quarante langues.

Merci aussi à Diane Reverand pour ses conseils d'expert, ainsi qu'à Laura Leonard, Meaghan Dowling, David Flora et tous leurs merveilleux collègues de HarperCollins pour l'aide qu'ils m'ont apportée. Je ne pourrais rêver meilleur éditeur.

Je tiens aussi à remercier les milliers d'individus et de couples qui ont pris le temps de partager avec moi leurs expériences en solo ou en duo et les enseignements qu'ils en avaient tirés.

Merci enfin à Bonnie Solow, Robert Geller et Daryn Roven, qui m'ont aidé à préparer la version audio de ce livre, ainsi qu'à Anne Gaudinier et à toute son équipe de HarperAudio.

Table des matières

Bien*être*

7360

Composition PCA à Rezé
Achevé d'imprimer en France (Manchecourt)
par Maury-Eurolivres
le 20 mars 2005.
Dépôt légal mars 2005. ISBN 2-290-33773-0
1er dépôt légal dans la collection : septembre 2004

Éditions J'ai lu
84, rue de Grenelle, 75007 Paris
Diffusion France et étranger : Flammarion